新时代思想政治教育理论研究丛书

思想政治教育学科
创新发展研究

佘双好 著

中国人民大学出版社
·北京·

目 录

导　论 …………………………………………………………………… 1
第一章　思想政治教育概念的形塑 ………………………………… 30
　第一节　改革开放和社会主义现代化建设新时期党的思想政治工作
　　　　　概念的形塑 ……………………………………………… 31
　第二节　中国特色社会主义新时代党的思想政治工作概念的深化与
　　　　　拓展 ……………………………………………………… 51
　第三节　改革开放以来学者们对思想政治教育概念的形塑 …… 63
第二章　思想政治教育科学化发展 ………………………………… 74
　第一节　思想政治教育科学化发展历程 ………………………… 75
　第二节　关于"思想政治工作是一门科学"的讨论 …………… 80
　第三节　思想政治教育学的构建 ………………………………… 86
　第四节　思想政治教育科学化的成就 …………………………… 95
第三章　思想政治教育学科点发展 ………………………………… 101
　第一节　思想政治教育学科点的历史演进 ……………………… 101
　第二节　思想政治教育学科点发展的"曲折" ………………… 108
　第三节　思想政治教育学科点发展的基本经验 ………………… 116
　第四节　思想政治教育学科点发展的问题 ……………………… 119
　第五节　新时代新征程思想政治教育学科点发展路径 ………… 125

第四章　思想政治教育专业发展 130
第一节　思想政治教育专业建设现状 130
第二节　思想政治教育专业培养方案现状 138
第三节　思想政治教育专业建设存在的问题 147
第四节　进一步加强思想政治教育专业建设的建议 150

第五章　思想政治教育学科硕士点发展 154
第一节　思想政治教育学科硕士点建设现状 154
第二节　思想政治教育学科硕士点培养方案现状分析 162
第三节　思想政治教育学科硕士点建设存在的问题 170
第四节　进一步加强思想政治教育学科硕士点建设的建议 173

第六章　思想政治教育学科博士点发展 177
第一节　思想政治教育学科博士点建设现状 177
第二节　思想政治教育学科博士点培养方案现状分析 182
第三节　思想政治教育学科博士点建设存在的问题 189
第四节　进一步加强思想政治教育学科博士点建设的建议 191

第七章　思想政治教育专业就业问题 195
第一节　思想政治教育专业就业发生深刻变化 195
第二节　思想政治教育专业就业状况 198
第三节　思想政治教育专业就业存在的问题 201
第四节　进一步促进思想政治教育专业发展的建议 204

第八章　思想政治教育学科的内容与形式问题 208
第一节　思想政治教育学科内容与形式问题的产生 208
第二节　思想政治教育学科形式主义的主要表现 212
第三节　思想政治教育学科内容与形式脱节的思想根源 215
第四节　实现思想政治教育学科内容与形式的结合 217

第九章　思想政治教育的科学研究问题 220
第一节　思想政治教育研究的现状分析 220
第二节　思想政治教育研究的总体特点 226
第三节　思想政治教育普遍使用的研究方法 229
第四节　思想政治教育研究中的问题 232
第五节　思想政治教育研究的基本趋向 235

第十章 思想政治教育学科的依托与自主问题 …… 240
 第一节 思想政治教育的心理学发展审视 …… 242
 第二节 思想政治教育心理学建设存在的主要问题 …… 248
 第三节 思想政治教育心理学发展趋势 …… 251
第十一章 新时代新征程思想政治教育学科创新发展 …… 255
 第一节 新时代新征程对思想政治教育提出新要求 …… 255
 第二节 新时代新征程对思想政治教育理论提出的挑战 …… 260
 第三节 新时代新征程思想政治教育的创新发展 …… 264

参考文献 …… 269
后　记 …… 276

导 论

思想政治工作是中国共产党的优良传统、鲜明特色和突出政治优势，在新民主主义革命和社会主义革命和建设中，发挥着"生命线"和"中心环节"的重要作用。改革开放以后，伴随着"思想政治工作是一门科学"的讨论和呼声，思想政治工作成为一门科学，开启了专门化、规范化、制度化和法治化的建设历程，推动了党的思想政治工作科学化发展。与此同时，思想政治教育也成为一门学科，创办思想政治教育本科专业，设立思想政治教育硕士点、博士点，思想政治教育专业化、学科化发展突飞猛进，取得了令人瞩目的成果。2024年是思想政治教育专业创办40周年，在这样一个重要的时间节点，分析思想政治教育学科发展历程，总结思想政治教育学科发展成就和基本经验，对思想政治教育学科未来发展进行分析展望，是每一个思想政治教育工作者都不能回避的重大理论和现实课题。

一、学科发展的关键词

要分析改革开放以来思想政治教育学科的创新发展，需要对科学、学科、专业等涉及思想政治教育学科发展的相关概念进行知识铺垫。

（一）科学

科学按其本意理解即分科之学。关于科学的理解，有广义和狭义两种：一种是狭义的理解，主要流行于英美等国家，认为科学是具有高度的逻辑严密性的能被实证的知识体系，其目标是追求科学的数学化、公理化，最终达到模型化，并能够被直接加以观察和实验检验。这体现了对科学实证效果的追求。按照这种理解，严格意义上的科学只能是自然科学，社会科学不能属于科学之列。另一种是广义的理解，比如以德国为代表的欧洲大陆，认为科学是指一切体系化的知识。如康德就认为："每一种学问，只要其任务是按照一定的原则建立一个完整的知识系统的话，皆可被称为科学。"① 这种理解强调科学与知识有关，科学的知识应该能够构成一个系统，并且具有说理性和论证性。据此，德国人把所有的科学分为两类：自然科学和精神科学②。

我国对科学的理解有一个发展的过程，我国古代有"科学"之名，但这个"科学"主要指"科举之学"③，与我国古代"科学"这一概念相对应的词是"格致"。在中国近现代学术思想的转化过程中，逐渐接受日语的翻译④，采取了西方对科学的理解。如《辞海》把科学看成是关于自然、社会和思维性的知识体系，包括自然科学和社会科学。自然科学是"研究自然界的物质形态、结构、性质和运动规律的科学。……是人类改造自然的实践经验即生产斗争经验的总结"⑤。社会科学是"以社会现象为研究对象的科学。……它的任务是阐述各种社会现象及其发展规律"⑥。

把科学划分为自然科学和社会科学固然能够划分绝大多数以科学为理念的学科，然而对于人类的精神现象的学科，这种分类标准就无法完全涵盖。在高等学校还有另一类学科，如文史哲等学科。这类学科研究的目的不是探究人的活动的本质和规律，而是讨论揭示人的本质、生命意义和价值等，属于人类精神现象，具有人文主义的性质。因此，有学者指出，"人文并不属于科学。今天我们所说的'人文科学'的英文对应词叫做'humanities'，而'humanities'根本就不属于科学（sci-

---

① 转引自：波塞尔. 科学：什么是科学 [M]. 上海：上海三联书店，2002：11.
② 戴兆国. 社会科学基础 [M]. 北京：人民教育出版社，2006：3.
③ 汉语大词典：第 8 卷 [M]. 上海：上海辞书出版社，2011：57.
④ 金观涛，刘青峰. 观念史研究：中国现代重要政治术语的形成 [M]. 北京：法律出版社，2009：341.
⑤ 辞海 [M]. 上海：上海辞书出版社，1989：4962.
⑥ 辞海 [M]. 上海：上海辞书出版社，1989：4140.

导 论

ence），相反，从某种意义上说，它还是与科学相对的东西。从西方古典时代以来，'humanities'主要包括哲学、史学、语言文学、艺术等等，《简明不列颠百科全书》中文版将它翻译为'人文学科'，这是比较准确的。人文学科之外的社会科学也好，自然科学也好，则都属于科学，也就是说，社会科学是比较接近于自然科学而区别于人文学科的"①，认为人文学科与社会科学在研究旨趣、致思方向和思维方式上有着很大的不同。还有学者细致地区分了人文学科与社会科学的不同，"人文学科是那些既非自然科学也非社会科学的学科的总和"，"人文学科具有探讨人的本质、建立价值体系和塑造精神世界的功能，也就是人文学科是以探讨人的本质、建立价值体系和塑造精神世界为主要目的的学科"②。由此可见，虽然我们常把人文、社会科学联系在一起使用，但人文学科与社会科学的研究取向、指导思想和研究旨趣具有十分明显的差异。在某种程度上，社会科学与自然科学更为类似，或者说社会科学是运用自然科学的方法来处理复杂的社会现象所形成的特定的科学或学科，其主要领域包括政治学、社会学、经济学、法学、教育学、人类学等学科；而人文学科，其主要研究旨趣在于提升人的精神世界、建立价值体系、探讨人的本质等，其主要领域包括哲学、史学、文学、艺术、宗教等学科，这些学科是专门的学问，但不能称为科学。

综上所述，科学是一个看似明确又十分复杂的概念。人们对科学的认识也有一个发展的过程，人们最初对科学的认识是伴随着近代以来自然科学的兴起而产生的一种知识划分方式和思维方式，这种知识划分方式和思维方式甚至成为一种意识形态的要求。按照最严格意义的科学概念，科学即自然科学，具有客观性、实证性、可传播性、可说明性、重复性和临时性等特点，凡是科学研究都是在对客观事物或现象的探究之下，需要有证据进行证明或证伪，能够向其他同行报告，具有可说明性，其他同行可以运用同样的方式获得类似的结果，同时科学研究的结果也是暂时的，会随着时间的推移不断被更新。这种思维方式甚至成为一种评价标准，就成为一种意识形态要求。把科学作为一种意识形态和评价标准来判断和评价事物和现象，推进各方面工作的思维方式，称为科学

---

① 汪信砚. 人文学科与社会科学的分野 [N]. 光明日报, 2009-06-16.
② 李维武. 人文科学概论 [M]. 北京：人民出版社, 2007：17-32.

化。受这种意识形态和评价标准影响，一些社会领域学者也尝试把科学思维方式和研究方法向社会研究领域延伸，逐渐形成经济学、政治学、社会学、法学、心理学等社会科学，构成与自然科学等量齐观的社会科学体系。与此同时，以科学为意识形态和评价标准的思维方式也不断向社会生活的各个领域延伸，追求科学，实现科学化成为一种社会价值标准和社会制度体系，成为一种精神追求，这样科学的内涵也日益丰富和多样。

　　本书主要从以下几个维度对科学进行理解：一是从知识维度，如《辞海》的定义：科学是"关于自然、社会和思维的知识体系。它适应人们改造自然和社会的需要而产生和发展，是实践经验的结晶"[①]。二是从科学研究方法的维度，科学是近代以来伴随着物理学、化学等自然科学而产生的一种思想观念或意识形态，它主张通过观察、调查和实验等实证性研究而获得系统的知识。科学具有实证性、客观性、公开性、暂时性和一定的程序等特点。《韦伯斯特新世界大词典》称："科学是从确定研究对象的性质和规律这一目的出发，通过观察、调查和实验而得到的系统的知识。"[②] 三是从体制维度，把科学看成是一种社会建制，"作为研究过程和社会建制的科学是人的一种社会活动——以自然研究为主的智力探索过程之活动和以职业的形式出现的社会建制之活动"[③]。四是从价值维度，把科学看成是一种最有价值的知识，其中包含对科学精神的追求。如美国学者巴里·巴恩斯认为，人们之所以偏爱科学"乃是因为把它当成了一种适当的知识和文化形式，认为它与工业化社会大量的利害关系和价值体系相关。尤其是，科学可以用来作为正在迅速扩展的商业社会和工业中产阶级人士文化表达和符号表达的一种媒介，并且可以被他们用来证明他们自己和他们的生活方式的一种手段"。"他们把自然科学看得比神学、经典著作和其他形式的传统学问更为尊贵，他们为最终形成一种不可抗拒的压力作出了重大贡献，在这种压力下，科学在大学和类似的机构中被确立为公认的教育形式。"[④]

---

① 辞海 [M]．上海：上海辞书出版社，1989：4568．
② 袁方．社会研究方法教程 [M]．北京：北京大学出版社，1997：3．
③ 李醒民．科学论：科学的三维世界（上卷）[M]．北京：中国人民大学出版社，2010：30．
④ 巴恩斯．局外人看科学 [M]．北京：东方出版社，2001：21．

看来科学这一看似大家耳熟能详的概念,包含着十分丰富的内涵。本书既把科学作为一门学科知识体系,也把科学作为一种研究方法,把科学看成是一套从本科、硕士到博士培养的制度体系,把它看成是一种价值标准(合乎科学的要求),看成是一种精神追求和价值理念,即以科学作为价值理念,推进各项事业包括学科的科学化发展。

(二)专业

专业这个概念从词义上来看,是指专门化的职业,它是由于职业划分所形成的职业领域。英语中有三个单词与专业相关:一是 vocation,可用来泛指所有职业,包含了"专业"的意义,表示一定职业的从业人员所必备的"谋生手段"。二是 profession,常常意指"职业",特指以掌握高深学问为前提的职业,如教授、医生、律师等。这个意义上的专业不只表明一个职业或行业的特殊性,还具有显示一定的社会等级地位的作用。三是 speciality,指由不同课程按学术或职业门类组合而成的专门化领域。speciality 还可以特指某一专门职业所需要的特别技能,构成这个专业区别于其他专业的独特性。如果缺乏这样的独特性,一个专业难以成立。因此,从构成一个专业的资格和条件来看,只有拥有了 vocation、profession 和 speciality 所具有内涵的三个要素,才构成一门专业。

专业这个概念可以从广义和狭义两个方面来理解:从广义上看,专业是指专门化的知识领域,这是从构成一门专业所需要的特殊知识结构来看的,这是专业这个概念的本义;狭义的专业是指按照课程结构培养人才的一种组织形式,这是从人才培养的角度对专业的理解,把专业看成是系列课程的一种组织形式。由于大学阶段是在普通教育基础之上的专业教育阶段,专业这个概念从狭义的角度特指大学本科或专科教育阶段。

在教育领域,专业一般是为了培养学生,根据学科领域划分的学业类别。在西方国家,专业甚至可以理解为一个培养计划,如《国际教育标准分类》称之为课程计划(program),美国高等学校称之为主修(major)。我国《汉语大词典》从四个方面对专业进行解释:一是专门从事某种学问或职业,二是专门的学问,三是高等学校或中等专业学校所分的学业门类,四是产业部门的各业务部分[①]。《辞海》:"①在教育

---

① 汉语大词典:第2卷[M]. 上海:上海辞书出版社,2011:1276.

上，指高等学校或中等专业学校根据社会专业分工的需要设立的学业类别。各专业的教学计划，体现本专业的培养目标和要求。②产业部门中根据产品生产的不同过程而分成的各业务部分。如：专业分工；专业生产。③专门从事某项职业的。如：养蜂专业户；专业文艺工作者。"[1] 专业除了是教育领域的学业类别的含义以外，还具有某种专门的技能、专门的学问和专门的职业的含义。

专业不仅具有学业、职业分化和专门性的要求，还具有精神和道德层面的要求，专业精神和专业道德是由专业的特殊性所带来的精神和道德层面的要求。美国学者布鲁贝克在《高等教育哲学》中讨论过这个问题，他说："治学是学术界的生活方式。治学也有它非同一般的伦理道德。这种伦理道德标准从治学的对象即高深的学问中取得其特性。由于高深的学问处于社会公众的视野之外，在如何对待学问上遇到的问题方面，公众就难以评判学者是否在诚恳公正地对待公众的利益。基于学者是高深学问的看护人这一事实，人们可以逻辑地推出他们也是他们自己的伦理道德准则的监护人。那么谁是这些监护人的监护人呢？没有。只有他们的正直和诚实才能对他们自己的意识负责。学者们是他们自己的道德的惟一评判者。他们的确拥有自治权。因为，在理论上除了其他学者，再也没有什么人能够检验学者的道德。自治意味着把学者们自我约束、制订学者公认的基本规范和决定学者行为准则的责任交给他们自己。在这一方面，学者们是真正的负有相应责任的专业人员。"[2] 从这个意义上看，专业更包含了对专业负责、专注的精神，同时也包含着对专业发展的责任。

（三）学科

学科是指科学研究的领域。学科一词，从词源上看，与希腊文中的 didasko（教）和拉丁文（di）disco（学）相同，与教和学有关，与教育相联，在古拉丁文中 disciplina 兼有知识和权力之意。学科概念在 14 世纪演化成各门知识，尤其是新兴大学中的"高等部门"，如医学、法律、神学；英语中 discipline 具有多重含义，包括学科、学术领域、课程、纪律、严格的训练、规范准则、戒律、约束以至熏陶等。学科在西

---

[1] 辞海[M]. 7 版. 上海：上海辞书出版社，2020：5848.
[2] 布鲁贝克. 高等教育哲学[M]. 杭州：浙江教育出版社，2002：120.

方兼有规则和边界的意思，超出一定的规则和边界，就属于另外的学科。

在我国，学科主要有两方面含义：一是指学术的分类，指一定的科学门类和一门科学的分类；二是指教学科目。《辞海》对学科的解释是："①学术的分类。指一定的科学领域或一门科学的分支。如自然科学中的物理学、生物学；社会科学中的史学、教育学等。②'数学科目'的简称。"①《教育大辞典》："①（discipline）一定科学领域的总称（如人文学科、数学学科等）或一门科学的分支（如自然科学部门的生物学、化学、物理学，社会科学部门的经济学、史学、教育学等）。②（subject）学校课程的组成部分。与'教学科目'通用。中国古代的'六艺'（礼、乐、射、御、书、数），欧洲古代的'七艺'（语法、修辞、逻辑或辩证法、算术、几何、音乐、天文学），都是当时学校设置的学科。近代学校教学内容日益丰富，设置的学科随之增多。但其内容受教育目标和学生身心发展水平的制约，并不完全随科学的分化而分化。科学按知识结构和逻辑体系展开论述，学科却要兼顾学习者的心理发展规律，以便于学生认知，提高教学效率。"②

把科学按学科角度进行分类，这是近代以来科学发展的结果。近代以来，伴随着自然科学的发展，科学研究日益深入、具体，一个人终其一生也不可能对所有科学领域全部了解和精深，成为古代百科全书式的学者已经不太可能，把科学按照不同领域进行分科，就成为一种趋势。德国物理学家马克斯·普朗克在《世界物理图景的统一性》一书中说："科学是内在的整体。它被分解为单独的部分不是取决于事物的本质，而是取决于人的认识能力的局限性。"③ 学科分化既是科学发展的趋势，同时也反映出人的认识的局限性。把科学进行分类，从各个不同的角度对事物进行探究，虽然能够为人类认识客观世界提供一个稳定的角度，但是分门别类的研究和客观事物的整体性有差距，如果处理不好，也会造成各学科之间相互割裂的现象，产生"盲人摸象"的问题。因此，进入现代以后，越来越多的学者主张从整体和综合角度对

---

① 辞海［M］. 7版. 上海：上海辞书出版社，2020：5014.
② 教育大辞典：第1卷［M］. 上海：上海教育出版社，1990：258.
③ 转引自：南京师范大学《教育学》编写组. 教育学［M］. 北京：人民教育出版社，1984：118.

事物和现象进行研究，呈现出学科高度分化和综合化的发展趋势。

关于学科的内涵，高等教育领域一般从以下几个角度进行理解①：一是从知识论的角度，将学科视为分门别类的知识体系，强调学科有特定的研究对象和结构化的知识体系。这种知识体系通常由基本事实、基本概念和基本原理等知识元素构成。它们所体现的"知识传统"，使学科之间有了相对明晰的边界，同时也提供了学科之间相互借鉴、相互渗透的主要途径。二是从活动论的角度，将学科视为生产、传授、应用相关知识的活动体系，强调学科有特定的研究方法、传授方法、习练方法和应用方法。这类方法通常以标准语言、标准程序、活动规范等形式表现出来。它们所体现的"行内规则"将信守这些规则的研习者结为相互交流的共同体。三是从组织论的角度，将学科视为一类特殊的社会建制，强调学科有特定的组织形式并得到社会认可和社会支持。这类教学性、研究性或开发性的机构，按照一定的组织原则和行为规范，产出理念、知识、服务或学科人才，以此换得各种形式的社会支持，使学科组织成为社会系统的一个有机组成部分。

上述三个角度相互补充，共同构成学科内涵的多样性，学科不仅是独特的知识体系，而且包含特定群体的社会活动，"现代意义上的学科（discipline）有着严格的'规范'和'标准'，绝不是任何一种研究随随便便就可以称之为'学科'的。作为学科标准，不仅强调知识与理论的层面，而且注重实践与制度层面，在理论与实践的结合的过程中，现代意义上的学科尤其强调规则、制度与规训的含义"②。

（四）学科发展

发展是指事物由小到大、由简到繁、由低级到高级、由旧质到新质的变化过程。发展既包括量的变化，也包括质的变化；既包含结构的变化，也包含特性和功能的变化；发展既是一种自然的过程，也伴随着人的作用和努力。学科发展是指某一学科或学科总体从小到大、由弱到强、由低级到高级、由旧质到新质的变化过程。

学科发展可以从广义、狭义角度进行理解，广义的学科发展包括学科的形成、确立、专门化、制度化和体制化的过程，也包含了科学化、

---

① 谢桂华. 高等学校学科建设论［M］. 北京：高等教育出版社，2011：58.
② 谢桂华. 高等学校学科建设论［M］. 北京：高等教育出版社，2011：58.

专业化和学科化过程，它以科学化作为起点，以专业化作为内核，以学科组织的制度化和体制化作为完成，从这个意义上看，某一门学科被确立为一门科学，得到国家权威机构认可或公众的认可，是学科建设的第一步；设立与学科相对应的专业，则是学科建设的第二步，标志着学科知识体系框架的形成；学科点的设置，是学科发展的第三步，标志着对学科正式的认可。当然，学科点设置以后，学科点有进一步发展和优化的过程，也有一个不断制度化、体系化、形成学术共同体和发挥学科作用的过程。狭义的学科发展主要指学科点（包括硕士点、博士点）的发展，它以学科专业设置作为起点，主要讨论本专科专业、硕士点、博士点的建设和发展问题。

学科发展不同于学科建设。学科建设顾名思义即对一门学科进行建设，是通过内在和外在的方式促进学科发展的努力。据相关研究者总结："学科建设是一个具有中国特色的术语，用以指称我国高等学校中与知识的生产、传播、应用相关的各种活动。"① 学科建设至少有三个方面的含义："一是我国的高等学校围绕各门学科进行教学和研究活动，既进行学术生产，促进知识进步，又推进社会进步和经济增长，并力图使高等学校的教学和研究活动与社会经济发展需求相适应；二是推动这种活动的力量，既包括活动在基层学科组织中的学者群体，以及为基层学科组织提供物质条件和规章制度的高等学校，也包括为此类知识提供经费、信息、人才、技术和政策支持的各级政府组织和相关社会组织；三是高等学校所进行的这种知识活动的内容，既包括纯理论的基础性研究，又包括将基础研究应用到社会生产实践领域的应用性研究和技术开发研究，并力图使这三者相互促进。"② 在我国，虽然体现上述要求的学科建设活动早已展开，但直到20世纪80年代中后期，学科建设才由高等学校的一项具体工作逐步演变为高等教育研究的重要领域，特别是江泽民在庆祝北京大学建校100周年大会上指出："为了实现现代化，我国要有若干所具有世界先进水平的一流大学。这样的大学，应该是培养造就高素质的创造性人才的摇篮，应该是认识未知世界、探求客观真理、为人类解决面临的重大课题提供科学依据的前沿，应该是知识创新、推动科学技术成果向现实生产力转化的重要力量，应该是民族优秀

---

① 谢桂华. 高等学校学科建设论［M］. 北京：高等教育出版社，2011：56.
② 谢桂华. 高等学校学科建设论［M］. 北京：高等教育出版社，2011：56.

文化与世界先进文明成果交流借鉴的桥梁。"① 高等学校开展"985 工程""211 工程"建设以后，学科建设才日益成为高等学校的重要工作领域。教育部学位与研究生教育发展中心从 2002 年开始对全国高校一级学科进行了五轮评估，从第五轮学科评估的指标体系来看，学科评估的范围包括了人才培养质量、师资队伍与资源、科学研究（与艺术/设计实践）水平、社会服务与学科声誉四个一级指标，以及思政教育、培养过程、在校生、毕业生、师资队伍、平台资源、科研成果与转化、科研项目与获奖、社会服务、学科声誉等 12 个二级指标，以及思想政治教育特色与优势、课程建设与出版教材质量、科研与实践育人成效、学生国际交流情况、在校生代表性成果、学位论文质量、学生就业与职业发展质量、用人单位评价、师德师风建设成效、师资队伍建设质量、学术论文质量、学术著作质量、科研项目情况、科研获奖情况、社会服务贡献、国内声誉调查情况等 20 个三级指标等，构成学科建设和学科发展的基本指标。学科建设成为促进学科发展的重要举措。

从学科发展与学科建设的关系来看，学科建设是促进学科发展的重要力量，也是学科发展的内在动力；学科发展是学科建设的具体体现，彰显学科建设的程度水平。学科建设着重从横向维度，也就是从人才培养、科学研究、队伍建设、社会服务、国际交流合作、学科特色和声誉等多个角度，对学科发展进行促进；学科发展则着重从纵向维度对学科发展历程、学科发展程度进行衡量、评估和反思，以期厘清学科发展状况和水平，对学科发展程度进行客观记载，动态揭示学科发展内在规律和建设的经验。

二、思想政治教育科学、专业与学科

把思想政治教育当成一门科学、创办思想政治教育专业、设立思想政治教育学科，都是伴随着改革开放和社会主义现代化建设进程而逐渐发展起来的。

（一）思想政治教育科学

思想政治教育科学即思想政治教育学，是把思想政治教育作为我国

---

① 江泽民．江泽民文选：第 2 卷［M］．北京：人民出版社，2006：123．

人文社会科学的专门类别。思想政治教育是人类社会自阶级社会以来就存在的客观现象。尽管统治阶级通过一定的方式和方法将统治阶级的思想上升为占统治地位的思想，这是有阶级社会以来人类思想文化的普遍现象，但是，把这种现象看成是一种客观现象，并且直接使用思想政治教育这个概念，把它作为人们改造客观世界和人们的主观世界的思想武器，则是在代表无产阶级的马克思主义学说提出后，在无产阶级政党取得政权后处理人民内部思想政治问题的过程中逐渐形成和完善起来的。在马克思主义发展史上，虽然马克思主义创始人有思想政治教育的思想，但并没有提出思想政治教育这个概念。列宁更多使用的是"宣传工作""政治工作""政治教育"等词，斯大林更多使用的是"政治教育工作""政治思想教育工作"等概念。在新中国成立之前，中国共产党虽然开展了广泛而卓有成效的思想政治教育实践活动，但并没有使用思想政治教育这个概念。新中国成立后不久，在《同绥远负责人的谈话》中，毛泽东第一次使用了思想政治教育这个概念，毛泽东指出："要按照他们的具体情况和能够接受的程度进行思想政治教育，不能强迫灌注。"[①] 毛泽东不仅提出了思想政治教育这个概念，他还初步勾勒了具体内容和方法：从步骤上看，要先做思想改造工作，后改革旧制度，有步骤地达到目的；从内容上看，要以马列主义思想代替国民党的反动思想；从方法上看，注重身教示范；从原则上看，要按照他们的具体情况和能够接受的程度进行思想政治教育，不能强迫灌注；从队伍建设上看，师以下暂时不派政治工作人员，对派去的同志要进行教育，要他们注意研究情况，了解别人的心理，懂得新的工作方法，使这些干部去后不致发生问题[②]。1951年，在中国共产党第一次全国宣传工作会议上，刘少奇在《党在宣传战线上的任务》中明确了党的宣传思想教育内容，使用了思想政治工作这个概念，但他并没有对这个概念进行界定，表明这个概念在党内是具有共识的。1957年毛泽东在《关于正确处理人民内部矛盾的问题》中，多次使用思想政治教育、思想政治工作等概念。正是党的领导人广泛使用这两个概念，使思想政治教育在中国共产党内具有了特定的内涵。

---

① 中共中央文献研究室. 毛泽东文集：第6卷[M]. 北京：人民出版社, 1999: 11.
② 中共中央文献研究室. 毛泽东文集：第6卷[M]. 北京：人民出版社, 1999: 10-15.

改革开放以后，伴随着党的中心工作的转移和党和国家事业的科学化进程，特别是全国范围的关于"思想政治工作是一门科学"的讨论，使"思想政治工作是一门科学"的论断形成共识。1981年党的十一届六中全会通过的《关于建国以来党的若干历史问题的决议》，系统整理了毛泽东关于思想政治工作和文化工作的思想的主要内容和基本观点，把思想政治工作作为毛泽东思想科学体系的重要组成部分，"实际上从历史的角度确认了思想政治工作的科学性"①。在这个时期，邓小平、胡耀邦等党和国家领导人多次围绕党的思想理论工作、思想政治工作发表讲话，提出思想政治工作科学化的明确要求。1982年4月胡耀邦在与中宣部负责同志的谈话中，对思想政治工作的概念做了明确界定，初步形塑了中国共产党思想政治工作概念。1982年11月在全国党员教育工作会议上，宋任穷做了题为《用新党章教育党员，为整党做好思想准备》的讲话，他提出："要逐步形成一种观念：思想政治工作，党员教育工作，这是一门科学，是一门治党、治国的科学，在这个岗位上的几百万干部要努力钻研这个专业，造就大批思想政治工作专家，去完成新时期赋予我们的任务。"② 进一步明确了思想政治教育科学化、专业化的任务。1983年3月，中央宣传部、中央组织部等八个单位发出《关于加强企业政治工作队伍建设问题的若干意见》的通知，明确指出："思想政治工作是一门科学、一门专业，政工干部是专业干部。"③ 1983年7月中共中央发出《关于批转〈国营企业职工思想政治工作纲要（试行）〉的通知》，提出"思想政治工作是科学性、政治性、政策性很强的工作，思想政治工作干部是专业干部"④，并提出按照科学方式和专业化方式培养思想政治工作者的问题。1984年4月，教育部印发《关于在十二所院校设置思想政治教育专业的意见》，开启了通过专业化方式培养思想政治教育专门人才的历程。在专业建设过程中，思想政治教育

---

① 《中国共产党思想政治教育史》编写组. 中国共产党思想政治教育史[M]. 2版. 北京：高等教育出版社，2018：273.
② 宋任穷. 用新党章教育党员，为整党做好思想准备[J]. 红旗，1982（24）.
③ 中央宣传部办公厅. 党的宣传工作文化选编[M]. 北京：中共中央党校出版社，1994：1165.
④ 中共中央文献研究室. 十二大以来重要文献选编：上[M]. 北京：人民出版社，1986：381.

学者们根据成为一门科学的条件①，对思想政治教育概念进行界定，对思想政治教育对象进行分析，对思想政治教育理论体系和范畴体系进行构建，对思想政治教育应用范围进行研究拓展，建构了相对完善的包含思想政治教育原理和方法、思想政治发展史、思想政治教育比较研究、思想政治教育应用领域等方面的知识体系，形成思想政治教育学的框架。思想政治教育学者们还明确界定了思想政治教育学的内涵和边界，使思想政治教育成为专门的学问。1986年5月，中共中央、国务院批转《国家教委关于加强高等学校思想政治工作的决定》，明确提出："思想政治工作是一种思想性、政策性很强的科学。"② 1987年5月，《中共中央关于改进和加强高等学校思想政治工作的决定》明确提出："思想政治教育是一门以马克思主义理论为基础、综合性和实践性都比较强的科学。"③ 相关文件不仅明确了思想政治教育的科学地位，并且对思想政治教育是一门什么样的学科进行认定，表明思想政治教育已经具有较为系统的知识体系，而且也得到了国家的认可。

从思想政治教育学的形成和确立来看，思想政治教育学是思想政治工作科学化的产物，是思想政治教育科学化的必然要求。思想政治教育学以马克思主义理论为指导，这是思想政治教育学的本质属性；思想政治教育学以中国共产党思想政治工作实践为基础，这是思想政治教育学的实践依据；思想政治教育学以人们思想品德形成、发展和思想政治教育规律为研究对象，这是思想政治教育学区别于其他学科研究的特殊性；思想政治教育以培养人们正确的世界观、人生观和价值观为任务，这是思想政治教育学的实践特色。因此，思想政治教育学是以马克思主义理论为指导，以人们思想品德形成、发展和思想政治教育规律为研究对象，以党的思想政治教育实践为基础，着力培养人们正确的世界观、人生观和价值观，应用性、实践性和价值性相统一的综合性科学。

---

① 思想政治教育学者认为："建立任何一门学科都必须具备三个条件，缺一不可：一是该研究领域必须有特殊的研究对象；二是必须有指导其研究的理论基础；三是必须着力开展实际的研究。"张耀灿，郑永廷，吴潜涛，等. 现代思想政治教育学 [M]. 2版. 北京：人民出版社，2006：2.

② 教育部思想政治工作司. 加强和改进大学生思想政治教育重要文献选编（1978—2014）[M]. 北京：知识产权出版社，2015：51.

③ 教育部思想政治工作司. 加强和改进大学生思想政治教育重要文献选编（1978—2014）[M]. 北京：知识产权出版社，2015：73.

(二) 思想政治教育专业

思想政治教育专业的产生，是改革开放以后思想政治教育科学化、专业化的结果。1984年上半年，教育部连续下发《关于在十二所院校设置思想政治教育专业的意见》《关于在六所高等院校开办思想政治教育专业第二学士学位班的意见》《关于在高等学校举办思想政治教育本科班的意见》等文件，在高等学校试办思想政治教育本专科专业，开创了通过专业化方式培养思想政治教育人才的先河。这些文件不仅确立了思想政治教育本科专业的目标，思想政治教育专业的学制和学位，思想政治教育专业1984年的招生人数、招生方式，而且确立了思想政治教育专业必修课程参考目录，并对思想政治教育专业教材编写，以及专业建设的人、财、物的问题提出明确要求，这些标志着思想政治教育作为一个专业的正式创建。关于第二学士学位和专科学历的专职思想政治工作干部提升学历的问题，文件也对其培养目标、课程设置、招生人数和招生办法以及条件保障等做出明确规定，表明思想政治教育专业建设的拓展与深化。为了推进思想政治教育专业建设，教育部思想政治工作司专门设立了思想政治教育专业建设处，统筹思想政治教育专业建设工作，推出多批思想政治教育专业教材。1985年《思想政治教育方法论》、1986年《思想政治教育学原理》的出版，标志着思想政治教育学理论体系的诞生①，思想政治教育专业人才培养体系日益健全。

为规范思想政治教育专业发展，教育部对思想政治教育专业进行了多次专业目录调整修订。1987年国家教委颁布的《普通高等学校社会科学本科专业目录》将思想政治教育专业列在"马克思主义理论、思想政治教育类"学科门类下，这是思想政治教育专业首次列入本科专业目录。1993年颁布的《普通高等学校本科专业目录》将思想政治教育专业设在教育学类的思想政治教育类下，注明"可授教育学或法学学士学位"。1998年颁布的《普通高等学校本科专业目录》，将思想政治教育专业由教育学学科门类调整至法学门类的政治学类下，注明"可授法学或教育学学士学位"。2012年颁布的《普通高等学校本科专业目录》将

---

① 罗洪铁，周琪，王斌，等. 思想政治教育学学科理论体系演变研究［M］. 北京：中国社会科学出版社，2012：12.

思想政治教育专业设在法学门类的马克思主义理论类下，授予法学学位①。2018年，教育部印发《普通高等学校本科专业类教学质量国家标准》，将思想政治教育专业列为马克思主义理论类本科专业，马克思主义理论类专业设科学社会主义、中国共产党历史、思想政治教育（后又设立马克思主义理论、工会学等专业）。该标准对思想政治教育专业培养目标、培养规格、课程体系、师资队伍、教学条件等方面进行了明确规定，也对思想政治教育本科专业进行了明确定位："思想政治教育本科专业培养全面、系统地掌握马克思主义基本理论、思想政治教育规律，以及相关基础知识的专业人才。"②形成了思想政治教育专业国家统一质量标准。

综上所述，思想政治教育专业是指为培养思想政治教育本科专门人才而设立的专业门类，它属于法学门类，是马克思主义理论类的本科专业，思想政治教育专业发展涉及专业数量和质量的发展，《马克思主义理论类教学质量国家标准》为评价思想政治教育专业发展情况提供了标准。

（三）思想政治教育学科

思想政治教育学科的出现，是与思想政治教育硕士点的设立联系在一起的。1987年9月20日，国家教委印发《关于思想政治教育专业培养硕士研究生的实施意见》，把思想政治教育专业和学科联系在一起，提出"加强思想政治教育学科和专业的建设，开辟培养思想政治教育高层次专门人才的有效途径"，并指出"思想政治教育专业培养研究生，必须坚持正确的政治方向，把这一学科建设成为马克思主义的坚强阵地；教学要求和培养方法必须从新时期社会主义精神文明建设的需要出发，并遵循思想政治教育学科、专业的性质和特点"③。把学科和专业联系起来并列使用，开启了思想政治教育学科建设和发展的历程。

1987年国务院学位委员会修订硕士、博士研究生专业目录，在政

---

① 沈壮海.思想政治教育发展报告2014—2015[M].北京：高等教育出版社，2016：6.

② 教育部高等学校教学指导委员会.普通高等学校本科专业类教学质量国家标准：上[M].北京：高等教育出版社，2018：56.

③ 教育部思想政治工作司.加强和改进大学生思想政治教育重要文献选编（1978—2014）[M].北京：知识产权出版社，2015：85.

治学一级学科中增设思想政治教育硕士方向。1988年中国人民大学、武汉大学等10所高校开始招收思想政治教育硕士生，1990年学科评议组正式审批相关学校硕士学位授权点。为适应马克思主义理论与思想品德课建设需要，1996年国务院学位委员会在政治学一级学科下设置"马克思主义理论与思想政治教育"硕士点、博士点，使思想政治教育学科提升到博士层面。2005年12月，国务院学位委员会、教育部《关于调整增设马克思主义理论一级学科及所属二级学科的通知》指出："新增设的马克思主义理论一级学科，暂设置于'法学'门类内，下设五个二级学科，即：马克思主义基本原理、马克思主义发展史、马克思主义中国化研究、国外马克思主义研究、思想政治教育。"[①] 后根据学科建设需要，又增设"中国近现代史基本问题研究""党的建设"等学科，构成马克思主义理论一级学科体系。思想政治教育学科成为马克思主义理论学科目录下的独立二级学科。

从思想政治教育学科发展来看，思想政治教育学科是思想政治教育专业建设到达硕士点、博士点层次以后，才出现的思想政治教育现象。在1984年教育部设置思想政治教育专业时，并没有对思想政治教育进行学科归属的划分，教育部《关于在十二所院校设置思想政治教育专业的意见》规定"思想政治教育专业的本科毕业生，凡符合《中华人民共和国学位条例》第四条规定的，授予学士学位"[②]。只有思想政治教育进入硕士点建设层面后，思想政治教育专业才列入学科专业目录。换句话说，思想政治教育学科是思想政治教育专业发展到硕士点、博士点后才出现的学术分类，在这个阶段思想政治教育专业才具有了学科的属性。从这个意义上说，思想政治教育学科设立以后，思想政治教育本科专业建设也被提升到学科建设层面，思想政治教育学科内在地包含了本科专业建设和硕士点、博士点建设，除此以外，思想政治教育学科还包括科学研究、社会服务、国际交流合作、学科特色和学科声誉等方面的建设任务。

总之，思想政治教育学、思想政治教育专业、思想政治教育学科是

---

① 教育部思想政治工作司. 加强和改进大学生思想政治教育重要文献选编（1978—2014）[M]. 北京：知识产权出版社，2015：328.

② 教育部思想政治工作司. 加强和改进大学生思想政治教育重要文献选编（1978—2014）[M]. 北京：知识产权出版社，2015：23.

三个相互关联、相互依存、具有共通性的概念。在三者关系中，思想政治教育学是最具有根源性的概念，只有思想政治教育作为一门科学被确立和认可，才有了思想政治教育专业的创办和思想政治教育学科的设立。思想政治教育学科建设和发展又离不开思想政治教育学建设、专业建设和学科点的发展，思想政治教育学建设、思想政治教育专业建设和思想政治教育学科建设构成了思想政治教育学科发展的内在指标，是思想政治教育学科发展的重要内容。

三、思想政治教育学科发展的特殊性

思想政治教育学科是伴随着改革开放和社会主义现代化建设而逐渐形成和发展起来的学科，其设立和迅速发展是多种因素共同作用的结果。思想政治教育学科作为后发展起来的新型学科，以马克思主义理论为学科指导，以中国共产党思想政治工作实践为基础，在实施马克思主义理论研究和建设工程的大背景下，在未成年思想道德教育和大学生思想政治教育的现实要求下，实现跨越式发展。

（一）思想政治教育学科设立的特殊性

改革开放以来，思想政治教育学科从无到有，从实践工作经验到较为完善的理论体系，从本科专业到硕士点、博士点建设，从只有少数学校开办到成为我国人文社会科学最大的专业学科之一，实现了学科建设的跨越式发展。思想政治教育学科的发展是多种因素共同作用的结果。

一是客观现实的需要。客观现实需要是专业分化、学科设立的最深刻的社会基础。毛泽东指出："任何思想，如果不和客观的实际的事物相联系，如果没有客观存在的需要，如果不为人民群众所掌握，即使是最好的东西，即使是马克思列宁主义，也是不起作用的。"[①]"文化大革命"期间思想政治教育被推到不合适的位置，既丧失了思想政治教育的科学性，同时也对思想政治教育工作者造成伤害。因此，改革开放以后，在党的思想政治教育实践领域，在广大社会生活各个层面，存在着一股强大的内在动力，迫切要求恢复党的思想政治教育的科学性，把思想政治教育作为一门科学。从1979年开始，在全国各个领域开展了一

---

① 毛泽东选集：第4卷［M］．2版．北京：人民出版社，1991：1515．

场"思想政治工作科学化"的讨论，1980年《光明日报》专门开设"思想政治工作是一门科学"讨论专栏，讨论吸引了钱学森等著名科学家，钱学森在《文汇报》发文《从社会科学到社会技术》，提出思想政治的科学可以称为马克思主义德育学，"要早日建立这门德育学"。这次讨论的部分论文被收录到《论思想政治工作科学化》，由山西人民出版社1981年出版①。很多一线思想政治工作者从内心发出思想政治教育科学化的呼唤："所以大家说，对什么东西的研究都是科学。对植物、动物、鱼、虫、鸟、兽、花、石的研究是科学，难道对人们的社会主义、共产主义思想觉悟的形成和发展的规律，以及对人们进行思想政治教育的规律的研究，就不是一门科学吗？"②另外，改革开放以后，随着对外开放的不断扩大、社会主义市场经济的深入发展，人们思想的独立性、选择性、多样性和复杂性也日益增强，迫切呼唤新的思想政治教育，呼唤着思想政治教育的科学化。

二是党中央的高度重视。改革开放以后，党和国家领导人高度重视思想政治教育，始终把思想政治建设作为党的建设的重要任务，以邓小平、江泽民、胡锦涛、习近平等同志为主要代表的中国共产党人围绕加强和改进思想政治工作发表系列重要讲话，出台了若干加强和改进思想政治工作的文件和举措，为思想政治教育学科创新发展提供了理论指导。在1979年理论工作务虚会上，邓小平就明确提出新形势下的思想理论工作，"这是一项十分重大的任务，既是重大的政治任务，又是重大的理论任务。这决不是改头换面地抄袭旧书本所能完成的工作，而是要费尽革命思想家心血的崇高的创造性的科学工作"③，把思想政治工作定位为一项"科学工作"。1982年，胡耀邦在与中宣部负责同志的谈话中，对思想政治工作从地位作用、内涵特点、方式方法、领导管理等方面进行了系统阐述，初步形塑了改革开放以来中国共产党思想政治工作概念④。江泽民对思想政治工作本质进行明确界定："党的思想政治

---

① 孙友余，钱学森，费孝通，等.论思想政治工作科学化[M].太原：山西人民出版社，1981.

② 徐文良.难忘的历程：高等学校思想政治教育的回顾与思考[M].长春：吉林人民出版社，2008：363.

③ 邓小平.邓小平文选：第2卷[M].2版.北京：人民出版社，1994：180.

④ 佘双好，汤婉丽.新时代中国共产党对思想政治教育概念的深化与拓展[J].学校党建与思想教育，2023（10）.

工作，从根本上说就是做人的工作，做群众的工作，涉及人们的思想、观念、意识等领域，也就是人们的精神生活。"① 这进一步明确了思想政治教育的对象和内容。在此基础上，他还进一步把思想政治工作拓展到对群众的宣传、教育、引导和提高上，并且确立了新的思想政治教育原则，"党的思想政治工作本质上是群众工作，是宣传群众、教育群众、引导群众、提高群众的工作，因此必须坚持走群众路线"②。他明确指出："思想政治工作是一门科学，各级领导干部和政工干部都要努力认识和掌握它的基本知识和规律。"③ 在党的领导的高度重视下，中共中央印发一系列加强和改进思想政治工作的文件，如《关于加强农村思想政治工作的通知》（1983 年 1 月）、《国营企业职工思想政治工作纲要（试行）》（1983 年 7 月）、《关于改进和加强高等学校思想政治工作的决定》（1987 年 5 月）、《关于加强和改进思想政治工作的若干意见》（1999 年 9 月）以及中共中央、国务院《关于进一步加强和改进大学生思想政治教育的意见》（2004 年 10 月）等，对各领域思想政治工作进行建设和部署，思想政治教育的科学化、专业化发展得到文件和制度的保障和支撑。

三是教育行政主管部门的强力推进。设立思想政治教育本科专业，建设思想政治教育硕士点，设置思想政治教育博士点等任何一次学科建设的发展阶段，都离不开教育行政主管部门的大力推进和国务院学位委员会的重点扶持，采取特殊的政策给予特事特办④。为创办思想政治教育专业，1984 年上半年，教育部连续下发《关于在十二所院校设置思想政治教育专业的意见》《关于在六所高等院校开办思想政治教育专业第二学士学位班的意见》《关于在高等学校举办思想政治教育本科班的意见》等文件，对思想政治教育专业培养目标、学历学制、招生方式、课程方案和条件保障提出明确要求。在思想政治教育专业创办初期，教育部思想政治工作司专门设置思想政治教育专业建设处，对思想政治教育专业进行规划、指导，并组织推动思想政治教育本科专业教材建设。

---

① 江泽民．江泽民文选：第 3 卷［M］．北京：人民出版社，2006：76.
② 江泽民．江泽民文选：第 3 卷［M］．北京：人民出版社，2006：95.
③ 江泽民．江泽民文选：第 3 卷［M］．北京：人民出版社，2006：97.
④ 王树荫，王炎．新中国思想政治教育史纲（1949—2009）［M］．北京：人民出版社，2010：317.

教育部（原国家教委）还专门组建了思想政治教育专业课程教材编写委员会，分两批推出思想政治教育专业教材二十余本①。在思想政治教育由硕士点向博士点过渡阶段，教育部社会科学与思想政治工作司明确提出把"两课"建设提升到学科建设的高度，开启依托马克思主义理论与思想政治教育学科点培养"两课"教师在职攻读硕士学位的计划，为马克思主义理论一级学科博士点设立做好理论准备②。在马克思主义理论一级学科设立后，国务院学位委员会印发《关于进一步加强高校马克思主义理论学科建设的意见》，进一步提出提升马克思主义理论学科教育教学质量，加强学科规范化、制度化建设的任务。这些举措极大推进了思想政治教育学科的发展。

　　四是广大思想政治教育理论工作者的积极努力。思想政治教育学科点的设置离不开思想政治教育理论工作者的积极努力，特别是为了配合思想政治教育本科专业建设、硕士点和博士点建设，在教育主管部门的推动下，思想政治教育理论工作者从专业学科角度进行思想政治教育基础理论建设，针对思想政治教育本科专业，编写了多批思想政治教育系列教材，为思想政治教育专业人才培养奠定了知识基础；在硕士、博士阶段，形成了思想政治教育基础理论、思想政治教育历史发展、比较思想政治教育、思想政治教育实践等稳定的研究方向，构建了包括思想政治教育基本原理、思想政治教育方法论、中国共产党思想政治教育发展史、比较思想政治教育、思想政治教育实践领域探索等方面的相对完整的学科知识体系，为学科创立和发展奠定了坚实的基础。

　　五是思想政治教育学术共同体和平台的推动。思想政治教育学科发展离不开学术共同体建设，也离不开学术平台和阵地作用，中国职工思想政治工作研究会、全国高校思想政治教育研究会等学术组织的成立，《思想政治工作研究》《思想教育研究》《思想理论教育》《学校思想教育》《思想政治教育》等学术期刊的创办，不仅为学生发展搭建了平台，而且为学术共同体的产生和形成创造了条件，构成学科发展的外在条件。正如有学者评价："全国高校思想政治教育研究会及学术委员会，在思想政治教育学科的发展方向、理论研究、学科建设、课程建设，思想政治教育工作队伍专业化，思想政治教育实践科

---

① 郑永廷. 思想政治教育方法论［M］. 北京：高等教育出版社，1999：前言1.
② 余双好. 思想政治理论课教学法探析［M］. 北京：中国人民大学出版社，2018：98.

学化,以及沟通信息、总结交流经验、团结队伍等方面,发挥了十分重要的引领作用。"①

六是思想政治教育学科人才培养和社会服务的成效。思想政治教育专业的创办、学科的设立,开启了通过专业化的方式培养思想政治教育人才的新阶段。思想政治教育专业创办以来,为社会输送了大量思想政治教育专门人才,这些专业人才在社会各个方面发挥着作用,为思想政治教育学科发展赢得了良好的社会声誉,推动着思想政治教育专业的发展。同时,思想政治教育专业对高校辅导员工作、思想政治理论课建设和社会层面思想政治工作也提供了智力支撑,进一步强化了思想政治教育学科建设的功能和价值。正是在多种因素共同作用下,思想政治教育学科在一个不太长的时间内实现了跨越式发展。

(二) 思想政治教育学科属性的特殊性

思想政治教育学科是一门特殊的学科,其内容涉及作为党的指导思想和全党全国人民共同思想基础的马克思主义理论,涉及无产阶级和广大劳动人民与代表自己根本利益的理论的结合过程,因而思想政治教育具有马克思主义理论的学科属性。马克思主义思想政治教育活动既有人类社会一切思想政治教育活动的共性,同时也具有作为人类社会崭新思想政治教育活动的特殊性。把统治阶级意识形态上升为占统治地位的意识形态,进行符合统治阶级意识形态要求的思想政治观念宣传教育活动,这是人类自阶级社会以来意识形态建设的一般规律。马克思、恩格斯指出:"统治阶级的思想在每一时代都是占统治地位的思想。这就是说,一个阶级是社会上占统治地位的物质力量,同时也是社会上占统治地位的精神力量。"② "每一个企图取代旧统治阶级的新阶级,为了达到自己的目的不得不把自己的利益说成是社会全体成员的共同利益,就是说,这在观念上的表达就是:赋予自己的思想以普遍性的形式,把它们描绘成唯一合乎理性的、有普遍意义的思想。"③ 与其他剥削阶级把自

---

① 王树荫,王炎. 新中国思想政治教育史纲(1949—2009)[M]. 北京:人民出版社,2010:318.
② 马克思,恩格斯. 马克思恩格斯选集:第1卷[M]. 3版. 北京:人民出版社,2012:178.
③ 马克思,恩格斯. 马克思恩格斯选集:第1卷[M]. 3版. 北京:人民出版社,2012:180.

己的利益说成是全体成员利益并且进行符合自己利益的阶级教育不一样，马克思主义思想政治教育是无产阶级和广大劳动人民为实现自身利益最后实现全人类解放的实践活动，它是广大劳动人民实现"物质武器"与"精神武器"结合的过程①。马克思主义思想政治教育活动，从本体论来看，是无产阶级和广大劳动人民接受自己思想政治理论的活动，它不是统治阶级把符合自己利益的思想道德观念当成全体人民的观念，然后对全体人民开展的思想政治教育活动，而是维护无产阶级和广大劳动人民根本利益的教育活动；从过程来看，与其他剥削阶级开展的意识形态教育、思想教育、政治教育、公民教育、宗教教育等具有明显的不同，它不是用外在的思想政治教育观念对广大劳动人民进行控制和塑造，而是广大劳动人民实现自己物质力量与精神力量结合的过程，是内在的、主动的、唤醒的，正如马克思所说的"思想的闪电"过程；从方法来看，采取的是说理的、说服的、民主的、协商的方式，是理性的、科学的方式，而不是强制的、压服的、灌输的方式，马克思主义思想政治教育方法在实践中不断丰富和发展②。马克思主义思想政治教育的特殊性，要求加强思想政治教育学科建设。2004年2月，中共中央、国务院印发《关于进一步加强和改进未成年人思想道德建设的若干意见》。2004年3月，中共中央印发《关于进一步繁荣发展哲学社会科学的意见》，提出实施马克思主义理论研究和建设工程，加强马克思主义理论学科体系、学术体系、教材体系建设任务。2004年10月，中共中央、国务院印发《关于进一步加强和改进大学生思想政治教育的意见》。2005年中共中央宣传部、教育部印发《关于进一步加强和改进高等学校思想政治理论课的意见》，明确提出"设立马克思主义一级学科，开展马克思主义理论体系研究，开展马克思主义发展史、马克思主义中国化研究，开展思想政治教育研究，为推进党的思想理论建设和巩固马克思主义在高等学校教育教学中的指导地位，为加强高校思想政治理论课建设，培养思想政治教育工作队伍提供有力的学科支撑"③，为把思想

---

① 马克思，恩格斯．马克思恩格斯选集：第1卷［M］．3版．北京：人民出版社，2012：16．

② 余双好，汤桢子．马克思主义经典作家关于思想政治教育思想探析［J］．马克思主义学科研究，2023（6）．

③ 教育部思想政治工作司．加强和改进大学生思想政治教育重要文献选编（1978—2014）［M］．北京：知识产权出版社，2015：294．

政治教育学科作为独立二级学科设立创造了条件。正是由于马克思主义在我国意识形态领域的指导性地位，正是在中央大力推动哲学社会科学繁荣发展，实施马克思主义理论研究和建设工程，加强未成年人思想道德建设和大学生思想政治教育的背景下，思想政治教育学科得以正式设立，并在马克思主义理论学科大发展的背景下实现快速发展。

（三）思想政治教育学科实践基础的特殊性

国务院学位委员会、教育部下发《关于调整增设马克思主义理论一级学科及所属二级学科的通知》，所附的《马克思主义一级学科及其所属二级学科简介》明确指出："思想政治教育学科以马克思主义为理论指导，以党的思想政治工作为实践基础，经过20多年的学科建设，取得了丰硕成果。"① 中国共产党是一个善于理论和实践创新的政党，中国共产党在把马克思主义基本原理同中国具体实际相结合、同中华优秀传统文化相结合的过程中，不仅形成了毛泽东思想、中国特色社会主义理论体系和习近平新时代中国特色社会主义思想等理论成果，实现马克思主义中国化的历史性飞跃，而且在推进马克思主义大众化的实践过程中，形成了十分丰富的思想政治教育理论和实践成果。中国共产党所开展的伟大的思想政治教育活动与其他政党所开展的类似思想政治教育活动不一样，是在中国大地针对中国人民、在马克思主义指导特别是中国化马克思主义指导下的成果，中国共产党的思想政治教育活动具有特殊性。在中国共产党思想政治教育实践探索中，中国共产党十分重视对人类社会一切思想政治教育优秀成果的吸收借鉴，特别是对苏联等社会主义国家开展的思想政治教育进行学习，但在实践过程中也出现过"水土不服"的问题，比如新中国成立初期，我们学习借鉴苏联群众宣传工作制度，在全国范围内构建起面向全国人民的宣传思想工作网络，但"这一制度在实施过程中，也暴露出宣传组织神秘化、宣传渠道单一化、宣传内容公式化的严重弊端。随着1955年底毛泽东率先在党内提出以苏联为借鉴，探索中国自己的社会主义建设道路的课题，党对宣传工作中

---

① 教育部思想政治工作司. 加强和改进大学生思想政治教育重要文献选编（1978—2014）[M]. 北京：知识产权出版社，2015：334.

模仿套搬苏联经验的做法及存在的各种问题也进行了深刻反思"①，在实践中逐渐探索出一整套自上而下、全员覆盖的思想政治教育模式。新中国成立初期，这种思想政治教育模式既有权威性、全面性和全员性的优点，但也存在着单向性、强制性和动员式的缺点，特别是这种模式在"文化大革命"时期被推向极端，极大地影响了思想政治教育的科学性。因此，改革开放以后，在推进思想政治教育科学化进程中，思想政治教育选择了专业化、规范化、制度化的道路，增强了思想政治教育的科学性，但同时也带来部门化、领域化和微观化的问题。中国特色社会主义新时代，以习近平同志为核心的党中央把思想政治教育提升为治党治国的重要方式，构筑起全员、全程、全方位的思想政治教育模式②。党的百余年思想政治教育实践形成十分广泛和丰富的思想政治教育实践成果、理论成果和制度成果，这些都为思想政治教育学科发展提供了中国特色、自主探索的实践基础。思想政治教育学科实践基础的特殊性，为思想政治教育学科发展提供了特殊的发展背景。

（四）思想政治教育学科在马克思主义理论学科中的特殊性

根据《关于调整增设马克思主义理论一级学科及所属二级学科的通知》对马克思主义理论学科的定位，马克思主义理论学科"是一门从整体上研究马克思主义基本原理和科学体系的学科。它研究马克思主义基本原理及其形成和发展的历史，研究它在世界上的传播与发展，特别是研究马克思主义中国化的理论与实践，同时把马克思主义研究成果运用于马克思主义理论教育、思想政治教育和思想政治工作"③。国务院学位委员会第八届学科评议组研修的《研究生教育学科专业简介及其学位基本要求》对马克思主义理论学科这样定位："马克思主义理论学科，是对马克思主义进行整体性和一体化研究的一级学科，它与中共党史党建学、哲学一级学科所属的马克思主义哲学、理论经济学一级学科所属的政治经济学、政治学一级学科下的科学社会主义与国际共产主义运动

---

① 王树荫，王炎. 新中国思想政治教育史纲（1949—2009）[M]. 北京：人民出版社，2010：64-65.
② 余双好. 新时代思想政治教育创新发展研究[M]. 北京：人民出版社，2023：169.
③ 教育部思想政治工作司. 加强和改进大学生思想政治教育重要文献选编（1978—2014）[M]. 北京：知识产权出版社，2015：329.

等一起，共同构成了马克思主义学科体系。"

从上述文件规定来看，马克思主义理论学科是顺应学科综合化而出现的新型学科，反映了学科从近代分化到现代综合的趋势。马克思主义理论学科与哲学社会科学其他学科相比具有以下特点：一是整体性和一体化。马克思主义理论学科与马克思主义哲学、政治经济学、科学社会主义等学科相比，它不是分门别类从哲学、经济学和政治学等学科角度对马克思主义进行研究，而是把马克思主义基本原理、马克思主义发展历史、马克思主义运用等作为一个整体进行研究，体现整体性学科要求。不仅如此，还应进行马克思主义、马克思主义中国化时代化的一体化研究，以利于更好地从纵横结合上完整地、系统地把握它的科学思想体系。它与中共党史党建学、马克思主义哲学、政治经济学、科学社会主义、国际共产主义运动等一起，共同构成了马克思主义学科体系。二是实践性。马克思主义理论学科需要进行文本研究，但并不停留在文本阐释层面，而是以解决现实问题为着眼点；马克思主义理论学科需要进行历史研究，但并不拘泥于历史细节，而是重在把握历史规律。马克思主义理论学科立足中国具体实际，回应马克思主义中国化时代化过程中的问题，具有实践性。三是教育性。马克思主义理论学科落脚于马克思主义理论教育、思想政治教育和思想政治工作，落脚于人们的思想教育引导。因此，马克思主义理论学科下的各二级学科，都包含着教育的要求。这是马克思主义理论学科下的各二级学科的共性要求。

马克思主义理论学科下的各二级学科又各具有其学科的特殊性。马克思主义基本原理、马克思主义发展史、国外马克思主义研究、中国近现代史基本问题研究等学科，更强调理论性，强调对马克思主义基本原理及科学体系、马克思主义发展历史、国外马克思主义、中国近现代史基本问题的研究；马克思主义中国化研究学科，对实践性要求更高，要求针对马克思主义中国化过程和党的创新理论等重大理论和现实问题，提出针对性策略；思想政治教育学科则对教育性要求更高，要求运用马克思主义理论与方法研究人们思想品德形成、发展和思想政治教育的规律，探讨如何把马克思主义理论转化为人们认识世界和改造世界的思想武器，培养人们正确的世界观、人生观、价值观。

从思想政治教育学科在马克思主义理论学科的地位来看，思想政治教育学科是整个马克思主义理论学科的落脚点和主要应用领域。思想政治教育学科在马克思主义理论学科的特殊地位表明，一方面在马克思主义理论学科中无论是哪个二级学科，都需要研究思想政治教育的规律，并且最终体现在思想政治教育、思想政治工作之中；另一方面，思想政治教育学科比马克思主义理论学科的其他二级学科更为复杂特殊，它是马克思主义理论学科王冠上的珍珠，思想政治教育学科不仅要掌握思想政治教育过程及发展规律，而且也需要掌握马克思主义基本原理、马克思主义发展史、马克思主义中国化研究、中国近现代史基本问题研究等学科规律，并且还需要用所掌握的马克思主义理论武装教育对象，推进马克思主义中国化时代化，开展思想政治教育实践和思想政治工作。从这个意义上说，思想政治教育学科与马克思主义理论其他学科相比具有更为复杂的特殊规律，这种特殊性使思想政治教育学科发展对整个马克思主义理论学科具有全局性和带动性的作用。

四、本书的基本思路和研究方法

本书在马克思主义理论指导下，遵循科学研究的基本原则，把思想政治教育学科置于一种不断发展的动态过程，分析其发展过程中的矛盾运动，总结学科建设的基本经验和教训。描述思想政治教育学科现实发展状态、发展特点及存在的问题，对思想政治教育学科发展进行总体透视。专题深入研究思想政治教育学科发展过程中的一些普遍性问题，探讨思想政治教育学科发展过程中的一些基本的范畴和领域、过程和研究方法，为思想政治教育学科发展提供基本的规范。探讨思想政治教育未来发展的一些倾向，对未来发展进行预测和控制，促进思想政治教育学科健康发展。

本书把思想政治教育学科发展作为研究对象，探讨思想政治教育作为人类自阶级社会产生以来的一种普遍存在的现象，如何从一种社会实践活动和现象，逐渐形成思想政治教育概念，进而形成思想政治教育理论，又如何成为一门思想政治教育科学，创办思想政治教育专业，设置思想政治教育学科的发展过程。同时也探讨思想政治教育学科设置以后，如何从本科专业到硕士点再到博士点的学科发展历程，还对思想政治教育本科专业、硕士点、博士点建设现状进行客观动态描述，以及阐述人才培养、科学研究、社会服务和国际交流合作等发展情况，并且对思想政治教育学科发展的一些重要关系，比如理论与实践、内容与形式、自主与依托、科学研究与经验研究等问题进行专题研究，实现从理论到实践、从内容到方法的提升。本书主要采取以下研究方法：

1. 文献研究方法

文献研究是科学研究的基础，科学研究都是在别人研究的基础上实现不断累积发展的，站在巨人的肩膀上能够使自己的研究更有价值。在对文献的研究过程中，我们特别重视以下文献：一是国家和教育部有关思想政治教育专业建设、学科发展、队伍建设和政策保障等方面的文件，这些文献为思想政治教育学科发展提供了客观依据。二是思想政治教育学科发展过程中的重要历史人物的论文、回忆录及有关讲话报告，这些文献为思想政治教育学科发展提供了发展印记。三是有关思想政治教育学科发展的论文和著作，这些文献为思想政治教育学科发展提供了参照点。四是思想政治教育学科发展的现实材料，包括各学科点学科目录、培养方案以及学生论文等，这些文献为思想政治教育学科发展提供了佐证和支撑。这些文献都是我们探讨思想政治教育学科发展的有效证据，如果我们把这些文献进行合理梳理，文献就像一个有生命的个体叙述着思想政治教育学科自己的故事，帮助我们从多个角度和层面来对思想政治教育学科发展进行探究。

2. 历史研究方法

历史研究方法指把思想政治教育现象放在历史发展的脉络中，通过考察思想政治教育学科的产生、发展、变化的历史轨迹，从而揭示其变化发展特点和规律的研究方法。历史研究方法是科学研究的基本方法。列宁指出："在社会科学问题上有一种最可靠的方法，它是真正养成正确分析这个问题的本领而不致淹没在一大堆细节或大量争执意见之中所必需的，对于用科学眼光分析这个问题来说是最重要的，那就是不要忘记基本的历史联系，考察每个问题都要看某种现象在历史上怎样产生、在发展中经过了哪些主要阶段，并根据它的这种发展去考察这一事物现在是怎样的。"[①] 美国学者维尔斯马（Wiersma）等人进一步明确指出："历史研究是一个寻找事实，然后使用这些信息去描述、分析和解释过去的系统过程……过去的知识对于我们理解和判断现实事件及参与讨论

---

① 列宁. 列宁选集：第4卷［M］. 3版. 北京：人民出版社，1995：26.

都是十分必要的。"① 思想政治教育学科作为一个发展的事物，经历了产生、发展、转型以及升华的发展过程，把学科发展放在历史发展的脉络中能够更好地理解学科的产生、发展及演化过程，总结其中的历史经验和教训，为进一步推进学科深入发展提供有益启示。

3. 多元研究方法

为了从多个角度描述思想政治教育学科发展，本书采取了多元研究方法。要探讨思想政治教育学科发展，免不了要对思想政治教育学科发展现象进行理论分析，对思想政治教育学科建设经验进行总结升华，理论和实践结合的研究方法在思想政治教育学科发展研究中占据着十分重要的位置。为了更加精确地描述思想政治教育学科点发展状况，我们还采取文献计量分析和内容分析方法对思想政治教育本科专业、硕士点、博士点发展情况进行系统分析。我们主要通过教育部官方网站和各培养单位网站所提供的信息，对全国高校思想政治教育本科专业、硕士点、博士点的分布情况，培养方案情况以及学科专业发展的一些可量化的特征进行系统分析，使对思想政治教育学科发展的描述更为客观精确。为了更加生动讲述思想政治教育学科发展的故事，我们还采取案例分析、事件分析等方法，并尝试通过个人生命史的叙述、回忆录等个人化经历，探求学科发展过程中的个人主观感受等，以多维度呈现思想政治教育学科发展情况。

4. 整合研究方法

无论是文献研究、历史研究，理论研究、实践研究，还是量化研究、质性研究均各有其优势和特定领域，同时也存在着局限和不足，对于思想政治教育这样复杂的学科，不仅需要多元的研究方法，而且还需要在多元研究方法基础上进行整合。美国学者埃利亚斯（Elias）指出："道德教育是一个需要多学科共同研究的领域，仅仅通过一门学科来探讨这一领域既是有限的，也是危险的。"② 这说明了思想政治教育学科发展多元研究的重要性。但是，多元研究方法也可能导致在研究结果呈现上使人眼花缭乱。因此，另一位美国著名学者伯恩斯坦也说："我们并非

---

① 维尔斯马，于尔斯. 教育研究方法导论：第9版［M］. 北京：教育科学出版社，2010：257-258.

② ELIAS J. Moral Education: Secular and Religious［M］. Malabar: Robert E. Krieger Publishing Co. Inc, 1989: 56.

面对着互斥的选择：要么是经验理论，要么是诠释理论，要么是批判理论。在社会政治理论的重构中其实有一个内在的辩证：当我们从事任何一环节时，发现涉及其他环节。一套恰当的社会政治理论必须是经验性的、诠释性的以及是批判性的。"① 伯恩斯坦针对社会政治理论构建提出理论构建的多元整合的观点，同样适用于思想政治教育学科发展的研究。我们认为对思想政治教育学科发展的研究，每一种研究方法都不是独立的，我们也不需要从中只选择一种，只有对各种研究方法进行整合、综合使用，才能对思想政治教育学科发展做一个明确完整的呈现。

虽然我们采取多种研究方法对思想政治教育学科发展进行探究，但是对思想政治教育学科发展研究本身而言，也只是一个小小的侧面，难免有以偏概全、挂一漏万的现象，我们期待与广大读者和同行一起共同探讨。

---

① 伯恩斯坦. 社会政治理论的重构 [M]. 南京：译林出版社，2008：305.

第一章　思想政治教育概念的形塑

　　思想政治教育是一个中国化的概念，马克思、恩格斯并没有使用过这个概念，列宁、斯大林更多地使用政治教育、政治工作、政治思想教育工作、宣传工作、政治教育工作等术语，在其他社会主义国家尽管有类似中国共产党思想政治教育的活动，但与中国共产党思想政治教育存在着根本上的差异。中国共产党对思想政治教育的探索有一个发展的过程。在新中国成立之前，尽管党有思想政治教育实践活动，但并没有界定思想政治教育概念；在新中国成立初期，尽管使用了思想政治教育概念，但没有形成思想政治教育理论；在社会主义改造基本完成以后，党提出思想政治教育理论，但没有提升到科学和学科的层面进行研究；改革开放以后，思想政治教育被提升到科学和学科的高度，对思想政治教育概念进行形塑，使思想政治教育不仅成为党的崇高的事业，而且成为马克思主义理论学科目录下的一门，思想政治教育概念日益明确①。

---

　　①　实际上，中国共产党思想政治工作，就是思想政治教育工作省略了"教育"二字；思想政治教育学科使用的思想政治教育概念，就是思想政治教育工作省略了"工作"二字。因为当时确定学科名称时，论证专家普遍认为"工作"一词缺乏学术性，就使用了"思想政治教育"这一名称。
　　"思想政治教育""思想政治工作"两个概念从学科上讲，其实是同一概念。目前，这样区分的意义在于，可以把理论和实践区分开来。教育部《关于调整增设马克思主义理论一级学科及所属二级学科的通知》所附的《马克思主义一级学科及其所属二级学科简介》便指出，"思想政治教育学科以马克思主义为理论指导，以党的思想政治工作为实践基础"，这就明确了思想政治教育学科的学科属性和实践基础，也就是思想政治教育学科是在中国共产党思想政治工作基础上的理论提升。

第一章 思想政治教育概念的形塑

第一节 改革开放和社会主义现代化建设新时期党的思想政治工作概念的形塑

在中国共产党的话语系统中，宣传（鼓动）工作、教育工作、思想工作、政治工作、思想教育（工作）、政治教育（工作）、政治思想工作等，在思想政治教育没有成为特定概念之前，都带有思想政治教育的性质。中国共产党并没有对思想政治工作进行实质性定义，只是通过隐喻方式对思想政治工作做了界定，如思想政治工作是一切工作（包括军队、经济工作等）的生命线，生命线的概念既说明了思想政治工作的地位和作用，也明确了思想政治工作的作用范围和领域。因此，在党的领导人中，无论是毛泽东还是周恩来，在谈到思想政治工作的时候，都广泛使用过"生命线""灵魂""中心环节"等比喻，来说明思想政治工作的重要性。如周恩来在《抗战军队的政治工作》中指出："以革命主义为基础的革命政治工作是一切革命军队的生命线与灵魂！"① 毛泽东在《论联合政府》中指出："掌握思想教育，是团结全党进行伟大政治斗争的中心环节。"② 在党的文献中，1940年，陈云在《严格遵守党的纪律》中第一次使用思想政治工作概念，他指出："纪律是我们的重要武器。维护党的统一，不靠刀枪，要靠纪律；同时，加强思想政治工作，端正路线和方针、政策。"③ 在这篇讲话中，陈云把思想政治工作作为与纪律建设相对应的党的建设的重要方式，但并没有对思想政治工作进行定义。新中国成立以后，毛泽东在《同绥远负责人的谈话》中使用了思想政治教育概念，并指导绥远负责人进行思想政治教育活动；在《关于正确处理人民内部矛盾的问题》中使用了思想政治教育、思想政治工作两个概念，确立思想政治工作的原则和方法，对思想政治工作提出要求。刘少奇在中国共产党第一次全国宣传工作会议上也使用了思想政治工作概念，他指出，"今天，思想政治工作的必要性更加

---

① 周恩来选集：上卷［M］．北京：人民出版社，1980：93.
② 毛泽东选集：第3卷［M］．2版．北京：人民出版社，1991：1094.
③ 陈云．陈云文选：第1卷［M］．北京：人民出版社，1995：196.

提高了，更加需要加强党的思想领导"①。显然，在党的第一代领导集体话语体系中，思想政治教育、思想政治工作是约定俗成的概念，他们并没有对其下实质性定义。把思想政治教育作为一个确定概念，并对它从科学和学科角度进行明确界定，是在改革开放以后伴随着思想政治教育科学化、专业化、规范化、制度化、法治化进程而逐渐实现的。

一、新时期党的思想政治工作概念的生成

"文化大革命"的结束使思想政治教育获得新生，党在总结"文化大革命"经验教训的基础上，针对改革开放以后社会经济结构、生活方式和人们思想观念发生的翻天覆地的变化，乘着世界科技革命的东风，在拨乱反正、开拓创新的过程中，重新塑造了思想政治教育概念和活动，使思想政治教育逐渐走上了科学化、专业化、规范化、制度化、法治化的发展道路。

（一）邓小平对思想政治工作概念的形塑

在改革开放新的历史条件下，邓小平多次谈到思想政治工作和思想政治教育，据我们对邓小平著作文献②的不完全统计，改革开放初期（1978—1992）邓小平在18次讲话中明确使用"思想政治教育""思想政治工作""政治思想工作"的概念，累计频次达45次；从概念的使用时间来看，改革开放初期，邓小平第一次使用"思想政治教育"概念是在中国人民政治协商会议第五届全国委员会第二次会议上的开幕词中，最后一次使用是在《国际形势和经济问题》（同几位中央同志谈话的一部分）中，其中1980年12月5日在中央工作会议上的讲话中使用频率达到高峰，共计11次。另外，还在6次讲话中明确提及"思想工作""政治工作"的概念。他提出了思想政治教育的科学性的命题，明确指出思想政治教育是"科学工作"，开启了思想政治教育科学化的进程。邓小平对思想政治工作概念的形塑主要体现在以下几个方面：

---

① 刘少奇选集：下卷 [M]．北京：人民出版社，1985：90．
② 文献材料来源：邓小平文选（1—3卷）、邓小平年谱 1975—1997（上、下）、三中全会以来重要文献选编（上、下）、十二大以来重要文献选编（上、中、下）、十三大以来重要文献选编（上、中、下）、《人民日报》刊登的邓小平的相关通稿及讲话原文（1978—1992）。

1. 关于思想政治工作的科学定位

明确定位思想政治工作是"科学工作"。1979年3月30日在理论工作务虚会上,邓小平明确提出新形势下思想理论工作"是一项十分重大的任务,既是重大的政治任务,又是重大的理论任务。这决不是改头换面地抄袭旧书本所能完成的工作,而是要费尽革命思想家心血的崇高的创造性的科学工作","今后要求从中央起,各级党委一定要把思想理论工作放在正确轨道和重要地位上"①。"思想战线上的战士,都应当是人类灵魂工程师。"② 从科学工作和人类灵魂工程两方面,对思想政治工作的科学性进行定位。

2. 关于思想政治工作的本质内涵

1980年12月25日,邓小平在中共中央工作会议上指出,"党的领导机关除了掌握方针政策和决定重要干部的使用以外,要腾出主要的时间和精力来做思想政治工作,做人的工作,做群众工作"③。他把思想政治工作与说服教育工作并列,1987年2月18日,在会见加蓬总统邦戈时指出:"我们特别强调坚持四项基本原则,反对资产阶级自由化,同时提出加强思想政治工作、说服教育工作,同社会不良风气包括特权思想进行斗争。"④ 思想政治工作的本质是做人的工作,做群众工作,是说服而不是压服,明确了思想政治工作的对象和原则。

3. 关于思想政治工作的作用领域

邓小平从宣传工作、加强党的思想领导、思想理论战线、思想教育工作、精神文明建设等角度阐述思想政治工作,明确思想政治工作的作用领域。一是把思想政治工作划归宣传工作。1980年12月25日,在中共中央工作会议上,他指出:"这里说的宣传工作,实际上包括党的整个思想政治工作。"⑤ 二是作为加强党的领导的内容。"我们说改善党的领导,其中最主要的,就是加强思想政治工作。"⑥ 三是思想理论战线的工作。1981年7月17日,在同中央宣传部负责同志谈话中,把思想政治工作作为思想理论工作重要内容提出要求。四是教育工作。1989

---

① 邓小平. 邓小平文选:第2卷[M]. 2版. 北京:人民出版社,1994:180,181.
② 邓小平. 邓小平文选:第3卷[M]. 北京:人民出版社,1993:40.
③ 邓小平. 邓小平文选:第2卷[M]. 2版. 北京:人民出版社,1994:365.
④ 邓小平. 邓小平文选:第3卷[M]. 北京:人民出版社,1993:205.
⑤ 邓小平. 邓小平文选:第2卷[M]. 2版. 北京:人民出版社,1994:363.
⑥ 邓小平. 邓小平文选:第2卷[M]. 2版. 北京:人民出版社,1994:365.

年以后，邓小平反复反思改革开放以来思想政治教育的失误，把思想政治工作作为教育工作、思想教育工作的领域："十年来我们的最大失误是在教育方面，对青年的政治思想教育抓得不够，教育发展不够。"①"我们最近十年的发展是很好的。我们最大的失误是在教育方面，思想政治工作薄弱了，教育发展不够。"②"十年最大的失误是教育，这里我主要是讲思想政治教育，不单纯是对学校、青年学生，是泛指对人民的教育。"③ 五是与经济工作、物质文明建设相对的领域。邓小平往往把思想政治工作作用领域与经济工作、物质文明建设作用领域相对而谈，"在工作重心转到经济建设以后，全党要研究如何适应新的条件，加强党的思想工作，防止埋头经济工作、忽视思想工作的倾向"④。"多年来，我们的一些同志埋头于具体事务，对政治动态不关心，对思想工作不重视，对腐败现象警惕不足，纠正的措施也不得力。"⑤

4. 关于思想政治工作的内容

1980 年 12 月 25 日，在中共中央工作会议上，邓小平集中系统地列举了思想政治工作内容⑥，"加强思想政治工作，要着重解决好以下几个问题"，一是"关于建国以来党的工作的评价"。这涉及党的基本路线方针政策，对待马克思主义、毛泽东思想的态度以及正确评价毛泽东思想，党的思想政治建设等重大问题。二是加强全党的组织性、纪律性。这涉及与党在政治上保持高度一致和党的思想、组织、纪律建设等问题。三是"要教育全党同志发扬大公无私、服从大局、艰苦奋斗、廉洁奉公的精神，坚持共产主义思想和共产主义道德"。这涉及党员教育和社会主义精神文明建设内容。四是"要继续批判和反对封建主义在党内外思想政治方面的种种残余影响，并继续制定和完善各种符合于社会主义原则的制度和法律来清除这些影响"。这涉及对错误思想的批判和思想政治教育制度建设等问题。五是"要加强各级学校的政治教育、形势教育、思想教育，包括人生观教育、道德教育"。这涉及学校思想政治教育核心内容，即政治教育、思想教育、道德教育和形势等。六是

---

① 邓小平. 邓小平文选：第 3 卷 [M]. 北京：人民出版社，1993：287.
② 邓小平. 邓小平文选：第 3 卷 [M]. 北京：人民出版社，1993：290.
③ 邓小平. 邓小平文选：第 3 卷 [M]. 北京：人民出版社，1993：306.
④ 邓小平. 邓小平文选：第 3 卷 [M]. 北京：人民出版社，1993：48.
⑤ 邓小平. 邓小平文选：第 3 卷 [M]. 北京：人民出版社，1993：325.
⑥ 邓小平. 邓小平文选：第 2 卷 [M]. 2 版. 北京：人民出版社，1994：364 - 369.

第一章 思想政治教育概念的形塑

"要大力加强工会工作和妇联工作,大力加强共青团工作、少先队工作和学生会工作"。这涉及思想政治工作与其他工作的关系,以及间接开展思想政治教育内容。七是"要提高全党同志建设社会主义现代化强国的信心,通过各个岗位的党员的模范行动影响和吸引群众,振奋精神,团结一致,专心致志,稳步前进,实现我们的宏伟目标"。这涉及心理层面、精神层面的思想政治教育内容。上述内容虽然从具体工作层面提出,但是涵盖了新时代思想政治教育的基本内容。

5. 关于思想政治工作的原则

邓小平恢复了党的思想政治工作基本原则。对于思想政治问题、人民内部思想问题,他指出,总体上"我们坚持实行百花齐放、百家争鸣的方针,坚持正确处理人民内部矛盾,这是不会改变的"①。在中国共产党全国代表会议上的讲话中,他又强调:"毫无疑问,我们仍然坚持'双百'方针,坚持宪法和法律所保障的各项自由,坚持对思想上的不正确倾向以说服教育为主的方针,不搞任何运动和'大批判'。"② 但在新的历史条件下,邓小平更强调把思想政治工作与经济工作结合起来,把物质奖励与精神奖励结合起来,他指出:"不讲多劳多得,不重视物质利益,对少数先进分子可以,对广大群众不行,一段时间可以,长期不行。革命精神是非常宝贵的,没有革命精神就没有革命行动。但是,革命是在物质利益的基础上产生的,如果只讲牺牲精神,不讲物质利益,那就是唯心论。"③

6. 关于思想政治工作的方法

邓小平对"文化大革命"思想政治教育方式进行了反思,提出了许多新的历史条件下思想政治工作的方法。一是透彻说理、从容讨论的方法。"历史经验证明,用大搞群众运动的办法,而不是用透彻说理、从容讨论的办法,去解决群众性的思想教育问题,而不是用扎扎实实、稳步前进的办法,去解决现行制度的改革和新制度的建立问题,从来都是不成功的。"④ 二是法制的方法。"需要向广大人民群众做好思想政治工作,动员和组织他们自觉地、积极地行动起来,同各种破坏安定团结的

---

① 邓小平. 邓小平文选:第2卷 [M]. 2版. 北京:人民出版社,1994:392.
② 邓小平. 邓小平文选:第3卷 [M]. 北京:人民出版社,1993:145.
③ 邓小平. 邓小平文选:第2卷 [M]. 2版. 北京:人民出版社,1994:146.
④ 邓小平. 邓小平文选:第2卷 [M]. 2版. 北京:人民出版社,1994:336.

势力进行有效的斗争。进行这种斗争，不能采取过去搞政治运动的办法，而要遵循社会主义法制的原则。"① 三是批评和自我批评的方法。"批评的方法要讲究，分寸要适当，不要搞围攻、搞运动。但是不做思想工作，不搞批评和自我批评一定不行。批评的武器一定不能丢。"② "我们在思想文化的指导工作中还存在着'左'的倾向，这也必须坚决纠正和防止。但是，这丝毫不是说可以不进行批评和自我批评。"③ 在这一方面，他还有其他论述，在此不一一列举。

改革开放新的历史条件下，邓小平恢复了党的思想政治工作传统，在不断使用思想政治工作概念的基础上，对思想政治工作概念进行了形塑，他不仅明确了思想政治工作的科学定位，而且明确了思想政治工作的本质内涵、作用领域、内容、原则和方法等，极大地丰富和拓展了思想政治工作的内涵。他也使用过思想工作、政治思想工作、思想理论战线工作等概念，但邓小平并没有对思想政治工作概念进行明确界定。

（二）本阶段党的其他领导人对思想政治工作概念的形塑

对思想政治工作概念进行明确界定的是时任中共中央总书记的胡耀邦。在《关于思想政治工作问题》中，胡耀邦对党的思想政治工作在党的工作中的性质和地位、概念、现象、本质、目的和任务、特点、原则方针、队伍专业化建设、领导管理等问题进行了全面系统的阐述，初步形塑了新时期中国共产党思想政治工作概念。

1. 关于思想政治工作在党的工作中的性质和重要性

胡耀邦指出：我们取得全国胜利，"从根本上说，是因为我们党的路线、方针和政策是正确的，我们党把马克思列宁主义的普遍原理同中国革命的具体实际密切地结合起来了；是因为我们党代表了全国人民的利益，我们的广大党员和战士为全国人民的解放艰苦奋斗、流血牺牲，因而也就能够动员和带领广大人民群众进行胜利的斗争。在这中间，通过思想政治工作提高人民群众的革命自觉性，是我们党采取的一项主要方法。我们党的全部历史经验证明，我们事业的发展和胜利是建立在领导正确和群众自觉的基础之上的，而在领导正确这个条件一经获得之

---

① 邓小平. 邓小平文选：第 2 卷 [M]. 2 版. 北京：人民出版社，1994：371.
② 邓小平. 邓小平文选：第 2 卷 [M]. 2 版. 北京：人民出版社，1994：390.
③ 邓小平. 邓小平文选：第 2 卷 [M]. 2 版. 北京：人民出版社，1994：392.

后,群众的自觉就是决定的因素。所以说,善于做好思想政治工作是我们党区别于其他政党的一个重要特点,是取得革命和建设胜利的一个极其重要的条件。"① 把善于做好思想政治工作作为中国共产党区别于其他政党的重要特点,把党的思想政治教育的实质理解为在群众自觉的基础上,群众自觉性看成是决定性因素,反映了党的思想政治工作目标与人民群众根本利益的内在一致性,揭示了思想政治工作的实质。

2. 关于思想政治工作的概念界定

胡耀邦从对象和任务上对思想政治工作概念进行了明确界定:"思想政治工作的对象是人,是人的思想、观点、立场。我们党的思想政治工作,是要解决人们的思想、观点和政治立场,动员广大干部和群众为实现当前和长远的革命目标努力奋斗。"② 但这只是从现象上描述思想政治教育,要深入认识思想政治教育本质,还需分析思想政治工作的目的和任务。胡耀邦指出:"思想政治工作的根本的目的和任务,用一句话说,就是提高人们对世界的认识和改造的能力。更详细一点说,就是用革命思想和革命精神,也就是用共产主义思想,用马克思主义的基本理论,用马克思主义的普遍原理同中国革命和建设的具体实践相结合的毛泽东思想,教育党员和干部,教育广大群众,教育整个工人阶级以至全体人民,启发和提高人们的革命自觉性,使人们确立正确的立场、观点,掌握正确的思想方法和工作方法,并通过反复的实践提高人们认识和改造世界的能力。"③ 这涉及党的思想政治教育的本质,体现中国共产党思想政治教育与其他形形色色政党在内容和方法上的根本区别。

3. 关于思想政治工作的特点

思想政治工作的特点既来自自身的工作对象,同时也在与其他工作的比较之中,胡耀邦指出:"思想政治工作的特点是从它特定的工作对象来的。上面说过,思想政治工作的对象是人,要端正人的思想、观点、立场,这就同经济工作不一样,同组织部门的工作也不完全一样。"④ 与组织工作、经济工作不同,思想政治工作具有广泛性,任何部门、单位都有人,人都有思想活动,因此任何部门、单位都要做思想

---

① 胡耀邦. 胡耀邦文选[M]. 北京:人民出版社,2015:395-396.
② 胡耀邦. 胡耀邦文选[M]. 北京:人民出版社,2015:397.
③ 胡耀邦. 胡耀邦文选[M]. 北京:人民出版社,2015:399.
④ 胡耀邦. 胡耀邦文选[M]. 北京:人民出版社,2015:403.

政治工作；思想政治工作自身的特点是，思想政治工作首先要提出的是解决思想问题、政治立场问题。

4. 关于思想政治工作的原则方针

胡耀邦多次阐述思想政治工作的疏导原则。1980年在中央和国家机关思想政治工作座谈会上的讲话中，他明确提出："什么是正确的方针呢？可不可以说，正确的方针就是疏和导的方针，在疏通中引导，在引导中疏通，又疏又导。疏通就是广开言路，集思广益。"① 在《关于思想政治工作问题》中，他进一步明确思想政治工作的疏导原则。"思想政治工作的基本原则是对人们进行教育工作、说服工作，而不是采取强制的、压服的办法和行政命令的办法。对人民群众中的思想问题、认识问题，我们要坚持疏导的方针，反对堵塞的方针。疏和导的方针是思想政治工作的正确方针。我们要在疏通中引导，在引导中疏通，又疏又导。疏通就是广开言路，集思广益。引导就是循循善诱，说服教育。我们要实事求是，以理服人，讲求实效。"②

5. 关于思想政治工作的方法

胡耀邦创造性地提出思想政治工作（教育）的两种方法："教育形式有两种：一种是说理的教育，一种是形象化的教育（主要是文学艺术）。教育者必须熟悉这两种教育的形式，并且善于运用这两种形式进行工作。"③ 关于说理教育，"说理教育，无非有两种方式：一种是口头上的，讲演、报告、传达文件、谈话、争论、搞批评和自我批评等；一种是文字上的，决议、指示、理论著作、通俗读物、评论文章、新闻报道等"④。他分析了说理教育的问题，并通过列宁和毛泽东进行说理教育的例子，提出说理教育的恰当方法。关于形象化教育，主要是文学艺术方面存在的问题，主要是缺乏感染力。"为什么说理教育缺乏说服力，形象化教育缺乏感染力呢？就是我们的教育者没有掌握这两种教育的规律。"⑤

6. 关于思想政治工作的队伍建设

胡耀邦明确提出教育者必须先受教育的要求，提出思想政治工作专

---

① 胡耀邦. 胡耀邦文选 [M]. 北京：人民出版社，2015：220.
② 胡耀邦. 胡耀邦文选 [M]. 北京：人民出版社，2015：405.
③ 胡耀邦. 胡耀邦文选 [M]. 北京：人民出版社，2015：408.
④ 胡耀邦. 胡耀邦文选 [M]. 北京：人民出版社，2015：408.
⑤ 胡耀邦. 胡耀邦文选 [M]. 北京：人民出版社，2015：409.

业化的问题:"不能认为只有做经济、技术工作的人员才有专业化问题。我们各行各业的干部,首先是领导干部,不受一点业务知识的基础训练,不具备业务专长,不成为内行,那是做不好工作的。"① 他还从革命觉悟、认识思想政治工作的特殊规律、自己要做榜样等三个方面对思想政治工作者提出了要求。

7. 关于思想政治工作的领导管理

胡耀邦对党的各级组织明确提出思想政治工作的要求:"既然思想政治工作这样重要,它的任务这样繁重,对于革命和建设的胜利是这样不可缺少,那么,我们党的各级组织,就应当把这项工作放在重要地位,列入党委的重要议事日程,加强对思想政治工作的领导,重视思想政治工作队伍的建设。""只有重视和研究了这个问题,思想政治工作领导上存在的涣散软弱状态,才能得到有力的克服;思想政治工作队伍中存在的各种问题,才能得到正确的解决;思想政治工作对于实现新时期党的任务的动员作用和保证作用,才能充分发挥出来。"②

从上述分析看,胡耀邦在《关于思想政治工作问题》中对思想政治工作在党的事业中的性质和地位进行了科学定位,对思想政治工作的本质、内涵、特征、原则、方法、队伍建设以及管理等进行了全面阐述,是党的思想政治工作概念的全面形塑,深刻影响了思想政治教育科学化进程。

(三)本阶段党的相关文件对思想政治工作概念的理解

在以邓小平同志为主要代表的中国共产党人思想政治教育理论的指导下,中共中央先后印发一系列加强新时期思想政治工作的文件。这些文件反映了党对思想政治教育理解方面的共识,成为指导改革开放新时期思想政治教育实践的纲领性文件。

1. 《中共中央关于加强农村思想政治工作的通知》

1983年1月,《中共中央关于加强农村思想政治工作的通知》(以下简称《通知》)指明农村思想政治工作的重要性和必要性,分析新时期农民思想政治现状特点,明确农村思想政治工作任务和教育内容,明确农村思想政治工作原则和方法,明确农村思想政治工作重点,并对各

---

① 胡耀邦. 胡耀邦文选[M]. 北京:人民出版社,2015:409.
② 胡耀邦. 胡耀邦文选[M]. 北京:人民出版社,2015:412.

级党委加强思想政治工作提出明确要求。从《通知》对思想政治教育内涵的界定来看，思想政治教育的基本内容主要是"逐步提高农民的政治、思想觉悟，使人人争做有理想、有道德、有文化、守纪律，爱祖国、爱社会主义、爱党、爱集体的社会主义农民，团结一致，为实现全面开创社会主义现代化建设的新局面，奋发工作"①。《通知》在汲取"文化大革命"经验教训的基础上，确立了新时期农村思想政治工作的基本原则和方法，特别是通过乡规民约、典型教育、比较教育、法制、文化建设和群众工作等方法，拓展了思想政治工作的范围和领域，拓展了思想政治教育概念领域。

2. 《国营企业职工思想政治工作纲要（试行）》

1983年7月，中共中央批转《国营企业职工思想政治工作纲要（试行）》[以下简称《纲要（试行）》]，从工人阶级的历史地位和作用的定位出发，阐述了企业思想政治工作在社会主义经济发展中的地位，明确了企业思想政治工作内容和方法、遵循的原则和突出领域，并对建设一支革命化、年轻化、知识化、专业化的企业思想政治工作干部队伍和加强党对思想政治工作提出了明确要求，是新时期加强和改进企业思想政治工作的纲领性文件。《中共中央关于批转〈国营企业职工思想政治工作纲要（试行）〉的通知》指出："中央认为，这个《纲要（试行）》是我国社会主义现代化建设时期加强和改进企业职工思想政治工作的一个很好、很重要的文件，其基本精神、基本原则和基本方法，具有普遍指导意义。"②《纲要（试行）》包含以下几方面内容：（1）重申思想政治工作的生命线地位，"职工思想政治工作，主要是指职工的思想政治教育，它是党的政治工作的一个重要组成部分，但不是政治工作的全部。所谓'生命线'的作用，是指思想政治工作的保证作用"③。（2）明确思想政治工作的主要方式。企业职工思想政治工作的根本任务"是通过对企业全体职工进行共产主义思想体系的教育，提高他们对本阶级所处的历史

---

① 中共中央文献研究室. 十二大以来重要文献选编：上 [M]. 北京：中央文献出版社，2011：232.

② 中共中央文献研究室. 十二大以来重要文献选编：上 [M]. 北京：中央文献出版社，2011：305.

③ 中共中央文献研究室. 十二大以来重要文献选编：上 [M]. 北京：中央文献出版社，2011：310.

地位和历史责任的正确认识,增强他们认识世界和改造世界的能力"①。(3)基本内容"大体上可以分为两个部分:一是比较系统的爱国主义、集体主义、社会主义、共产主义的思想教育;二是日常的思想政治教育"②。并对系统教育、日常教育的方式和方法提出明确规定。(4)明确思想政治工作原则,即理论联系实际原则、民主原则、要结合经济工作一道去做的原则、表扬和批评相结合以表扬为主的原则、提高思想认识同关心解决职工生活问题相结合的原则、身教同言教相结合身教重于言教的原则等。(5)提出思想政治工作专业化的问题,向现有的全国综合性大学、文科院校,各部、委、总局所属大专院校提出增设"政治工作专业或政治工作干部进修班"③的要求。《纲要(试行)》开创了通过专门方式培养思想政治工作专门人才的先河。

3.《中共中央关于改进和加强高等学校思想政治工作的决定》

1987年5月,《中共中央关于改进和加强高等学校思想政治工作的决定》深刻阐述了高校思想政治教育的必要性,明确高校思想政治教育的内容与方法,对高校思想政治工作力量进行全面全方位的阐述,形成全员全方位的高校思想政治工作概念。一是对思想政治教育内容的拓展,除"继续坚持对学生进行马克思主义理论教育,党的路线、方针、政策教育,爱国主义、国际主义和革命传统教育,理想、道德和纪律教育,社会主义民主和法制教育"④以外,还加强了学生社会实践教育、与业务结合起来的教育,以及学生自我教育等内容。二是对思想政治教育工作者进行拓展,形成全员思想政治工作概念,明确教职工队伍的教书育人、服务育人职责,对思想政治工作专兼职队伍进行明确,对高校领导提出思想政治教育职责和要求,对全社会共同关心学生思想政治工作提出明确要求。三是明确思想政治教育的科学性,明确指出:"思想政治教育是一门以马克思主义理论为基础、综合性和实践性都比较强的

---

① 中共中央文献研究室.十二大以来重要文献选编:上[M].北京:中央文献出版社,2011:312.
② 中共中央文献研究室.十二大以来重要文献选编:上[M].北京:中央文献出版社,2011:313.
③ 中共中央文献研究室.十二大以来重要文献选编:上[M].北京:中央文献出版社,2011:325.
④ 中共中央文献研究室.十二大以来重要文献选编:下[M].北京:中央文献出版社,2011:330-331.

科学，必须有专职人员作为骨干，并且要培养和造就一批思想政治教育的专家、教授和理论家。"①

正是在党的创新理论的指导下，在中央文件的倡导和支持下，在党中央和各级党委、政府的大力推动以及广大思想政治工作者的共同努力下，思想政治教育成为一门科学，成为一门专业，成为一个职业，思想政治教育概念得到科学界定并在实践中被广泛使用。

二、新时期党的思想政治工作概念的深化

改革开放和社会主义市场经济条件下，以江泽民同志为主要代表的中国共产党人高度重视思想政治工作，为了应对"法轮功"等对党的思想政治工作提出的挑战，党中央专门召开中央思想政治工作会议，江泽民在会议上发表重要讲话，对新时期思想政治工作的地位和作用、基本原则、工作任务、方法和途径、领导管理、队伍建设等方面进行全面阐述，进一步深化了对思想政治工作本质的认识，拓展了思想政治工作的概念。据对江泽民著作文献②的不完全统计，党的十三届四中全会以来，江泽民在1989—2002年间的59次讲话（包括指示、回信）中直接使用了"思想政治工作"概念，累计频次达201次。从概念使用时间看，这期间江泽民第一次使用"思想政治工作"概念是在1989年《求是》杂志第12期上发表的文章《认真消除社会分配不公现象》中，最后一次使用是在2002年12月27日在中央军委扩大会议上的讲话《论中国特色军事变革》中，其中在2000年6月28日中央思想政治工作会议上的讲话中使用频次最高，达90次以上。另外，江泽民还在讲话中使用"思想工作""政治工作""宣传思想工作"等概念10多次。江泽民对思想政治工作概念的深化主要体现在以下方面：

（一）江泽民对思想政治工作概念的形塑

江泽民重申了思想政治工作"生命线"的重要地位和作用，认为"党的思想政治工作，是经济工作和其他一切工作的生命线，是团结全

---

① 中共中央文献研究室. 十二大以来重要文献选编：下 [M]. 北京：中央文献出版社，2011：336.

② 文献材料来源：江泽民文选（1—3卷）、江泽民思想年编（一九八九—二〇〇八）、十四大以来重要文献选编（上、中、下）、十五大以来重要文献选编（上、中、下）等。

党全国各族人民实现党和国家各项任务的中心环节,是我们党和社会主义国家的重要政治优势"①。党的思想政治工作的这种重要地位,要求我们越是发展经济,越是改革开放,越是要重视思想政治工作。江泽民对思想政治工作概念的形塑主要体现在以下几个方面:

1. 对思想政治工作本质认识的深化

关于对党的思想政治工作本质的认识,比较一致的观点是思想政治工作的对象是人,是做人的工作,涉及人的立场观点和意志,属于精神生活领域的工作。江泽民继承了这种观点,他明确指出:"党的思想政治工作,从根本上说就是做人的工作,做群众的工作,涉及人们的思想、观念、意识等领域,也就是人们的精神生活。"② 进一步明确了思想政治工作的对象和内容,并在此基础上进一步拓展,把思想政治工作拓展到对群众的宣传、教育、引导和提高上,确立了新的思想政治工作原则:"党的思想政治工作本质上是群众工作,是宣传群众、教育群众、引导群众、提高群众的工作,因此必须坚持走群众路线。"③ 思想政治工作宣传群众、教育群众的目的在于引导群众、提高群众,这就从思想政治工作目的的角度,深化了对思想政治工作本质的认识。党的思想政治工作虽然服务群众,但不能简单停留在群众思想认识水平,而是要用更高的思想政治观念来引导和提升,使人民群众思想政治观念得到提高和升华。

2. 对党的思想政治工作任务的拓展

以往党的思想政治工作任务比较偏重思想政治教育的直接领域,着重开展马克思主义理论教育、形势与政策教育和日常思想政治教育。江泽民拓展了思想政治工作的任务,他指出:"党的思想政治工作的任务是:以科学的理论武装人,以正确的舆论引导人,以高尚的精神塑造人,以优秀的作品鼓舞人,不断提高全民族的思想道德素质和科学文化素质,努力培养造就有理想、有道德、有文化、有纪律的社会主义公民;发展新型的人际关系,创造良好的社会风尚,充分发挥人民群众的积极性、主动性、创造性,保证党的路线方针政策和国家的法律法规的

---

① 江泽民. 江泽民文选:第3卷[M]. 北京:人民出版社,2006:74.
② 江泽民. 江泽民文选:第3卷[M]. 北京:人民出版社,2006:76.
③ 江泽民. 江泽民文选:第3卷[M]. 北京:人民出版社,2006:95.

贯彻执行，保证改革开放和现代化建设的顺利进行。"① 从理论武装、舆论引导、道德引领和艺术熏陶等多个维度，对思想政治工作内容进行拓展，不仅阐述了直接思想政治教育内容，而且广泛涉及间接思想政治教育内容，实现对思想政治教育内容的拓展。

3. 对思想政治工作的原则和方法的拓展

江泽民在明确指出"加强和改进思想政治工作，最根本的是坚持和巩固马克思主义在我国意识形态领域的指导地位"的根本原则基础上，提出了许多思想政治工作的基本原则，比如"要坚持从实际出发，把先进性要求和广泛性要求有机结合起来"，"要注意因地制宜，因人制宜，因事制宜，因时制宜"，"要把做群众思想工作与帮助群众解决实际问题结合起来，既讲道理又办实事，既以理服人又以情感人，在办实事中贯穿思想教育，通过解决现实问题引导群众提高精神境界、增强群众对党和政府的信任"，既要坚持过去行之有效的好传统、好办法，更要"适应新情况不断探索新的方式、方法、手段、机制"，"要力求做到生动活泼、群众喜闻乐见，切忌形式主义、教条主义，切忌简单生硬"，"身教重于言教"等。他提出的这些原则继承了思想政治工作的传统优势。

4. 对思想政治工作的载体的拓展

在新的历史条件下，信息技术特别是信息网络的发展，为我们开展思想政治工作提供了现代化手段，拓展了思想政治工作的空间和渠道。江泽民敏锐地把网络思想政治工作作为思想政治教育的重要载体，指出："互联网已经成为思想政治工作一个新的重要阵地"，"要重视和充分运用信息网络技术，使思想政治工作提高时效性、扩大覆盖面、增强影响力"②。

5. 对思想政治工作者提出新要求

思想政治工作是全党的重要工作，江泽民对全党，特别是党的领导提出明确要求，同时也对思想政治工作者提出明确要求："思想政治工作是全党的工作，所有党员和领导干部都要做。同时，又必须建设一支政治强、业务精、纪律严、作风正的专兼结合的思想政治工作队伍"，"要培养选拔一些政治坚定、业务过硬、作风扎实、有较高文化水平的

---

① 江泽民. 江泽民文选：第3卷 [M]. 北京：人民出版社，2006：85-86.
② 江泽民. 江泽民文选：第3卷 [M]. 北京：人民出版社，2006：94.

中青年同志，充实基层思想政治工作部门，优化政工干部队伍结构"[①]。并且对思想政治工作者除了提出专业要求以外，还进一步提出"人格"方面的要求。

6. 对思想政治工作是一门科学的定位

江泽民明确指出："思想政治工作是一门科学，各级领导干部和政工干部都要努力认识和掌握它的基本知识和规律。"[②] 思想政治工作具有知识性，要努力认识掌握它的知识和规律。这进一步突显了思想政治工作的科学性。

从上述梳理来看，江泽民不仅直接明确提出思想政治工作是一门科学，确立了思想政治工作的科学地位，而且从党的群众工作的角度，深化了思想政治工作的本质，从"以科学的理论武装人，以正确的舆论引导人，以高尚的精神塑造人，以优秀的作品鼓舞人"的角度扩展了思想政治工作的内容和领域，确立了一系列思想政治工作的原则和方法，丰富了思想政治工作的载体，并且对思想政治工作者提出新的要求。在改革开放和社会主义现代化建设新阶段进一步丰富和拓展了思想政治工作概念。

（二）本阶段党的相关文件对思想政治工作概念的认识

在党的创新理论指导下，中共中央专门召开中央思想政治工作会议，下发《中共中央关于加强和改进思想政治工作的若干意见》（以下简称《意见》），第一次对党的思想政治工作从整体上提出指导性意见。《意见》分析了"法轮功"对党的思想理论建设提出的挑战，总结了党的十三届四中全会特别是十四大以来思想政治工作建设的成绩和存在的问题，明确了思想政治工作的方针原则、主要内容、载体和方法、主要领域和重点，并对加强党对思想政治工作领导提出了明确要求。《意见》对思想政治工作概念的深化主要体现在以下几个方面：

1. 重申思想政治工作的"生命线"地位

《意见》指出："高度重视思想政治工作，是我们党的优良传统和政治优势。我们党领导革命和建设的全部历史证明，掌握思想教育，是团结全党进行伟大政治斗争的中心环节；思想政治工作，是经济工作和其

---

① 江泽民. 江泽民文选：第3卷[M]. 北京：人民出版社，2006：96.
② 江泽民. 江泽民文选：第3卷[M]. 北京：人民出版社，2006：97.

他一切工作的生命线。"① 开宗明义地明确了思想政治工作的地位作用。

2. 明确思想政治工作的方针原则

《意见》明确："必须坚持以马克思列宁主义、毛泽东思想和邓小平理论为指导，坚持党的基本路线和基本方针。要以科学的理论武装人，以正确的舆论引导人，以高尚的精神塑造人，以优秀的作品鼓舞人，培养有理想、有道德、有文化、有纪律的公民。"② 除此以外，《意见》还明确了"必须坚持以经济建设为中心，为全党全国工作大局服务"，"必须坚持从实际出发，增强针对性和实效性"，"必须坚持教育与管理相结合"，"必须坚持解决思想问题同解决实际问题相结合"，"必须坚持在党的领导下，依靠全社会共同来做"等原则，对新时期的思想政治工作原则进行了系统总结。

3. 明确思想政治工作的内容

《意见》明确了思想政治工作的主要内容：一是要深入扎实地开展党的创新理论教育，"把用邓小平理论武装全党、教育干部和人民作为思想政治工作的首要任务，广泛进行党的基本路线和基本纲领教育，进行爱国主义、集体主义、社会主义和艰苦创业精神的教育"；二是"加强马克思主义唯物论和无神论教育，大力提倡科学精神"，这是"法轮功"现象产生以后突显的思想政治教育内容；三是"加强形势政策、民主法制和维护社会稳定的教育"；四是"加强以为人民服务为核心、以集体主义为原则的社会主义道德建设"③。在思想政治教育内容中增添了马克思主义唯物论和无神论、民主法制和维护社会稳定的教育内容。

4. 拓展思想政治工作的领域

《意见》把新闻媒体、群众性精神文明创建、文化的社会功能教育以及先进典型教育的影响和带动等纳入思想政治工作领域，通过新闻舆论、群众性精神文明建设、文化建设和先进典型等开展思想政治教育活动，把思想政治教育拓展到新闻舆论、精神文明建设和文化建设领域，

---

① 中共中央文献研究室. 十五大以来重要文献选编：中 [M]. 北京：中央文献出版社，2001：1036.

② 中共中央文献研究室. 十五大以来重要文献选编：中 [M]. 北京：中央文献出版社，2001：1038.

③ 中共中央文献研究室. 十五大以来重要文献选编：中 [M]. 北京：中央文献出版社，2001：1040-1042.

把文化建设作为思想政治教育领域，挖掘文化的社会功能，极大地拓展了思想政治教育的领域。

5. 明确思想政治工作的重点领域

《意见》除对企业、农村、学校等思想政治工作的传统领域提出进一步加强和改进的要求以外，还新增加了对城市社区思想政治工作领域，对下岗职工和进城务工人员这个特殊群体，以及社团组织思想政治工作提出明确要求，以适应社会主义市场经济条件下，思想政治工作对象的新变化和新特点。

党的十三届四中全会特别是党的十四大以后，以江泽民同志为主要代表的中国共产党人适应社会主义市场经济条件下思想政治工作的新特点新要求，进一步重申和强调思想政治工作的"生命线"地位，在对思想政治工作本质认识的基础上，进一步深化拓展思想政治工作内容，积极拓展思想政治工作领域和方法，进一步深化对思想政治工作概念的认识，使思想政治工作概念向专业化迈出坚实步伐，极大地促进思想政治工作概念发展。

三、新时期党的思想政治工作概念的领域发展

党的十六大以后，以胡锦涛同志为主要代表的中国共产党人"大力加强党的执政能力建设，开展保持共产党员先进性教育活动，推进未成年人思想道德建设，加强与改进大学生思想政治教育工作，进一步繁荣发展哲学社会科学，实施'马克思主义理论研究和建设工程'，建设社会主义核心价值体系"[①]，思想政治教育概念在专门化、领域化方面实现重要发展。据对胡锦涛著作文献[②]的不完全统计，从党的十六大到十八大期间（2002—2012年），胡锦涛在87篇（次）文献、讲话中直接使用"思想政治工作"概念，累计频次达61次，其中2003—2006年比较集中论述思想政治教育（4年44次，占总次数的72.1%），2004年使用频次最高，为14次。胡锦涛对思想政治工作概念的深化拓展主要体现在以下方面：

---

① 王树荫，王炎. 新中国思想政治教育史纲（1949—2009）[M]. 北京：人民出版社，2010：362.

② 文献材料来源：胡锦涛文选（1—3卷）、改革开放以来思想政治工作大事记、十六大以来重要文献选编（上、中、下）、十七大以来重要文献选编（上、中、下）。

（一）胡锦涛对思想政治工作概念的深化拓展

胡锦涛在全国宣传思想工作会议上的讲话及《在全国加强和改进未成年人思想道德建设工作会议上的讲话》《在全国加强和改进大学生思想政治教育工作会议上的讲话》等讲话广泛涉及思想政治工作，这些重要论述深化了对思想政治工作概念的认识。

1. 明确思想政治工作的基本理念

科学发展观是以胡锦涛同志为总书记的党中央在治国理政实践中形成的重大理论成果，以人为本是科学发展观的核心，这也为思想政治工作确立了新的理念。胡锦涛多次提出并明确阐述了以人为本的思想政治工作理论："思想政治工作说到底是做人的工作，必须坚持以人为本。既要坚持教育人、引导人、鼓舞人、鞭策人，又要做到尊重人、理解人、关心人、帮助人。"[①] 胡锦涛把人作为思想政治工作的核心，明确以人为本的思想政治工作理念，把思想政治工作的教育人、引导人、鼓舞人、鞭策人，同尊重人、理解人、关心人、帮助人结合起来，把尊重人、理解人、关心人、帮助人作为思想政治工作的起点。

2. 深化思想政治工作的原则

改革开放以来，我们形成了一系列思想政治工作原则，比如"思想政治工作必须结合经济工作和其他实际工作一道去做，把解决思想问题同解决实际问题紧密结合起来"[②]，"既要以理服人、解决思想问题，又要实实在在帮助群众解决生产生活中的实际困难"[③]，"要开展深入细致的思想政治工作，把先进性要求和广泛性要求结合起来，把解决思想问题和解决实际问题结合起来，更加注重人文关怀和心理疏导，引导人们在为祖国为人民的奋斗中实现自身价值"[④]。在加强和改进大学生思想政治教育的讲话中，胡锦涛对大学生思想政治教育原则进行全面总结：

---

① 胡锦涛在全国宣传思想工作会议上发表重要讲话强调 坚持用"三个代表"重要思想统领宣传思想工作 为全面建设小康社会提供科学理论指导和强大舆论力量[N]．人民日报，2003-12-08．

② 胡锦涛在全国宣传思想工作会议上发表重要讲话强调 坚持用"三个代表"重要思想统领宣传思想工作 为全面建设小康社会提供科学理论指导和强大舆论力量[N]．人民日报，2003-12-08．

③ 胡锦涛．胡锦涛文选：第2卷[M]．北京：人民出版社，2016：291．

④ 胡锦涛．胡锦涛文选：第3卷[M]．北京：人民出版社，2016：63．

"育人为本、德育为先""教育与自我教育相结合""政治理论教育与社会实践相结合""解决思想问题与解决实际问题相结合""教育与管理相结合""继承优良传统与改革创新相结合"等，思想政治工作原则更为全面丰富。

3. 创新思想政治工作新方法

在党的十七大报告中，胡锦涛指出："加强和改进思想政治工作，注重人文关怀和心理疏导，用正确方式处理人际关系。"[1] 这是党的报告中第一次把人文关怀和心理疏导作为思想政治工作的原则和方法，使思想政治教育概念拓展到个体、社会心理层面，思想政治教育既促进个体心理健康和全面发展，同时也把培育自尊自信、理性平和、积极向上的社会心态作为重要内容，丰富了思想政治教育的内容，更新了思想政治教育的方法。

4. 拓展思想政治工作的重要领域

正确处理人民内部矛盾是思想政治工作的重要领域，在改革开放建设社会主义和谐社会进程中，维护社会稳定，处理群体性事件成为思想政治工作的重要任务，"要加强思想政治工作，有针对性解决不同社会群体思想问题"[2]。"要健全正确处理人民内部矛盾的工作机制，加强思想政治工作，深入开展矛盾纠纷排查调处工作，及早发现苗头性问题，及时疏导群众情绪，防止矛盾扩大和激化，努力把问题解决在基层和萌芽状态。要警惕和防止敌对势力插手人民内部矛盾、挑起群体性事件的情况发生"[3]。充分发挥思想政治工作在处理人民内部矛盾中的作用，既体现了思想政治工作本质上是群众工作的特性，同时又将思想政治工作作用领域从思想层面拓展到现实社会问题层面，拓展了思想政治工作的领域范围。

（二）中央相关文件对思想政治工作概念的拓展

在党的创新理论和关于思想政治工作重要论述的指导下，中共中央先后出台实施一系列加强和改进思想政治工作的文件和举措，2004年中共中央、国务院印发的《关于进一步加强和改进大学生思想政治

---

[1] 胡锦涛. 胡锦涛文选：第2卷[M]. 北京：人民出版社，2016：640.
[2] 胡锦涛. 胡锦涛文选：第2卷[M]. 北京：人民出版社，2016：291.
[3] 胡锦涛. 胡锦涛文选：第2卷[M]. 北京：人民出版社，2016：420.

教育的意见》（以下简称《意见》）是对思想政治教育专门化、领域化形塑最为典型的代表。为了贯彻《意见》，中宣部、教育部等印发了一系列配套文件，使思想政治教育概念日益专门化、领域化、规范化。

1. 确立大学生思想政治教育指导思想

《意见》明确加强和改进大学生思想政治教育的指导思想是："坚持以马克思列宁主义、毛泽东思想、邓小平理论和'三个代表'重要思想为指导，深入贯彻党的十六大精神，全面落实党的教育方针，紧密结合全面建设小康社会的实际，以理想信念教育为核心，以爱国主义教育为重点，以思想道德建设为基础，以大学生全面发展为目标，解放思想、实事求是、与时俱进，坚持以人为本，贴近实际、贴近生活、贴近学生，努力提高思想政治教育的针对性、实效性和吸引力、感染力，培养德智体美全面发展的社会主义合格建设者和可靠接班人。"[①] 对大学生思想政治教育的指导思想、目标要求、基本内容、根本原则进行总体阐述，使大学生思想政治教育的任务和方向更加明确。

2. 明确大学生思想政治教育主要任务

《意见》明确大学生思想政治教育的主要任务是：以理想信念教育为核心，深入进行树立正确的世界观、人生观、价值观；以爱国主义教育为重点，深入进行弘扬和培育民族精神教育；以基本道德规范为基础，深入进行公民道德教育；以大学生全面发展为目标，深入进行素质教育。这些内容在继承改革开放以来思想政治教育内容的基础上，明确了深入开展思想政治教育的重点。其中，关于民族精神的弘扬和培育成为思想政治教育新的内容。

3. 丰富拓展大学生思想政治教育渠道

《意见》明确了课堂教学在大学生思想政治教育中的主导作用，明确了思想政治理论课（包括形势与政策课）的主渠道作用，同时进一步明确了高校哲学社会科学课程的思想政治教育职责和各门课程的育人功能以及所有教师的育人职责；《意见》对社会实践、校园文化建设、网络、日常思想政治教育和心理健康教育、党团组织和学生会组织以及学生班级和社团等大学生思想政治教育主阵地的思想政治教育责任进行了

---

① 中共中央文献研究室. 十六大以来重要文献选编：中[M]. 北京：中央文献出版社，2006：179.

明确,初步搭建了全员、全方位、全过程思想政治教育的框架。

4. 提升思想政治教育专业学科要求

《意见》明确提出:"要加强思想政治教育学科建设,培养思想政治教育工作专门人才。实施大学生思想政治教育队伍人才培养工程,建立思想政治教育人才培养基地。选拔推荐一批从事思想政治教育的骨干进一步深造,攻读思想政治教育相关专业的硕士、博士学位,学成后专职从事思想政治教育工作。"①

正是在以胡锦涛同志为总书记的党中央的高度重视和推进下,在党中央推动和实施马克思主义理论研究和建设工程,加强和改进未成年人思想道德建设、大学生思想政治教育和繁荣哲学社会科学的大背景下,国务院学位委员会、教育部下发《关于调整增设马克思主义理论一级学科及所属二级学科的通知》,思想政治教育成为马克思主义理论学科目录下的独立二级学科。该文件对思想政治教育学科做出明确界定,对思想政治教育学科发展历史进行总结,并明确新历史条件下思想政治教育学科发展的任务和方向、人才培养目标和业务范围,从具体学科角度对思想政治教育概念进行形塑,思想政治教育概念发展进入新的历史阶段。

第二节 中国特色社会主义新时代党的思想政治工作概念的深化与拓展

党的十八大以后,中国特色社会主义进入新时代,以习近平同志为核心的党中央把意识形态、精神文明建设、思想政治教育(工作)作为全局性重要工作,把思想政治教育提升到国家治国理政的战略地位,思想政治教育成为国家治理体系和治理能力现代化的重要内容,成为治党治国的重要方式,极大地丰富和拓展了思想政治教育概念。习近平关于思想政治教育(工作)的重要论述十分丰富,既有总体论述,也有分专题论述;既有直接论述,也有间接论述;既有全面系统阐述,也有在一些重大场合讲话中涉及思想政治教育内容。通过对习近平关于思想

---

① 中共中央文献研究室.十六大以来重要文献选编:中[M].北京:中央文献出版社,2006:188.

政治教育（工作）重要论述的文献分析，新时代十年（2012—2022）习近平在38次讲话中直接使用"思想政治工作"概念，累计频次达131次；从概念使用时间看，新时代十年，习近平第一次使用"思想政治工作"概念是在2012年12月在中央经济工作会议上的讲话中，最后一次使用是在2022年10月在党的二十届一中全会上的讲话中，其中在2016年12月在全国高校思想政治工作会议上的讲话中使用频次最高，共计63次。

一、习近平使用思想政治工作概念的语境

任何概念的使用，都与特定的场合和语境密切相关。分析习近平对思想政治工作概念的理解，要把握他使用思想政治工作概念的场合和语境条件。习近平对思想政治工作概念的使用总体是放在治国理政的重要方式上，放在推进党的各方面事业上，放在党的建设的重要方式上，这从根本上确定了习近平关于思想政治工作概念的使用范畴。

（一）思想政治工作是治国理政的重要方式

习近平在党的治国理政的语境范围内使用思想政治工作概念，主要体现在两个方面：一是与社会管理相对应，思想政治工作是解决人民内部思想矛盾的教育疏导活动。如习近平在2012年12月在中央经济工作会议上的讲话中强调要通过加强思想政治工作，解决各种人民内部矛盾和社会矛盾；2015年7月在中央党的群团工作会议上强调群团组织必须把思想政治工作贯穿所开展的各种活动，从而达到统一思想、凝聚人心、化解矛盾、增进感情、激发动力的目的①。二是与政治的、行政的、法律的方式相比较，思想政治工作是一种和风细雨的说服教育方式。如习近平在2013年8月召开的全国宣传思想工作会议上把思想政治工作与行政、法律一样作为澄清模糊认识的手段，但同时又强调思想政治工作与行政和法律的不同，即行政和法律带有强制性，依靠行政法规和法律来澄清模糊认识，而思想政治工作是依靠马克思主义和科学来辨析一般性争论和澄清模糊认识，体现出思想政治工作科学性和真理性

---

① 中共中央文献研究室. 习近平关于青少年和共青团工作论述摘编[M]. 北京：中央文献出版社，2017：72.

相统一的方法原则，把思想政治工作作为一种和风细雨的说服教育方式，用真理揭露谎言，让科学战胜谬误。从这两个方面来看，思想政治工作是党的治国理政的重要方式，它与政治、行政、法律、社会管理等硬性方式相比，是一种软性的治国理政方式，是通过化解矛盾、和风细雨的说服教育方式来实现的。

（二）思想政治工作是推进党的事业的重要手段

习近平把思想政治工作作为党的事业的重要组成内容，作为党推进各方面工作的重要方式，主要体现在以下几个方面：一是与宣传工作相对应，思想政治教育（工作）是针对群众开展的教育引导活动。如2014年5月在第二次中央新疆工作座谈会上，为营造昂扬向上的社会氛围，引导各族群众追求现代文明生活，习近平提出加强思想政治工作的要求，把思想政治工作作为针对民族地区群众追求美好精神生活的教育引导活动。2020年12月在中央农村工作会议上，为加强农村精神文明建设，加强农村思想道德建设，提振农民群众精气神，习近平同样提出"推进农村思想政治工作"[①]的要求，教育引导群众注重精神生活追求。二是与新闻舆论相对应，思想政治工作是一种宣传介绍、舆论引导、思想引导。如2014年10月在中共十八届四中全会第二次全体会议上，习近平自述其每次出访，不论是会谈、交流还是演讲，实质就是做思想舆论工作，就是到国外做思想政治工作，把思想政治工作作为一种宣传介绍活动[②]。此外，习近平在网络安全和信息化工作座谈会上的讲话、在新冠疫情期间关于做好宣传教育和舆论引导的重要讲话等，都是从宣传教育、舆论引导、思想引导等方面理解思想政治教育概念。三是与学校教育教学活动相对应，思想政治工作是做人的工作，是提升人的思想水平、政治觉悟、道德品质、文化素养的工作，是落实立德树人根本任务的工作。如在全国高校思想政治工作会议上的讲话中，习近平明确提出"高校思想政治工作关系高校培养什么样的人、如何培养人以及为谁培养人这个根本问题"[③]。2018年5月，在与北京大学师生座谈会

---

① 习近平. 坚持把解决好"三农"问题作为全党工作重中之重 举全党全社会之力推动乡村振兴［J］. 求是，2022（7）.
② 习近平. 论党的宣传思想工作［M］. 北京：中央文献出版社，2020：121.
③ 习近平. 习近平谈治国理政：第2卷［M］. 北京：外文出版社，2017：376.

上，习近平提出思想政治工作体系的概念，并且指出，人才培养体系涉及学科体系、教学体系、教材体系、管理体系等，而贯通其中的是思想政治工作体系。在2019年的学校思想政治理论课教师座谈会上，习近平把思政课看成是落实立德树人根本任务的关键课程等，既阐明了学校思想政治工作的任务和领域，也体现了思想政治工作与其他业务工作的根本不同。四是与统一战线相对应，思想政治工作是一种沟通交流疏导活动。如2015年5月在中央统战工作会议上，习近平把思想政治工作作为沟通交流疏导的活动，强调在统战工作中要学会同党外知识分子"打交道"的本领、"做思想政治工作的本领"①。2019年9月在中央政协工作会议暨庆祝中国人民政治协商会议成立70周年大会上，习近平强调要"正确处理一致性和多样性的关系"②，把思想政治引领和经常性思想政治工作相结合，把握各党派各族人士思想动态，实现思想统一。2022年10月在党的二十大报告中，习近平强调要"加强党外知识分子思想政治工作，做好新的社会阶层人士工作，强化共同奋斗的政治引领"③，突出思想政治工作对党外人士思想政治引领和与党外人士的交流沟通的作用。五是与具体领域相对应，思想政治工作是思想政治教育活动。比如在群团工作、学校思想政治工作、企业思想政治工作、机关思想政治工作、农村思想政治工作等领域的讲话中，习近平更多从思想政治教育角度理解思想政治工作，把思想政治工作理解为对群众开展的思想政治教育实践活动。六是与党的其他事业相对应，思想政治工作是党必须加强、不能削弱的重要工作。在军队政治工作中，思想政治工作是深化国防和军队改革的重要工作；在国有企业党的建设中，思想政治工作是"企业党组织一项经常性、基础性工作"④；在国家机构改革中，思想政治工作贯穿改革全过程，起着教育引导党员干部统一思想认识、坚定改革信心的作用；在换届工作中，思想政治工作同样重要，起

---

① 中共中央文献研究室. 习近平关于社会主义政治建设论述摘编［M］. 北京：中央文献出版社，2017：134.

② 习近平. 在中央政协工作会议暨庆祝中国人民政治协商会议成立70周年大会上的讲话［M］. 北京：人民出版社，2019：9.

③ 习近平. 高举中国特色社会主义伟大旗帜 为全面建设社会主义现代化国家而团结奋斗：在中国共产党第二十次全国代表大会上的报告［M］. 北京：人民出版社，2022：40.

④ 习近平. 习近平谈治国理政：第2卷［M］. 北京：外文出版社，2017：178.

着"引导广大干部讲政治、讲大局、守纪律,正确对待个人进退留转"① 的重要作用。

(三) 思想政治工作是党的建设的重要组成部分

习近平在党的建设语境范围内使用思想政治工作概念,主要有两个方面:一是把思想政治工作看成是针对党员展开的理论武装工作,是对党员开展思想教育,帮助其树立理想信念,解决好世界观、人生观、价值观这个"总开关",增强党性修养,提升思想境界。二是把思想政治工作与纪律教育、警示和处分等硬性方式相对应,看成是对党员进行教育引导的软性方式。如2014年10月在党的群众路线教育实践活动总结大会上,针对党的群众路线教育实践活动中存在的"轻视思想政治工作""已经不会或不大习惯于做认真细致的思想政治工作"② 问题,习近平强调要加强思想政治工作,通过党性教育、道德教育、警示教育,引导党员干部坚定理想信念、坚守共产党人的精神追求。2017年5月在中国政法大学考察时,针对高校党的建设,习近平要求高校党委"把思想政治工作和党的建设工作结合起来"③,切实履行好管党治党、办学治校的主体责任。同年在接见驻外使节工作会议上,为永葆党要管党、从严治党的责任心,习近平提出"抓好党的领导和党的建设,抓好思想政治工作"④ 以落实好管党治党的主体责任,把思想政治工作作为针对党员开展的理论武装工作,以提升党员的政治觉悟。

二、习近平对思想政治工作概念的理解

习近平不仅在各个场合使用思想政治工作概念,而且在使用思想政治工作概念的过程中,也对思想政治工作的本质内涵、运行特征、过程实质进行阐述,进一步深化了对思想政治工作概念的认识。

---

① 习近平. 为实现党的二十大确定的目标任务而团结奋斗 [J]. 求是,2023 (1).
② 习近平. 在党的群众路线教育实践活动总结大会上的讲话 [M]. 北京:人民出版社,2014:16.
③ 习近平在中国政法大学考察时强调 立德树人德法兼修抓好法治人才培养 励志勤学刻苦磨炼促进青年成长进步 [N]. 人民日报,2017-05-04.
④ 习近平. 习近平谈治国理政:第3卷 [M]. 北京:外文出版社,2020:423.

（一）关于思想政治工作的本质内涵

思想政治工作的对象是人，思想政治工作从根本上说是做人的工作，做人的思想政治教育工作，这揭示了思想政治工作的本质。在全军政治工作会议上，习近平指出："政治工作是做人的工作，要盯着人做工作，不能见物不见人。脱离了人，政治工作就空对空了。"① 人既是思想政治工作的出发点，也是思想政治工作的落脚点，离开了人，思想政治工作就成了无源之水、无本之木。但是，仅仅从以人为工作对象，还不能充分说明思想政治工作与其他工作的特殊性，在全国高校思想政治工作会议上，习近平进一步阐明思想政治工作做人的工作与其他工作做人的工作的根本区别："思想政治工作从根本上说是做人的工作，必须围绕学生、关照学生、服务学生，不断提高学生思想水平、政治觉悟、道德品质、文化素养，让学生成为德才兼备、全面发展的人才。"② 思想政治工作从根本上说是做人的工作，这就决定了思想政治工作要围绕人、关照人、服务人，这是思想政治工作的基本立足点，也是必须遵循的基本原则，但是思想政治工作又不能停留在围绕人、关照人、服务人这个层面，还必须以此为起点，不断提升人的思想水平、政治觉悟、道德品质、文化素养，这就揭示了思想政治工作的根本任务和目的，也把马克思主义政党所开展的思想政治教育，与工人阶级自发运动所产生的工联主义和资产阶级民粹主义政党所开展的教育活动区别开来。与马克思主义政党开展的思想政治教育一样，工人阶级自发运动所产生的工联主义和资产阶级民粹主义政党同样也围绕人、关照人、服务人，但它们的目的主要是获得人们的支持，而马克思主义政党所开展的思想政治教育，不仅要赢得群众、关心群众、帮助群众，让广大群众获得暂时利益，而且还要在此基础上进行提升，从长远角度帮助他们提升思想政治、道德文化方面的素质和水平，使无产阶级和广大劳动人民通过思想政治教育实现自身彻底解放和人类解放。从这个意义上看，习近平关于思想政治工作的论述揭示了马克思主义政党思想政治工作的必然性，同时也与工人阶级自发运动所产生的工联主义和资产阶级民粹主义政党所

---

① 中共中央文献研究室. 十八大以来重要文献选编：中 [M]. 北京：中央文献出版社，2016：206.

② 习近平. 习近平谈治国理政：第2卷 [M]. 北京：外文出版社，2017：377.

开展的教育活动进行了根本区别,揭示了思想政治工作的本质。

(二)关于思想政治工作的运行特征

思想政治工作是党的一项重要工作,但思想政治工作与党的其他工作又存在着不同,习近平从多个方面对思想政治工作进行阐述:一是思想政治工作的贯通性。思想政治工作涉及党的治国理政的方方面面,是党的建设的重要体现和抓手,它与党的领导、意识形态、宣传舆论、思想教育、社会管理、统一战线、党的建设等息息相关,但又不等同于具体领域的工作,它贯通于各个领域之中。习近平多次论述思想政治工作的这一特征,比如习近平在中央党的群团工作会议上强调,群团组织要"把思想政治工作贯穿所开展的各种活动"①;在全国高校思想政治工作会议的讲话中强调,要"把思想政治工作贯穿教育教学全过程,实现全程育人、全方位育人"②;在全国教育工作会议上强调,"德育既是学生入学的第一课,也是学生离校前的最后一课,必须贯穿学生学习始终,贯穿学校工作各方面各环节"③;在学校思想政治理论课教师座谈会的讲话中要求,"思想政治工作贯通人才培养体系"④,把加强思想政治工作体系建设作为形成高水平人才培养体系的重要内容;在深化党和国家机构改革总结会议上指出,"坚持把思想政治工作贯穿改革全过程"⑤;在中央军委改革工作会议上指出,"把思想政治工作贯穿改革全过程"⑥。这些论述充分彰显思想政治工作既是一项专门工作,同时又贯通于其他事业之中的特征。二是思想政治工作的经常性。思想政治工作并不是一项一劳永逸的工作,必须时时开展,具有经常性的特征。习近平在全国国有企业党的建设工作会议上直接指出,"要把思想政治工作作为企业党组织一项经常性、基础性工作来抓"⑦,把思想政治工作作为企业党组织工作的重要工作;在中央政协工作会议上强调,要及时了

---

① 习近平.习近平谈治国理政:第2卷[M].北京:外文出版社,2017:308.
② 习近平.习近平谈治国理政:第2卷[M].北京:外文出版社,2017:376.
③ 习近平.论党的宣传思想工作[M].北京:中央文献出版社,2020:346.
④ 习近平.思政课是落实立德树人根本任务的关键课程[M].北京:人民出版社,2020:28.
⑤ 习近平.习近平谈治国理政:第3卷[M].北京:外文出版社,2020:106.
⑥ 习近平.习近平谈治国理政:第2卷[M].北京:外文出版社,2017:410.
⑦ 习近平.习近平谈治国理政:第2卷[M].北京:外文出版社,2017:178.

解统一战线内部思想动态,将"强化思想政治引领同经常性思想政治工作结合起来"①,推动各党派团体和各族各界人士思想共同进步。三是思想政治工作的深入细致性。这是思想政治工作方式与政治、行政、法律和社会管理等方式不同的特征。如习近平在全国宣传思想工作会议的讲话中强调,"对一般性争论和模糊认识,不能靠行政、法律手段解决,而是要靠马克思主义真理的力量,靠深入细致的思想政治工作,用真理揭露谎言,让科学战胜谬误"②;在第二次中央新疆工作座谈会的讲话中强调,要"深入细致开展党的民族政策宣传和思想政治工作"③;在中央军委改革工作会议上强调,"军队要讲一切行动听指挥,要讲军令如山、雷厉风行,但也要做艰苦细致的思想政治工作"④。这些论述都强调了思想政治工作的贯通性、经常性和细致性等,揭示了思想政治工作区别于其他工作的特征。

(三)关于思想政治工作的过程实质

思想政治工作的实际决定着思想政治教育活动的性质。在全国高校思想政治工作会议上,习近平明确指出:高校思想政治工作实际上是一个释疑解惑的过程⑤。这实际上是把思想政治工作作为一种教育实践活动,因为在中国几千年思想文化发展史上,教育工作通常被视为释疑解惑的工作,所谓"师者,传道授业解惑也",释疑解惑是与教育过程联系在一起的。因此,在同北京师范大学师生代表座谈时,习近平指出:"一个优秀的老师,应该是'经师'和'人师'的统一,既要精于'授业'、'解惑',更要以'传道'为责任和使命。"⑥ 在学校思想政治理论

---

① 习近平. 在中央政协工作会议暨庆祝中国人民政治协商会议成立70周年大会上的讲话[M]. 北京:人民出版社,2019:10.
② 中共中央党史和文献研究院. 习近平关于网络强国论述摘编[M]. 北京:中央文献出版社,2021:50.
③ 中共中央文献研究室. 习近平关于社会主义政治建设论述摘编[M]. 北京:中央文献出版社,2017:148.
④ 中共中央党史和文献研究院. 十八大以来重要文献选编:下[M]. 北京:中央文献出版社,2018:24.
⑤ 转引自:《十谈》编写组. 加强和改进新形势下高校思想政治工作十谈[M]. 北京:人民出版社,2017:47.
⑥ 习近平. 做党和人民满意的好老师:同北京师范大学师生代表座谈时的讲话[M]. 北京:人民出版社,2014:5.

课教师座谈会上，习近平指出："教师是释疑解惑的"，"学生的疑惑就是思政课要讲清楚的重点"①。为了进一步说明思想政治工作的实质，习近平对释疑解惑过程进行阐述，他指出，思想政治工作从宏观角度看是回答培养什么人、怎样培养人、为谁培养人的问题，微观上是为学生解答人生应该在哪用力、对谁用情、如何用心、做什么样的人的过程，要及时回应学生在学习、生活、社会实践乃至影视剧作品、社会舆论热议中所遇到的真实困惑。因此，从思想政治教育的过程实质来看，思想政治教育是不断在宏观和微观方面回答学生思想困惑的过程中，实现思想政治教育的目的和功能。因此，从思想政治教育的实质来看，思想政治教育是一种教育实践活动，是为人们解答思想政治方面困惑的实践活动，思想政治工作在实质上可以等同于思想政治教育工作，是思想政治教育工作的简称。

从习近平对思想政治工作概念的内涵分析来看，思想政治工作是党对人民群众开展理论武装、思想教育、舆论引导、化解矛盾、培育新人和自身建设的社会实践活动，它从根本上是做人的工作，实际上是一个释疑解惑的过程，是思想政治教育工作。思想政治工作具有完整体系，同时它又贯穿于一切工作之中，具有贯通性、经常性和细致性的特征。

三、习近平对思想政治工作概念的深化和拓展

中国特色社会主义新时代，习近平在回应新时代党的思想政治工作面临的新形势和任务，不断使用和阐发思想政治工作的过程中，对思想政治工作概念进行深化和拓展，主要体现在以下几个方面：

（一）对思想政治工作使用范围的拓展

把思想政治工作提升到国家治国理政的战略地位，作为治党治国的重要方式，通过整体制度优势展开思想政治工作，是新时代中国共产党人对思想政治工作概念的拓展。在中国共产党思想政治工作发展史上，把思想政治工作作为治党治国重要方式，并不是第一次提出，毛泽东在《关于正确处理人民内部矛盾的问题》的讲话中，开启了把思想政治工

---

① 习近平. 思政课是落实立德树人根本任务的关键课程［M］. 北京：人民出版社，2020：13，15.

作作为治党治国重要方式的尝试；在《限期将正确处理人民内部矛盾问题的讨论和执行情况报告中央》中明确指出，正确处理人民内部矛盾问题是"极重要的思想政治工作问题"①。邓小平把思想政治工作作为重要的一手，两手抓、两手都要硬。江泽民、胡锦涛高度重视思想政治工作，在思想政治工作科学化、专门化、规范化、制度化方面做出重要努力。习近平在治国理政实践中，逐步把思想政治工作提升到国家治理体系和治理能力现代化重要内容的位置，拓展了思想政治工作的使用范围。2021年7月，中共中央、国务院发布《关于新时代加强和改进思想政治工作的意见》，明确提出"把思想政治工作作为治党治国的重要方式"②，并且提出强化党委（党组）主体责任、把思想政治工作贯穿党的建设始终、把思想政治工作贯穿国家治理始终，从制度层面把思想政治工作作为党的领导的具体体现和重要方式，作为党的建设的重要领域，作为治国理政的重要内容等，以文件形式进行明确规定，实现思想政治工作使用范围的拓展。

（二）对思想政治工作的本质内涵的深化

思想政治工作的对象是人，是做人的思想工作，从根本上看是处理中国共产党所掌握的先进思想武器同广大劳动人民群众思想认识之间的矛盾。毛泽东提出在无产阶级取得政权以后人民群众内部非对抗性思想矛盾的处理方法，确立了思想政治工作的基本原则和方法："凡属于思想性质的问题，凡属于人民内部的争论问题，只能用民主的方法去解决，只能用讨论的方法、批评的方法、说服教育的方法去解决，而不能用强制的、压服的方法去解决。"③ 在改革开放和社会主义现代化建设新时期，胡耀邦界定了思想政治工作概念，指出："思想政治工作的对象是人，是人的思想、观点、立场。我们党的思想政治工作，是要解决人们思想、观点和政治立场问题，动员广大干部和群众为实现当前和长远的革命目标努力奋斗。"④ 这就为思想政治工作明确了工作对象、工

---

① 中共中央文献研究室．毛泽东文集：第7卷［M］．北京：人民出版社，1999：292．
② 中共中央国务院印发《关于新时代加强和改进思想政治工作的意见》［N］．人民日报，2021-07-13．
③ 中共中央文献研究室．毛泽东文集：第7卷［M］．北京：人民出版社，1999：209．
④ 胡耀邦．胡耀邦文选［M］．北京：人民出版社，2015：397．

作目标和主要领域。江泽民在 2000 年 6 月召开的中央思想政治工作会议上，进一步对党的思想政治工作进行明确："党的思想政治工作，从根本上说就是做人的工作，做群众的工作，涉及人们的思想、观念、意识等领域，也就是人们的精神生活。"① "党的思想政治工作本质上是群众工作，是宣传群众、教育群众、引导群众、提高群众的工作，因此必须坚持走群众路线。"② 对思想政治工作的地位和作用，思想政治工作的基本原则，思想政治工作任务，思想政治工作方法、途径，思想政治工作的领导管理，思想政治工作的队伍建设方面进行了深化。胡锦涛在新时期形塑的思想政治工作概念基础上，强调思想政治工作以人为本，注重人文关怀和心理疏导，大学生思想政治教育坚持育人为本、德育为先。在上述思想政治工作本质认识的基础上，亦在明确思想政治工作的对象是人的基础上，习近平进一步明确了大学生思想政治教育的原则，即围绕学生、关照学生、服务学生，同时把思想政治工作领域拓展为思想水平、政治觉悟、道德品质、文化素养，特别是把文化素养纳入思想政治工作的领域，拓展了思想政治工作的文化内涵，体现了思想政治工作的文化属性，是新时代中国共产党人对思想政治工作认识的深化。

（三）对思想政治工作的特征的深化

思想政治工作既是一项专门的工作，同时又是需要各方面力量广泛参与的重要工作，毛泽东指出："思想政治工作，各个部门都要负责任。共产党应该管，青年团应该管，政府主管部门应该管，学校的校长教师更应该管。"③ 思想政治工作成为各个部门都应该负责的工作。改革开放以后，随着思想政治工作的科学化、规范化、专门化发展，以及思想政治工作专门机构和专门人员的发展和壮大，各部门共同做好思想政治工作的氛围相对弱化。进入中国特色社会主义新时代以后，习近平把思想政治工作提升到整体性全局性的战略高度，在全国宣传思想工作会议上，明确要求："树立大宣传的工作理念，动员各条战线各个部门一起来做，把宣传思想工作同各个领域的行政管理、行业管理、社会管理更

---

① 江泽民. 江泽民文选：第 3 卷 [M]. 北京：人民出版社，2006：76.
② 江泽民. 江泽民文选：第 3 卷 [M]. 北京：人民出版社，2006：95.
③ 中共中央文献研究室. 毛泽东文集：第 7 卷 [M]. 北京：人民出版社，1999：226.

加紧密地结合起来。"① 在全国高校思想政治工作会议上，习近平强调"把思想政治工作贯穿教育教学全过程，实现全程育人、全方位育人"②。在学校思想政治理论课教师座谈会上，习近平明确提出"推动思想政治工作贯通人才培养体系，发挥融入式、嵌入式、渗入式的立德树人协同效应"③。这就从两个方面揭示了思想政治工作的特征：一方面，思想政治工作需要专门工作部门发挥专门育人作用，发挥思想政治工作的主渠道作用；另一方面，思想政治工作也需要全员参与，发挥融入式、嵌入式、渗入式思想政治教育的作用，并且需要两个方面形成协同效应。习近平用贯通性对思想政治工作特征进行阐述，深化了中国共产党对思想政治工作特征的认识。

（四）对思想政治工作场域的拓展

文化是思想政治工作的重要作用场域。列宁把文化建设、扫除文盲作为十月革命胜利后思想政治工作的重要任务④。中国共产党的历代领导人也把文化作为思想政治工作的重要场域，文化工作和思想政治工作是毛泽东思想科学体系的重要组成部分。改革开放和社会主义现代化建设新时期，邓小平把"文化领域"⑤ 作为思想政治工作的重要内容，作为精神文明建设、思想道德建设的重要抓手。江泽民提出宣传思想工作"必须以科学的理论武装人，以正确的舆论引导人，以高尚的精神塑造人，以优秀的作品鼓舞人"⑥ 的目标任务。胡锦涛把促进社会主义文化大发展大繁荣作为重要使命，使思想政治工作在文化领域的场域范围日益明确。进入新时代以来，党中央把文化建设摆在更加突出的位置，习近平指出："党的十八大以来，我们把文化建设提升到一个新的历史高度，把文化自信和道路自信、理论自信、制度自信并列为中国特色社会主义'四个自信'，把坚持马克思主义在意识形态领域指导地位的制度确立为中国特色社会主义制度体系的一项根本制度，把坚持社会主义核

---

① 习近平.习近平谈治国理政：第1卷 [M].2版.北京：外文出版社，2018：156.
② 习近平.习近平谈治国理政：第2卷 [M].北京：外文出版社，2017：376.
③ 习近平.思政课是落实立德树人根本任务的关键课程 [M].北京：人民出版社，2020：28.
④ 列宁.列宁选集：第4卷 [M].3版修订版.北京：人民出版社，2012：588-589.
⑤ 邓小平.邓小平文选：第3卷 [M].北京：人民出版社，1993：205.
⑥ 江泽民.论党的建设 [M].北京：中央文献出版社，2001：125.

心价值体系纳入新时代坚持和发展中国特色社会主义的基本方略。"①党的二十大报告明确提出在中国特色社会主义文化建设领域"用社会主义核心价值观铸魂育人，完善思想政治工作体系，推进大中小学思想政治教育一体化建设"的任务，并明确提出"增强实现中华民族伟大复兴的精神力量"的文化建设使命任务②。2023年10月召开的全国宣传思想文化工作会议明确提出习近平文化思想，为新时代思想政治工作提供理论指导和根本遵循。从习近平对思想政治工作概念的使用情况来看，文化既是思想政治工作的场域范围，也是思想政治工作提升的重要内容，新时代思想政治工作要在习近平文化思想指导下，在文化场域范围发挥更大的作用。

总之，从习近平对思想政治工作概念的使用和阐发来看，新时代中国共产党人既坚守了中国共产党思想政治工作的传统，又在新时代进一步拓展了思想政治工作的使用范围，深化了思想政治工作的本质内涵，深化了新时代思想政治工作的特征，拓展了思想政治工作的场域，实现了中国共产党对思想政治工作概念的深化拓展。

第三节　改革开放以来学者们对思想政治教育概念的形塑

改革开放以来，思想政治教育学者在思想政治教育概念的形塑过程中发挥了重要作用。思想政治教育学者在创办思想政治教育专业，编写思想政治教育教材，建设思想政治教育硕士点、博士点，开展思想政治教育科学研究和学科建设的过程中，对思想政治教育的概念从学科和学术上进行界定，形成了思想政治教育专业概念，构建了思想政治教育专业化的话语体系。思想政治教育学者对思想政治教育概念的形塑，一方面与中国共产党领导人对思想政治工作概念的认识具有一致性，从本质上说，思想政治教育学者对思想政治教育概念的形塑就是在中国共产党人的思想政治工作概念指导下，在党关于思想政治教育的文件和政策精神指导下，按照思想政治教育专业和学科建设的要求，对思想政治教育概念进行的学术和学科的界定。另一方面思想政治教育学者对思

---

① 习近平．习近平谈治国理政：第4卷［M］．北京：外文出版社，2022：309.
② 习近平．习近平著作选读：第1卷［M］．北京：人民出版社，2023：36，35.

想政治教育概念的界定又在表现形式和涵盖范围方面与党的思想政治工作概念存在着不同。思想政治教育学者对思想政治教育概念的形塑并不是一次完成的，也并没有形成统一的思想政治教育概念，在思想政治教育学科领域存在着对思想政治教育概念的不同理解。从历史发展过程和轨迹来看，思想政治教育学者对思想政治教育概念的形塑可以分为三个时期。

一、思想政治教育专业创办时期（1984—1994年）

思想政治教育专业创办时期以1984年创办思想政治教育专业为起点，以1991年国家教委思想工作司推出第一套思想政治教材为标志，展现思想政治教育学者对思想政治教育概念的早期探索成果。

本时期最具有代表性的对思想政治教育概念的定义是由陆庆壬主编的《思想政治教育学原理》提出的。该书对思想政治教育这样定义："思想政治教育这一社会实践活动，就是一定的阶级或政治集团，为实现一定的政治目标，有目的地对人们施加意识形态的影响，以期转变人们的思想，进而指导人们行动的社会行为。马克思主义的思想政治教育，则是工人阶级政党及其领导下的各革命组织，以共产主义思想体系教育人民，启发人们的共产主义觉悟，提高人们认识世界和改造世界的能力，动员人们为实现当前和长远的革命目标而奋斗的实践活动。它不仅要解决人们的政治立场、政治观点、政治行为等问题，还必须解决人们的世界观、人生观、道德观问题。"① 这个对思想政治教育的定义：一是拓展了思想政治教育的范围，把思想政治教育看成是人类社会阶级斗争和社会实践的一项重要活动内容。"人类历史上先后更迭的各社会阶级，无不十分重视意识形态领域的斗争，无不以各种各样的形式，直接地或间接地进行着本阶级的思想教育或政治教育。"② 二是描述了思想政治教育的共同特征，即一定的阶级和统治集团为实现一定的政治目标，有目的地对人们施加意识形态的影响，这一描述揭示了不同阶级和社会思想政治教育的共性。三是揭示了马克思主义思想政治教育的内涵和实质，马克思主义思想政治教育与其他阶级思想政治教育现象既有共性，同时也存在着本质不同。马克思主义思想政治教育虽然也为实现无

---

① 陆庆壬.思想政治教育学原理［M］.上海：复旦大学出版社，1986：4.
② 陆庆壬.思想政治教育学原理［M］.上海：复旦大学出版社，1986：1.

产阶级政治目的对人们施加意识形态影响，但是马克思主义思想政治教育活动并不是采取强制和灌输方式，而是通过启发人们的自觉，动员人们为实现当前和长远的革命目标而奋斗。马克思主义思想政治教育从内涵上看不仅要进行政治教育，而且还要解决世界观、人生观、道德观等问题。四是分析了思想政治教育的特征。该书还从词义角度，对思想、政治和教育内容进行分析和明确。从上述分析来看，该书把思想政治教育概念放在人类社会发展历史的宏观视角对其进行了实质性定义，初步形塑了思想政治教育学者对思想政治教育现象的认知，有学者甚至认为该书的出版"标志着思想政治教育学理论体系的诞生"[1]。

邱伟光主编的《思想政治教育学概论》从两个方面对思想政治教育进行定义：一是"思想政治教育是培养、塑造一定社会新人思想道德素质的教育实践活动。它受社会经济、政治、文化的制约和影响，它包括：思想教育、政治教育、道德教育"[2]。二是"思想政治教育是在党的领导下，通过各级组织对人民群众实施思想、政治、道德教育的社会实践活动，它是思想政治教育学形成的基础和前提"[3]。这两个定义：一是从广义角度，把思想政治教育看成是一定阶级培养新人的教育实践活动，揭示思想政治活动的本质受社会政治、经济、文化制约和影响，并且明确思想政治教育的内涵即思想教育、政治教育、道德教育。二是从狭义角度，对中国共产党思想政治教育活动进行界定，描述中国共产党思想政治教育的内容。另外，这两个定义开始偏重于从教育的角度来理解思想政治教育现象，把思想政治教育现象从教育意义上进行界定。它既为思想政治教育学构建了学科基础，同时也影响了后来的研究者对思想政治教育概念的理解。

王礼湛主编的《思想政治教育学》对思想政治教育这样定义："简言之，就是社会有组织地定向引导人们形成符合特定社会和时代以及人类自身发展要求的思想政治观点和行为品格的教育工程。"[4] 这一定义：一是延续了思想政治教育学者从广义角度理解思想政治教育现象的观

---

[1] 罗洪铁，周琪，王斌，等．思想政治教育学学科理论体系演变研究［M］．北京：中国社会科学出版社，2012：12．
[2] 邱伟光．思想政治教育学概论［M］．天津：天津人民出版社，1988：1．
[3] 邱伟光．思想政治教育学概论［M］．天津：天津人民出版社，1988：2．
[4] 王礼湛．思想政治教育学［M］．杭州：浙江大学出版社，1989：65．

点，把思想政治教育作为人类社会的实践活动，受一定社会经济、政治、文化的影响和制约。二是在思想政治教育对象方面，增加了人类自身发展的维度，思想政治观点不仅要符合社会发展程度，而且也要符合人类自身生存和发展的规律和特点，并且为促进人类自身发展服务。这使思想政治教育活动呈现出双向互动的特点。三是对思想政治教育本质和特征进行分析，认为"思想政治教育和其他政治手段不同，它本质上是一种教育、引导的工程，是依靠理论的证明力、形象的感染力、情感的影响力和社会舆论的力量来引导、影响和转变人们的思想"①，从社会发展和人类自身发展的统一性中来揭示思想政治教育的本质。

与上述学者从广义角度对思想政治教育进行定义不一样，张蔚萍采取了新的一种定义方式，即从中国共产党思想政治工作实践角度来定义思想政治教育，在他和张俊南共同主编的《思想政治工作概论》中，将思想政治工作定义为："我们党的思想政治工作是做人的工作，群众的工作，就是说，它的工作对象是人，是千百万群众。"②"党的思想政治工作，从一定意义上讲，是调动群众进行革命和建设积极性的工作。要调动群众的积极性，就要按照人们思想和行为活动的客观规律办事。一般来说，激发或影响人们积极性的因素大致有内因和外因两大部分。第一部分是内因。这主要是指人们的世界观和人生观"，"第二部分是外因。这主要是指现实生活中的各种实际因素"③。1987年在中共中央党校毛泽东思想研究室编著的《思想政治工作教程》中，张蔚萍写道："我们这里所说的思想政治工作，是一个宏观的概念。它既包括思想政治工作的理论，又包括思想政治工作的实践，是思想政治工作的理论与实践相统一的科学概念。所谓思想政治工作的理论，主要有以下两个方面的基本原理：一是关于人们思想和行为活动的基本原理；二是关于党对群众进行思想政治教育的基本原理。……所谓思想政治工作的实践，是指共产党做党内外群众的思想政治工作的全部实际活动。……从广义上讲，党的思想政治工作包括思想政治工作的理论和实践两个方面。"④

---

① 王礼湛. 思想政治教育学 [M]. 杭州：浙江大学出版社，1989：66.
② 张蔚萍，张俊南. 思想政治工作概论 [M]. 西安：陕西人民出版社，1983：2.
③ 张蔚萍，张俊南. 思想政治工作概论 [M]. 西安：陕西人民出版社，1983：3-4.
④ 中共中央党校毛泽东思想研究室. 思想政治工作教程 [M]. 北京：中共中央党校出版社，1987：3.

第一章 思想政治教育概念的形塑

在 1989 年出版的《新编思想政治工作概论》中，张蔚萍进一步深化：" '思想政治工作'作为一个应用科学概念，它已是一个宏观的概念。既包括思想政治工作的理论，又包括思想政治工作的实践，是思想政治工作的理论和实践相统一的科学概念。所谓思想政治工作的理论，主要有以下两个方面的基本原理：一是关于人们思想和行为的产生、形成和变化的基本原理；二是关于思想政治教育和管理的基本原理。这两大原理，是对人们思想和行为活动规律以及思想政治教育和管理规律的理论概括。所谓思想政治工作的实践，是指共产党领导下的有严密组织系统的思想政治教育、理论宣传和鼓动工作等全部实际活动。我们平常所说的思想政治工作，主要是指它的日常业务工作和实践活动（包括实践经验）。这是从狭义角度讲的。从广义上讲，党的思想政治工作包括它的理论和实践两个方面。"[①] 张蔚萍对思想政治教育概念的表述基于中国共产党的实践活动，是在中国共产党思想政治工作实践基础上的理论提升，构成了思想政治教育概念的另外一种生成方式。

从以上具有代表性的思想政治教育概念定义来看，本时期思想政治教育学者在编写思想政治教育教材，开始构建思想政治教育学的过程中，对思想政治教育概念的系统构建主要包含以下几个方面的内容：一是把思想政治教育作为人类社会广泛存在的社会现象从广义和狭义两个角度进行界定，既揭示了人类社会思想政治教育现象的共性，又讨论了马克思主义思想政治教育、中国共产党思想政治教育的特殊性。二是揭示了思想政治教育的内涵本质和特征，从思想教育、政治教育、道德教育等方面具体化思想政治教育内容，把思想政治教育的本质更普遍地理解为教育活动，并且总结了思想政治教育活动作为教育活动与政治、经济、社会、文化活动不同的特点。三是着重探讨了中国共产党思想政治工作实践，在此基础上形成新的思想政治工作概念，使思想政治教育概念具有开放性。四是部分思想政治教育概念定义涉及社会发展和人自身发展的问题，使思想政治教育概念具有了双向互动的特点。思想政治教育专业创办时期对思想政治教育概念的理解，为下一步思想政治教育专业的成熟奠定了坚实的基础。

---

① 张蔚萍. 新编思想政治工作概论[M]. 北京：中共中央党校出版社，1989：32-33.

二、思想政治教育专业成熟时期（1994—2012 年）

思想政治教育专业的成熟以 1994 年国家教委组建教育部思想政治教育专业课程教材编写委员会，推出第二套思想政治教育专业教材为标志。这一时期思想政治教育专业教材建设进入新的发展阶段，教育部思想政治教育专业课程教材编写委员会在本套教材出版前言中指出："这套教材是在第一套教材的基础上，经过各高校十几年的教学科研实践，思想政治教育作为一门学科专业走向成熟的标志，形成了以思想政治教育学原理、思想政治教育方法论、思想政治教育工作史为主干的学科专业教材群。这个教材群明确区分了类别和层次，一是专业必修课、选修课，二是本科教材、研究生教材。"[①]

本时期最具有代表性和影响力最大的思想政治教育概念定义是张耀灿、郑永廷等主编的《现代思想政治教育学》确定的。该书对思想政治教育概念的历史演变进行梳理，并把思想政治教育概念放在政治工作、思想工作、思想政治工作的比较中揭示其内涵，在此基础上定义思想政治教育："思想政治教育是指一定的阶级、政党、社会群体遵循人们思想品德形成发展规律，用一定的思想观念、政治观点、道德规范，对其成员施加有目的、有计划、有组织的影响，使他们形成符合一定社会、一定阶级所需要的思想品德的社会实践活动。"[②] 在对这个概念的解释过程中，该书体现了对以往思想政治教育学者关于思想政治教育概念定义的继承与发展关系。从继承性来看，该书在对概念的说明中重申了以下观点：一是把思想政治教育看成是人类社会的一项社会实践活动，把思想政治教育视野拓展到人类社会实践活动。二是强调了阶级性，既强调了人类社会意识形态建设的一般规律，又从马克思主义思想政治教育发展脉络来讨论思想政治教育概念的形成。三是强化了教育性，"思想政治教育是以教育为中心的社会实践活动，它涵盖了教育活动的全部过程和旨归，从而与其他的社会实践活动形式相区别"[③]。从发展性来看，

---

① 郑永廷. 思想政治教育方法论 [M]. 北京：高等教育出版社，1999：前言 1.
② 张耀灿，郑永廷，吴潜涛，等. 现代思想政治教育学 [M]. 2 版. 北京：人民出版社，2006：50.
③ 张耀灿，郑永廷，吴潜涛，等. 现代思想政治教育学 [M]. 2 版. 北京：人民出版社，2006：51.

该书在概念的演进中指出了这一概念的创新方面：一是从概念的实践内涵发展来看，这一概念强调了主客体间双向互动的特征，强调了实践在思想政治教育中的基础性作用。二是从概念的阶级内涵发展来看，这一概念强化了社会主义意识形态的主导权和领导权，即思想政治教育的特殊规律。三是从概念的教育内涵发展来看，这一概念强调了个体思想道德素质的养成，突显了思想政治教育的价值关怀和人文关照的维度。《现代思想政治教育学》中对思想政治教育的定义集中体现了思想政治教育学者们在概念上的共识性理解，形塑了这一阶段思想政治教育基本概念。

陈秉公主编的《思想政治教育学原理》被教育部推荐作为研究生使用的教材。该书提出的思想政治教育定义为："所谓思想政治教育，就是一定阶级或政治集团，为了实现其政治目标和任务而进行的，以政治思想教育为核心与重点的，思想、道德和心理综合教育实践。"① 该定义继承了思想政治教育学者们把思想政治教育作为人类社会共同现象进行理解的历史传统，同时把心理纳入思想政治教育领域，把政治、思想、道德和心理的综合教育实践活动作为思想政治教育的主要内容，强调了心理的基础性作用。不仅如此，该书还进一步对马克思主义思想政治教育进行界定："马克思主义思想政治教育的具体含义是，为了保证党和中华民族奋斗目标的实现，以宣传和传播社会主义和共产主义思想体系，引导人们的政治态度，解决各类思想问题，提高思想、道德和心理素质，完善人格和调动积极性为根本任务，对人们进行的以政治思想教育为核心与重点的，思想教育、道德教育和心理教育的综合教育实践。"② 该定义以改革开放和社会主义现代化建设新时期和中国共产党思想政治教育为背景，对马克思主义思想政治教育进行深化，揭示了马克思主义思想政治教育与历史上一切剥削阶级思想政治教育的本质差别。

孙其昂主编的《思想政治教育学基本原理》把思想政治教育作为一个概念群，即思想政治教育实践（工作、活动、实务）、思想政治教育学、思想政治学科、思想政治教育环境，对思想政治教育概念生成的政治工作模式、思想政治工作模式、思想政治教育模式进行分析，提出："思想政治教育是指一定政党或集团组织开展的，对所属成员进行以政

---

① 陈秉公．思想政治教育学原理［M］．北京：高等教育出版社，2006：2．
② 陈秉公．思想政治教育学原理［M］．北京：高等教育出版社，2006：2-3．

治为核心的思想教育,培育新人,动员大家为当前和长远目标而奋斗的社会实践活动。"这是思想政治教育的一般定义,在此基础上,该书又专门对中国共产党思想政治教育进行界定:"我们党的思想政治教育是思想政治教育的特殊形态。党的思想政治教育(简称思想政治教育)是指我党及其所属的各级各类组织开展的,对干部、党员和群众进行马克思主义为主导的思想教育,培育社会主义新人,动员人们为社会主义事业而奋斗的社会实践活动。"①

骆郁廷主编的《思想政治教育原理与方法》是为培训全国高校辅导员而编写的辅导员培训与研修教材。该书对思想政治教育概念的历史演变和生成、内涵与外延、现象与本质等进行了系统梳理,对思想政治教育这一概念从狭义和广义两个方面进行了阐述:"狭义的思想政治教育,是指思想性的政治内容教育和政治性的思想内容教育的总称,或思想教育和政治教育的合称。这一方面与思想政治工作的含义相对应,是它作为'思想政治工作的基本内容'的体现;另一方面,也是我们过去对思想政治教育的窄化理解和应用。"② 即狭义的思想政治教育从内涵上讲,主要包括思想教育和政治教育;从本质上讲,主要指中国共产党思想政治工作,而不是泛指一切社会和阶级的思想政治教育活动。"广义的思想政治教育,是对思想政治教育概念的一种现代阐释和科学运用,是包含了思想教育、政治教育、道德教育、心理健康教育等在内的社会实践活动,它的基本内容包括思想教育、政治教育和道德教育。一般认为,'思想政治教育是指一定的阶级、政党、社会群体遵循人们思想品德形成发展规律,用一定的思想观念、政治观点、道德规范,对其成员施加有目的、有计划、有组织的影响,使他们形成符合一定社会、一定阶级所需要的思想品德的社会实践活动。'"该书认为,"随着思想政治教育学科的设立和发展,广义的思想政治教育概念得到比较统一的认可,并被广泛运用"③。

本时期是思想政治教育规范化和学科化发展的重要时期,关于思想政治教育的概念、内涵、本质、特征等方面的成果十分丰富,从总体上看,本时期是思想政治教育学者对思想政治教育概念取得共识的时期。

---

① 孙其昂.思想政治教育学基本原理[M].南京:河海大学出版社,2004:5.
② 骆郁廷.思想政治教育原理与方法[M].北京:高等教育出版社,2010:27.
③ 骆郁廷.思想政治教育原理与方法[M].北京:高等教育出版社,2010:27.

本时期思想政治教育学者在思想政治教育规范化建设、开展思想政治教育专题化研究、编写思想政治教育研究生教材的过程中，对思想政治教育形成以下共识：一是把思想政治教育作为人类社会特别是阶级社会的共同现象，从广义和狭义角度理解思想政治教育，探讨思想政治教育现象的共同特征和马克思主义思想政治教育（党的思想政治工作）的特殊性；二是对思想政治教育的内涵进行进一步明确，以思想教育、政治教育、道德教育作为重点，并在此基础上进一步向心理等层面延伸，思想政治教育的内涵日益丰富；三是从多个层面对思想政治教育现象进行阐释，涉及思想政治教育现象、思想政治教育实践、思想政治教育学科等层面，对思想政治教育概念的理解更加深入；四是对思想政治教育本质的认识，也逐渐从施加影响的强制性，逐渐转向双向互动，突显思想政治教育的人文属性和价值关照。

三、思想政治教育学科建设的新时代（2012— ）

进入新时代，思想政治教育学者对思想政治教育概念的认识更加深化，出现了对思想政治教育概念进行专门分析的论文和著作，对思想政治教育概念进行系统探索。

本时期最具有代表性的对思想政治教育概念的定义是由教育部马克思主义理论研究和建设工程重点教材《思想政治教育学原理》提出的。该书对改革开放以来思想政治教育学者在教材编写过程中对思想政治教育概念定义的历史和思想渊源进行梳理，把以往的思想政治教育概念总结为"施加论"、"转化论"或"培养论"、"内化论"三种类型，并分析各自的特点，该书沿用2009年出版的《大学生思想政治教育理论与实践》一书对思想政治教育概念的定义："思想政治教育是教育者与受教育者根据社会和自身发展的需要，以正确的思想、政治、道德理论为指导，在适应与促进社会发展的过程中，不断提高思想、政治、道德素质和促进全面发展的过程。"[①] 这个定义：一是强调社会发展与人的发展需要，思想政治教育是集中体现以人为本的活动，即既要以育人为本，又要以人为用才能实现教育价值。二是强调以正确思想、政治、道德理论为指导。三是强调把教育者与受教育者适应与促进社会发展和不断提

[①] 《思想政治教育学原理》编写组. 思想政治教育学原理[M]. 北京：高等教育出版社，2016：5.

高思想、政治、道德素质、促进全面发展作为目的①。该书对思想政治教育的理解：一是进一步强化了教育者和受教育者之间的双向互动关系，突显了思想政治教育过程的双主体性，把思想政治教育内容作为教育者和受教育者共同的对象和客体，注重教育者与受教育者共同发展。二是进一步强调社会发展与人的需要的双向互动，进一步突显以人为本的理念，突出思想政治教育育人为本、以人为用。三是进一步强化思想政治教育的教育特性，以教育者和受教育者的身份，以育人的目标来理解思想政治教育的价值，实现思想政治教育的教育价值。

  本时期另一部具有代表性的著作是沈壮海主编的《新编思想政治教育学原理》，该书代表了思想政治教育年轻一代的学者对思想政治教育的理解。该书开宗明义对思想政治教育的概念进行界定："概括而言，思想政治教育即一定的阶级或政党为将自己所倡导的意识形态转化为人们广泛接受的意识形态，引导人们形成相应的思想政治素质而自觉开展的教育实践活动。它服务于相应意识形态的传播与接受，指向人们相应思想政治素质形成和发展，借助于各式各样教育的途径实现自己的目的。"②这一定义：一是拓宽了思想政治教育内涵，教材并没有局限在"一定的思想观念、政治观点、道德规范"领域，而是使用了非常广泛的意识形态这个概念，而意识形态是"在阶级社会中，适合一定的经济基础以及竖立在这一基础之上的法律的和政治的上层建筑而形成起来的，代表统治阶级根本利益的情感、表象和观念的总和，其根本的特征是自觉地或不自觉地用幻想的联系来取代并掩蔽现实的联系"③。这是一个包含范围十分广泛的概念，这样的理解使思想政治教育的内涵和领域十分丰富，包含了绝大多数文化领域的工作。二是创设思想政治教育的过程突显"转化"和"引导"。转化突显思想政治教育过程的实质，即马克思所说的"统治阶级的思想在每一时代都是占统治地位的思想"④，思想政治教育过程的实质是把统治阶级的思想（意识形态）转化为占统治地位的思想的过程；引导突显思想政治教育方法，即思想政

---

① 《思想政治教育学原理》编写组. 思想政治教育学原理［M］. 北京：高等教育出版社，2016：5.

② 沈壮海. 新编思想政治教育学原理［M］. 北京：中国人民大学出版社，2022：2.

③ 俞吾金. 意识形态论［M］. 上海：上海人民出版社，2014：97.

④ 马克思，恩格斯. 马克思恩格斯选集：第1卷［M］. 3版. 北京：人民出版社，2012：178.

治教育是通过统治阶级思想的"高势位"进行的，思想政治教育所采取的方法是以"高势位"的意识形态观点实现对"低势位"的个体和群体思想道德素质状况的引导。三是突出思想政治教育的目的性，思想政治教育过程不是自发的，是有目的、有计划实施的，该书把思想政治教育活动定位为自觉开展的教育实践活动，把它与自发进行的"内隐活动"以及养成活动等区分开来，突显了思想政治教育的目的性。

冯刚主编的《思想政治教育学科 40 年发展研究报告》对改革开放以来学者对思想政治教育概念的界定进行梳理，把它归纳为"施加论""转化论""内化论""培养论""发展论""引导论"等六种定义方式。该书认为：经过 40 年的发展，学界对思想政治教育概念的理解日益丰富与完善，目前学者们从不同视角出发，提出了多种思想政治教育概念的界定，但仍未出现一个被学界普遍认可的思想政治教育的定义。对于思想政治教育这样一个复杂的概念，期待用一种定义来统一认识，既不现实也不可能。但学者们在对思想政治教育进行定义的过程中，对思想政治教育概念也形成了一些共识性理解：一是把思想政治教育现象看成是人类社会自阶级社会以来就普遍存在的社会现象，从广义和狭义角度来进行理解。二是对思想政治教育的内涵的认识日益明晰，思想政治教育虽然可以从意识形态、文化等宽泛的领域进行理解，但其核心内容主要包括思想教育、道德教育、政治教育，其他领域主要是为提升思想政治素质服务的。三是对思想政治教育的本质的认识，尽管思想政治教育具有鲜明的政治性、意识形态属性，但其本质是一种教育实践活动，思想政治教育的根本属性在于其教育性，"思想政治教育归根到底是一种教育活动，具备一切教育活动所具有的形式要件，以对人的教育为活动的基本形式，为其价值实现的根本依据"[①]。这些构成思想政治教育学者开展思想政治教育科学研究，进行思想政治教育学科建设，从事思想政治教育人才培养以及推进思想政治教育实践的思想基础。当然，思想政治教育学者们对思想政治教育概念的理解并没有完全统一，这些也不是对思想政治教育概念理解的全部。学者们对思想政治教育概念的理解也有一个发展的过程，并且还会随着时代的需要和学科的发展不断发展下去。

---

① 沈壮海. 新编思想政治教育学原理[M]. 北京：中国人民大学出版社，2022：8.

第二章　思想政治教育科学化发展

如前所述，科学是一个十分复杂的概念，它既是一门学术的分类，是一门知识体系，也是一种学术的组织，还是一种意识形态和价值标准。特别是近代以来，随着自然科学的发展，科学成为一种最高的价值标准，要求各项工作都符合科学标准。而科学化是指按照科学的要求和标准来从事各项工作的过程，"化"按照毛泽东的理解即"彻头彻尾彻里彻外之谓也"①，也就是完完全全按照科学要求行事。中国共产党萌生思想政治教育科学化的思想，最早可以追溯到土地革命战争时期，毛泽东在起草中国工农红军第四军第九次代表大会决议时，针对党内主观主义的错误思想，提出纠正方法："主要是教育党员使党员的思想和党内的生活都政治化，科学化。"② 此后，科学化就成为党的思想政治工作的基本理念，伴随着思想政治教育建设历程。"文化大革命"把党的思想政治工作推到不合适的位置，既伤害了思想政治工作的科学性，同时也对思想政治工作者造成严重伤害。改革开放以后党在拨乱反正的过程中，不仅恢复和继承了党的思想政治工作科学化传统，而且在新的阶段将党的思想政治工作科学化提升到一个新的高度。

---

① 毛泽东选集：第3卷 [M]. 2版. 北京：人民出版社，1991：841.
② 毛泽东选集：第1卷 [M]. 2版. 北京：人民出版社，1991：92.

第二章　思想政治教育科学化发展

第一节　思想政治教育科学化发展历程

思想政治教育科学化的重新开启是伴随着对"文化大革命"的反思和对"科学春天"的呼唤逐渐萌生的。1978年3月召开的全国科学大会，更是进一步掀起了一股科学的热潮。在这次大会上，邓小平做了重要讲话，明确指出"现代化的关键是科学技术现代化"，"知识分子是工人阶级的一部分"，重申了"科学技术是生产力"这一马克思主义基本观点，从而澄清了长期束缚科学技术发展的重大理论是非问题，打破了"文化大革命"以来长期禁锢知识分子的桎梏，迎来了科学的春天。大会宣读的中国科学院院长郭沫若的《科学的春天——在全国科学大会闭幕式上的讲话》，以形象化的语言标志着一个崭新时代即科学化时代的到来。

1. 思想政治教育科学化的兴起（1978—1981年）

改革开放以后，党的领导人最早重提思想政治教育科学化，是从军队政治工作开始的。1978年5月，叶剑英在全军政治工作会议上指出："毛主席关于革命军队政治工作的学说，是无产阶级军事科学的一个重要组成部分，是马克思主义军事学说的重大发展。"① 把毛泽东关于军队政治工作学说当作军事科学的重要组成部分，明确了军队政治工作的科学地位。

与此同时，一场影响范围更广泛、更深远的"关于真理标准问题的大讨论"正在酝酿产生。1978年5月10日，中共中央党校《理论动态》发表《实践是检验真理的唯一标准》一文，5月11、12日《光明日报》、《人民日报》和《解放军报》等先后全文转载，立刻在思想文化领域引起轰动，由此展开一场规模宏大的关于真理标准问题的大讨论。"这场大讨论从根本上解决了事关党和国家前途与命运的思想路线这一重大政治问题，为党的十一届三中全会的召开以及拨乱反正和改革开放奠定了坚实的思想理论基础，也成为新时期思想政治工作的起点和逻辑前提。"②

---

① 叶剑英. 叶剑英军事文选 [M]. 北京：解放军出版社，1997：706.
② 王树荫. 思想政治教育 [M]. 北京：中国人民大学出版社，2023：177.

1979年1月至4月，根据党的十一届三中全会的提议，经中共中央批准召开了理论工作务虚会，会议主要是总结思想理论战线的基本经验教训以及研究新时期思想理论战线根本任务。3月30日，邓小平在党的理论工作务虚会上发表讲话，对思想理论战线工作进行评价："这是一项十分重大的任务，既是重大的政治任务，又是重大的理论任务。这决不是改头换面地抄袭旧书本所能完成的工作，而是要费尽革命思想家心血的崇高的创造性的科学工作。"① 把思想理论战线工作定位为一项"科学工作"，肯定了思想政治工作的"科学"地位。

1980年4月，全军政治工作会议在北京召开，中共中央政治局委员、解放军总政治部主任韦国清在讲话中提出："政治工作也是一门科学，有其专门的知识"，"每个政治干部都要朝着政治工作专门家这个目标，奋发努力"②。明确提出把军队政治工作作为一门科学。

1980年，在原第一机械工业部和全国机械工会联合召开的思想政治工作座谈会上，原第一机械工业部副部长孙友余以"把在社会主义企业中发挥人的积极性作为一门科学"为题发表讲话，明确提出"把社会主义制度下研究发挥人的积极性的这门科学叫作思想政治工作学"等观点③。会后形成的纪要《思想政治工作科学化研究设想》进一步提出："思想政治工作是一门科学"，"我们必须坚持用马克思主义的世界观、方法论，以及心理学、社会学等科学知识，在总结我们过去经验的基础上，研究掌握人们思想活动的规律，使思想政治工作系统化、理论化，成为一门科学"④。

1980年8月，《光明日报》发表严求实的文章《思想政治工作是一门科学》，明确提出"思想政治工作是一门科学"的观点。随后，《光明日报》以"思想政治工作要科学化"问题开展讨论。《人民日报》《解放军报》《工人日报》《文汇报》等也参与了讨论并发表了大量思想政治工作科学化理论文章。讨论还引起了著名科学家钱学森的注意，钱学森在

---

① 邓小平. 邓小平文选：第2卷 [M]. 2版. 北京：人民出版社，1994：180.
② 肖朋，闻上. 改革开放二十年大事记：第1卷 [M]. 北京：中国方正出版社，1999：258.
③ 孙友余，钱学森，费孝通，等. 论思想政治工作科学化 [M]. 太原：山西人民出版社，1981：30.
④ 孙友余，钱学森，费孝通，等. 论思想政治工作科学化 [M]. 太原：山西人民出版社，1981：16-17.

《文汇报》上发表《从社会科学到社会技术》一文，提出"早日建立马克思主义德育学"观点。这场讨论的成果后来选编成《论思想政治工作科学化》一书，于1981年由山西人民出版社出版。

1981年6月，中共中央在北京召开十一届六中全会，会议一致通过《关于建国以来党的若干历史问题的决议》（以下简称《决议》）。《决议》把毛泽东关于思想政治工作和文化工作的正确思想观点作为毛泽东思想科学体系的重要内容，"实际上从历史的角度确认了思想政治工作的科学性"[①]。

2. 思想政治教育科学化的展开（1981—1983年）

经过"思想政治工作是一门科学"的大讨论，特别是党的十一届六中全会以后，思想政治教育是一门科学的观念在各行各业和各个领域深入人心，在思想政治领域兴起了一股建设思想政治教育科学的热潮。

1981年8月教育部召开全国学校思想政治教育工作会议，时任教育部长的蒋南翔明确指出"学生思想政治工作是一门科学"的观点。在同年9月召开的第五届全国人大常委会第二次会议上，他在对《决议》中毛泽东关于文化和思想政治工作思想进行阐述时，指出"思想政治教育是学校教育的重要组成部分，学校能否培养出拥护共产党领导，热爱社会主义祖国，积极为人民服务的德才兼备的学生，是关系到国家前途和命运的大事"，"思想政治教育也是一门科学，应当不断积累和总结经验，探索客观规律，因此很需要根据各级学校的不同情况，设立必要的专职人员从事这方面的工作。学校政工干部同教师一样，都是教育工作者，都是学生的老师"[②]。蒋南翔的讲话极大地鼓舞了高校一线思想政治工作者开展思想政治教育科学研究的积极性，据学者刘献君回忆："1981年夏季，原教育部在北京召开了全国学校思想政治教育工作会议。会议正式宣布，对学生进行思想政治教育是一门科学，并号召广大教育工作者认真总结经验，探索规律，逐步把这门科学建立起来"，"在这种形势的鼓舞下，近15年来，我紧密结合工作，在实践中努力探索，对大学德育基本理论、大学德育对象、大学德育实践以及大学德育研究

---

① 《中国共产党思想政治教育史》编写组. 中国共产党思想政治教育史［M］. 2版. 北京：高等教育出版社，2018：273.

② 何东昌. 中华人民共和国重要教育文献（1976—1990）［M］. 海口：海南出版社，2003：1975-1976.

方法等方面进行了较为广泛的研究"①。这也是思想政治教育是一门科学从理念到实际开展思想政治教育科学研究和科学构建的起点。

1982年4月24日，胡耀邦就思想政治工作问题同中央宣传部负责人进行谈话，对思想政治工作在党的工作中的性质和位置，思想政治工作内涵本质和特征、目的和任务、原则方针、方式方法、队伍专业化建设，以及对加强思想政治领导管理等进行全面阐述。他指出："党务工作也好，思想政治工作也好，各行各业都要有自己的基础知识和业务专长。不能认为只有做经济、技术工作的人员才有专业化问题。"② 对思想政治工作科学化、专业化建设提出明确要求。

1982年11月，中组部、中宣部联合召开全国党员教育工作会议，时任中共中央书记处书记的宋任穷做了题为《用新党章教育党员，为整党做好思想准备》的讲话。在讲话中他充分肯定和重申了"思想政治工作是一门科学"的观点，他说："要逐步形成一种观念：思想政治工作，党员教育工作，这是一门科学，是一门治党、治国的科学，在这个岗位上的几百万干部要努力钻研这个专业，造就大批思想政治工作专家，去完成新时期赋予我们的任务。"③

1983年7月1日，中共中央批转下发的《国营企业职工思想政治工作纲要（试行）》明确提出："中央和地方要筹办以培养思想政治工作的领导干部为目标的政治院校。现有的全国综合性大学、文科院校，各部、委、总局所属的大专院校，有条件的都要增设政治工作专业或政治工作干部进修班"，要"努力造就一大批思想政治工作能手，一大批精通思想政治工作的专家"④。1983年暑期，为了落实上述精神，教育部召开了政工专业论证会，会议确定思想政治教育为一门科学，其学科名称为"思想政治教育学"（一说为"思想政治工作学"）；学科建设和人才培养所依托的专业名称为"思想政治教育专业"⑤。这些举措，为创办思想政治教育专业，通过专业化方式培养思想政治教育专业人才，建

---

① 刘献君.大学德育论［M］.武汉：华中理工大学出版社，1996：前言1.
② 胡耀邦.胡耀邦文选［M］.北京：人民出版社，2015：409.
③ 宋任穷.用新党章教育党员，为整党做好思想准备［J］.红旗，1982（24）.
④ 中共中央文献研究室.十二大以来重要文献选编：上［M］.北京：人民出版社，1986：380-381，381.
⑤ 张耀灿.改革开放30年与思想政治教育学科建设［J］.思想政治教育研究，2008（5）.

设思想政治教育科学做好了思想和制度准备。

3.思想政治教育科学的形成阶段（1984— ）

以1984年4月教育部印发《关于在十二所院校设置思想政治教育专业的意见》为标志，思想政治教育进入通过专业建设来推进科学化建设的新阶段。

思想政治教育专业创办以后，专业课程开设和教材问题就成为思想政治教育专业建设的重要问题，为此教育部思想政治工作司专门设立思想政治教育专业建设办公室，推动思想政治教育专业建设。1985年王玄武主编的《思想政治教育方法论》和1986年陆庆壬主编的《思想政治教育学原理》的出版，标志着思想政治教育教材建设取得重要成果。《思想政治教育学原理》将教育部思想政治教育专业课"思想政治教育概论"教材定名为"思想政治教育学原理"，把思想政治教育学作为一门新兴应用性科学，从构建一门科学所需要的要素结构，对思想政治教育学的基本概念、思想政治教育学的形成和发展、思想政治教育学的研究对象、思想政治教育学的研究领域以及学科特点和研究方法等进行明确回应，提出了思想政治教育作为一门科学的基本框架①。

1987年5月，《中共中央关于改进和加强高等学校思想政治工作的决定》明确提出："思想政治教育是一门以马克思主义理论为基础、综合性和实践性都比较强的科学，必须有专职人员作为骨干，并且要培养和造就一批思想政治教育的专家、教授和理论家。"② 该决定不仅提出思想政治教育是一门科学，而且明确思想政治教育是一门什么样的科学，这是中共中央文件对思想政治教育是一门科学的确认。

1988年9月，党的十三届三中全会原则通过的《中共中央关于加强和改进企业思想政治工作的通知》指出："思想政治工作是一门科学。从事思想政治工作是一项十分光荣而重要的事业。要注意挑选一批优秀的同志作为思想政治工作的骨干。"③ 进一步强调思想政治教育的科学属性。

---

① 陆庆壬.思想政治教育学原理［M］.上海：复旦大学出版社，1986：1-24.

② 教育部思想政治工作司.加强和改进大学生思想政治教育重要文献选编（1978—2014）［M］.北京：知识产权出版社，2015：73.

③ 荆惠民.改革开放以来思想政治工作大事记［M］.北京：中国人民大学出版社，2007：89.

1994年8月，中共中央印发《关于进一步加强和改进学校德育工作的若干意见》，指出："思想政治教育是一门科学，有其自身的规律。要把思想政治教育作为人文社会科学的重点学科加强建设，把德育重大问题研究项目列入国家教育科学研究规划和国家哲学社会科学研究规划。要培养和造就一批德育专家、教授、特级教师和理论家。"① 该意见明确思想政治教育是一门科学，有自身的规律，是我国高校人文社会科学的重要领域，要把思想政治教育作为人文社会科学重要学科进行建设。

1999年9月，中共中央印发《关于加强和改进思想政治工作的若干意见》，对新的历史条件下思想政治工作的重要性，思想政治工作的原则方法，思想政治教育内容，思想政治教育方式、方法和载体等进行全面阐述，对全党和全国各个领域的思想政治工作提出明确要求。

2000年6月，中共中央召开中央思想政治工作会议，江泽民同志在会议上发表重要讲话，明确指出："思想政治工作是一门科学，各级领导干部和政工干部都要努力认识和掌握它的基本知识和规律。"② 这标志着"思想政治教育是一门科学"的观点得到党和国家的认同，同时也标志着思想政治教育科学化的形成。

第二节　关于"思想政治工作是一门科学"的讨论

在思想政治教育科学化进程中，涉及全国范围、各行各业广泛兴起的关于"思想政治工作是一门科学"的讨论，对思想政治教育科学化起到了直接推动作用，使"思想政治教育（工作）是一门科学"的观念得到广泛传播，成为推动思想政治教育科学化的重要事件。

一、"思想政治工作是一门科学"讨论的兴起

有研究者指出，最早发表的"思想政治工作科学化"方面的文章是

---

① 教育部思想政治工作司. 加强和改进大学生思想政治教育重要文献选编（1978—2014）[M]. 北京：知识产权出版社，2015：146.
② 江泽民. 江泽民文选：第3卷[M]. 北京：人民出版社，2006：97.

第二章　思想政治教育科学化发展

1979年4月17日《青海日报》发表的一篇署名伍国成的《做政治思想工作要讲科学性》[①]。虽然该文提出了政治思想工作"科学性"的问题，但并没有提出"思想政治工作科学化"的命题。"思想政治工作是一门科学"的大讨论的直接起因是1980年原第一机械工业部和全国机械工会联合召开的思想政治工作座谈会。在会上，原第一机械工业部副部长孙友余在发言中明确提出"思想政治工作是一门科学"，"这门科学叫做思想政治工作学"[②]的观点。1980年8月《光明日报》发表严求实的文章《思想政治工作是一门科学》，并以"思想政治工作要科学化"为题开展讨论，《人民日报》《文汇报》《工人日报》《解放军报》等也都发表报道和讨论文章，掀起了全社会关于"思想政治工作是一门科学"的大讨论。据统计，参与这次讨论的文章约30篇。这30篇文章的来源如图2-1所示，核心作者情况如图2-2所示，文章讨论领域如表2-1所示。

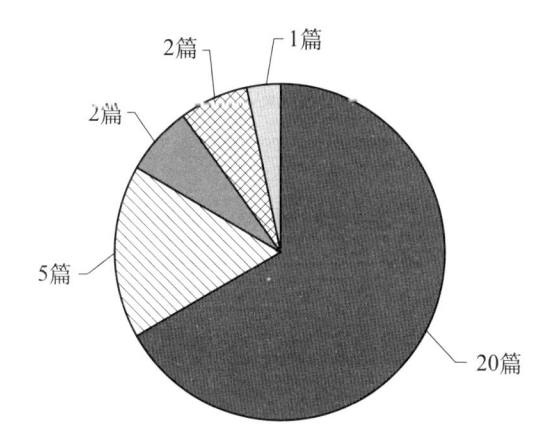

■《光明日报》 □《文汇报》 ■《人民日报》 ⊠《解放军报》 □《中国青年报》

图2-1　"思想政治工作是一门科学"大讨论文章来源

---

① 罗洪铁，周琪，王斌，等．思想政治教育学学科理论体系演变研究［M］．北京：中国社会科学出版社，2012：4.

② 孙友余．做政治思想工作要讲科学性把社会主义企业中发挥人的积极性的工作建成一门现代科学［N］．光明日报，1980-08-09.

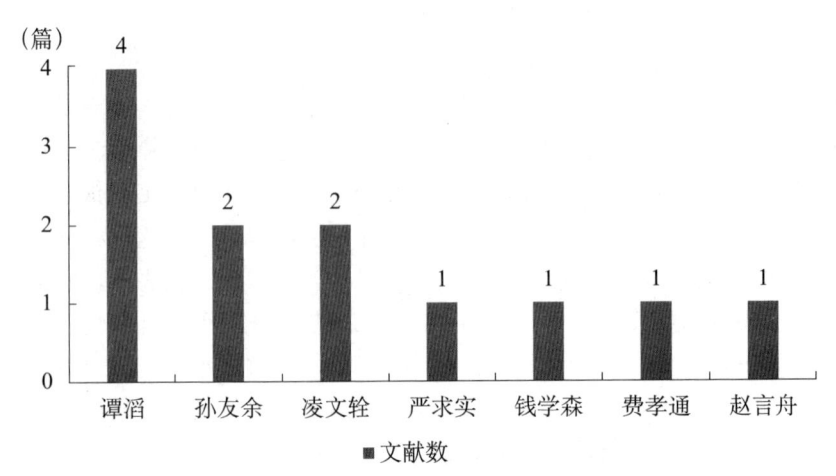

```
(篇)
 4 ┤ 4
 3 ┤
 2 ┤    2  2
 1 ┤          1  1  1  1
 0 ┴─┴──┴──┴──┴──┴──┴──┴─
   谭滔 孙友余 凌文铨 严求实 钱学森 费孝通 赵言舟
              ■ 文献数
```

图 2-2　"思想政治工作是一门科学"大讨论中的核心作者

表 2-1　"思想政治工作是一门科学"大讨论文章讨论领域分布

序号	讨论领域	文本数量	比例
1	企业思想政治工作	10 篇	33%
2	军队思想政治工作	4 篇	13%
3	学校思想政治工作	3 篇	10%
4	群众思想政治工作	3 篇	10%
5	总体思想政治工作	10 篇	33%

二、"思想政治工作是一门科学"讨论的主要问题

通过对讨论中的观点进行整理，有 20 篇文章涉及思想政治工作科学化问题。其中，2 篇文章涉及思想政治工作是一门什么样的科学，5 篇涉及思想政治工作的学科属性，5 篇涉及思想政治工作的对象和规律，4 篇涉及思想政治工作科学化方法；还有 4 篇涉及思想政治工作的学科借鉴等。主要观点如下：

（一）关于思想政治工作是一门什么样的科学的问题

讨论中，有学者明确对思想政治工作这门科学进行命名。如孙友余提出"把在社会主义企业中发挥人的积极性的工作建成为一门现代科学"，"作为一门科学，应当有一个适当的定义和名称。我曾提议，把社会主义制度下研究发挥人的积极性的这门科学叫做思想政治工作学"①。钱学森在《早日建立马克思主义德育学》一文中提出："思想政治的科学可以称为马克思主义德育学。它是以马克思主义哲学、辩证唯物主义和历史唯物主义为指导的。其基础是政治经济学、心理学、伦理学、社会学和教育学等，……我们一定要早日建立这门德育学，这门很重要的社会科学。"②

（二）关于思想政治工作的学科属性问题

关于思想政治工作的学科属性，讨论中主要有以下观点：一是提出思想政治工作是建立在马克思主义基础上的学科。如谭滔在《值得重视的探索》一文中提道："形成一门科学，必须要有自己的科学理论和科学方法……离开了马克思列宁主义、毛泽东思想，在我国也就不可能出现一门社会主义的思想政治工作新学科。"③ 二是提出思想政治工作是一门综合性的应用学科。如魏瑚、夏禹龙在《思想工作是一门科学》一文中明确提出："我们要在继承过去的优良传统和丰富经验的同时，着重地分析新情况，研究新问题，创造新经验，并注意吸收现代心理学、教育学、社会学、管理学等学科中有价值的成果，逐步形成系统的有中国特色的思想工作科学理论。这是新时期赋予我们的一项重要历史使命。总之，思想工作是建立在心理学、教育学、社会学、管理学、伦理学、美学、哲学等基础之上的一门综合性的应用科学。"④ 三是提出思想政治工作的专业性问题。如志谦在《这是一门科学》一文中明确提出："企业思想政治工作有其自身的规律，是一门科学性很强的专业，需要掌握唯物辩证法、政治经济学、社会学、心理学、教育学等多种学科。"⑤

---

① 孙友余. 把社会主义企业中发挥人的积极性的工作建成一门现代科学［N］. 光明日报，1980-08-09.
② 孙友余，钱学森，费孝通，等. 论思想政治工作科学化［M］. 太原：山西人民出版社，1981：50.
③ 孙友余，钱学森，费孝通，等. 论思想政治工作科学化［M］. 太原：山西人民出版社，1981：45-46.
④ 魏瑚，夏禹龙. 思想工作是一门科学［N］. 文汇报，1981-11-13.
⑤ 严求实，谭滔，等. 思想政治工作科学化［M］. 南宁：广西人民出版社，1981：87.

(三) 关于思想政治工作的对象和规律问题

据统计，30篇文章中有12篇文献明确涉及思想政治工作对象和规律问题。如钱学森指出："其实正和任何事物一样，群众、干部的思想活动也是社会活动的一个方面，也是一种社会现象，也必然有它自己的规律。只要我们努力去认识思想政治活动的规律，掌握它，我们就能做好思想政治工作。"① 严求实在《思想政治工作是一门科学》一文中提出："无产阶级思想政治工作作为一门科学，它的研究对象是人们的思想政治状况及其形成变化规律……无产阶级思想政治工作作为一门科学，有它自身固有的规律。这些规律，有的已经被我们所认识，有的还没有被我们所认识。运用了这些规律，思想政治工作就成功；违背了它，思想政治工作就失败。这些规律是什么？有待大家，特别是思想政治工作者和理论研究工作者们进行系统的总结和科学的概括。"② 魏瑚、夏禹龙在《思想工作是一门科学》中提道："思想工作能否成为一门科学，关键在于它是否具有不同于其他事物的客观规律性。而思想工作有没有客观规律性，又取决于人的思想活动有没有客观规律性。"③

(四) 关于思想政治工作的科学方法问题

思想政治工作科学化必然要求用科学方法开展思想政治工作，学者们围绕这一点进行讨论：一是关于思想政治工作科学方法的原则。学者们引用毛泽东关于思想政治工作的原则，认为"企图用行政命令的方法，用强制的方法解决思想问题，是非问题，不但没有效力，而且是有害的"④。二是关于思想政治工作科学化的具体方法。张荫发在《怎样实行企业思想政治工作科学化》一文中提道："用科学办法改革思想政治工作，需要把现在思想工作的精力用在事前预防性方面。思想政治工作是否也需要类似'PDCA'（计划、实施、检查、处置）程序循环，

---

① 孙友余，钱学森，费孝通，等. 论思想政治工作科学化 [M]. 太原：山西人民出版社，1981：49-50.
② 孙友余，钱学森，费孝通，等. 论思想政治工作科学化 [M]. 太原：山西人民出版社，1981：34-35.
③ 魏瑚，夏禹龙. 思想工作是一门科学 [N]. 文汇报，1981-11-13.
④ 中共中央文献研究室. 毛泽东文集：第7卷 [M]. 北京：人民出版社，1999：209.

这可以探讨。"① 吴先业提出了思想的产生和作用的反应公式即"客观条件→思想→行动"②，用以分析和解决人的思想问题。还有学者提出所谓"对症下药""一把钥匙开一把锁"等思想政治工作的科学方法。三是关于思想政治工作者的科学化要求。思想政治工作者不应当认为自己是一盒"万金油"，而应当努力把自己造就为本学科、本行业的专家。例如谭滔在《思想政治工作的基本任务是保证党的路线的贯彻执行》一文中提道："能不能'以身作则'，也就成为对领导者进行思想政治工作和领导者向群众做思想政治工作的一项重要内容。它构成了思想政治工作科学化应当研究的重要课题。"③

（五）关于思想政治工作的学科借鉴问题

讨论中，许多学者从不同角度论述行为科学、心理学、社会学等对思想政治工作的借鉴价值。如彭好荣等人在《社会心理学在思想政治工作的运用》一文中提出："全面了解职工心理特征的各个不同方面，逐步掌握职工心理活动的规律，是思想政治工作方法科学化的一个重要内容。"④ 谭滔在《值得重视的探索》一文中提出："没有认识人的思想和行为的各种科学知识，也不可能把思想政治工作做到人家的心里去。如果我们要使思想政治工作科学化，为什么不可以把社会学方面的科学原理也作为我们探索人们思想活动规律的武器呢？此外，我们做思想政治工作，总是要研究人的情绪、兴趣、气质、性格，要研究人的心理状态。因此，吸收心理学的研究成果，通过深入的调查研究，掌握群众心理特征的运动规律，使思想政治工作科学化是很有必要的。"⑤ 严求实也在《思想政治工作是一门科学》一文中提出："流行于许多国家的'行为科学'，就是以研究人们行为规律为对象，以调动人们的积极性为

---

① 孙友余，钱学森，费孝通，等．论思想政治工作科学化［M］．太原：山西人民出版社，1981：62.
② 孙友余，钱学森，费孝通，等．论思想政治工作科学化［M］．太原：山西人民出版社，1981：65.
③ 孙友余，钱学森，费孝通，等．论思想政治工作科学化［M］．太原：山西人民出版社，1981：167.
④ 孙友余，钱学森，费孝通，等．论思想政治工作科学化［M］．太原：山西人民出版社，1981：112.
⑤ 谭滔．思想政治工作的基本任务是保证党的路线的贯彻执行［N］．光明日报，1980-10-31.

目的的一门学科。资本主义国家在行为科学方面的研究成果，有些是与所有制相联系的，我们不能用，还有些是关于人类共同的活动规律，我们可以借鉴。"①

三、"思想政治工作是一门科学"讨论的结果

"思想政治工作是一门科学"的讨论引起中央领导和有关部门高度关注和重视，1982年4月，胡耀邦专门就思想政治工作问题与中宣部负责同志谈话，对思想政治工作提出明确要求。1982年11月，宋任穷明确提出思想政治工作"是一门科学，是一门治党、治国的科学"②的观点。1983年7月，中共中央批转下发的《国营企业职工思想政治工作纲要（试行）》提出思想政治工作专业化、专门化的要求。1984年4月教育部印发《关于在十二所院校设置思想政治教育专业的意见》，开创通过专业化方式培养思想政治教育专门人才的先河。可以说，"思想政治工作是一门科学"的大讨论直接催生了思想政治工作作为一门科学的理念的诞生。正是在这个理念的支持下，思想政治教育开展了思想政治教育学的知识体系构建，创办思想政治教育专业，设立思想政治教育学科，走上了一条科学化发展道路。

第三节 思想政治教育学的构建

改革开放以来，思想政治教育学者在创办思想政治教育专业，开展思想政治科学研究，建设思想政治教育学科的过程中，对思想政治教育学进行了构建，形成了具有思想政治教育专业、学科属性和自身特色的思想政治教育学架构，极大地推动了思想政治教育科学化进程。思想政治教育学的构建有一个发展的过程，这里我们主要以思想政治教育专业创建初期、思想政治教育专业成熟时期和思想政治教育学科建设的新时代三个时期，对思想政治教育学的构建进行总结。

---

① 孙友余，钱学森，费孝通，等.论思想政治工作科学化［M］.太原：山西人民出版社，1981：34.

② 荆惠民.改革开放以来思想政治工作大事记［M］.北京：中国人民大学出版社，2007：38.

一、思想政治教育专业创建初期（1984—1994年）

思想政治教育专业创建初期，为了编写思想政治教育学原理教材，思想政治教育学者们对思想政治教育学是一门什么样的科学，思想政治教育学研究对象，思想政治教育研究特点和领域，以及思想政治教育学研究方法等进行构建。这里主要以陆庆壬主编的《思想政治教育学原理》为例进行总结。

（一）关于思想政治教育学的概念

该书在区分人类社会思想政治教育现象、思想政治教育实践活动以及思想政治教育学等概念的基础上，对思想政治教育学进行定义："思想政治教育学是研究人们的社会主义、共产主义思想意识形成、发展的规律的科学。它要研究依据人们的思想发展规律，如何实施思想政治教育的规律，它是指导我们从事思想政治教育实践的一门应用科学。"[①]

（二）关于思想政治教育学的形成和发展

该书对思想政治教育学的形成和发展进行了完整叙述，人类历史上的各阶级都曾进行过各种各样的思想教育和政治教育活动，但是它们没有形成一门独立的思想政治教育学。马克思主义的诞生，尤其是唯物主义历史观的创立，科学地揭示了人类社会发展的客观规律，揭示了社会意识形态形成和发展的规律，为思想政治教育学的最终形成奠定了坚实的理论基础。马克思、恩格斯、列宁、斯大林的实践活动为思想政治教育提供了实践基础，特别是中国共产党的实践活动为学科知识形成奠定了坚实基础。

（三）关于思想政治教育学的研究对象

该书探讨了思想政治教育学研究对象的特殊性，并根据人的思想形成和发展规律，把思想政治教育与其他涉及人的学科区别开来，"思想政治教育学的研究对象是关于人们的社会主义、共产主义思想意识形成、发展的规律，是研究依据人们的思想发展规律科学地实施思想政

---

① 陆庆壬. 思想政治教育学原理［M］. 上海：复旦大学出版社，1986：5.

教育的规律"①。并在此基础上，把思想政治教育学的理论基础、思想政治教育的历史地位和作用、实施思想政治教育的规律、思想政治教育的系统管理作为思想政治教育学研究的基本领域。

（四）关于思想政治教育学的特点和研究方法

该书归纳了思想政治教育学的党性、实践性和综合性特点。根据其特点确立了思想政治教育学的研究方法为矛盾分析方法、实践实验方法、系统综合方法等。

从上述几个方面来看，该书对思想政治教育学概念内涵以及历史发展，思想政治教育学的理论基础，思想政治教育学的研究对象和学科特点，以及思想政治教育学的研究方法进行系统构建，回应了作为一门独立科学的核心要素，正因为如此，有研究者把《思想政治教育学原理》的出版看成是思想政治教育学形成的标志②。本时期的一些关于思想政治教育学的观点如表 2-2 所示。

表 2-2　本时期有代表性的关于思想政治教育学的观点

代表人物	代表性观点	出处
张蔚萍	思想政治教育学是关于党的思想政治工作理论和实践的科学	《新编思想政治工作概论》（修订本），中共中央党校出版社 1996 年版，第 53-54 页
陆庆壬	思想政治教育学是研究人们的社会主义、共产主义思想意识形成、发展的规律的科学。它要研究依据人们的思想发展规律，如何实施思想政治教育的规律，它是指导我们从事思想政治教育实践的一门应用科学	《思想政治教育学原理》，复旦大学出版社 1986 年版，第 5 页
张耀灿	思想政治教育学是研究思想政治教育的一门学问，是以思想政治教育的社会实践为自己的研究客体的一门学问	《思想政治教育学原理》，华中师范大学出版社 1988 年版，第 3 页

---

① 陆庆壬. 思想政治教育学原理 [M]. 上海：复旦大学出版社，1986：11.
② 罗洪铁，周琪，王斌，等. 思想政治教育学学科理论体系演变研究 [M]. 北京：中国社会科学出版社，2012：12.

续表

代表人物	代表性观点	出处
邱伟光	思想政治教育学是一门指导人们形成正确思想行为的科学,它以人的思想、行为形成、变化的特点、发展规律,以及实施思想政治教育的规律作为自己的研究对象	《思想政治教育学概论》,天津人民出版社1988年版,第4页
王礼湛	思想政治教育学是一门研究思想政治观点形成发展过程及其教育规律的科学	《思想政治教育学》,浙江大学出版社1989年版,第2页

二、思想政治教育专业成熟时期（1994—2012年）

思想政治教育专业成熟时期，思想政治教育学科建设发展到研究生教育阶段，思想政治教育作为一门科学已经得到广泛确认，并且开始从一门独立学科的视角对思想政治教育学进行专门研究。特别是2005年国务院学位委员会增设马克思主义理论一级学科以后，思想政治教育成为马克思主义理论学科目录下的独立二级学科，它作为人文社会科学的独立学科从体制上得到保障。这里我们以《现代思想政治教育学》为代表，总结本时期思想政治教育学发展的特点。

《现代思想政治教育学》是从建设一门学科必须具备的几个条件来回应思想政治教育学建设问题的。该书认为："建立任何一门学科都必须具备三个条件，缺一不可：一是该研究领域必须有特殊的研究对象；二是必须有指导其研究的理论基础；三是必须着力开展实际的研究。"[①]该书并没有对思想政治教育学是什么样的科学进行明确界定，而是重点阐述了以下几方面内容：

（一）关于思想政治教育学的研究对象

该书在对思想政治教育学的研究对象进行分析研究的基础上，提出思想政治教育学研究领域的特殊矛盾是一定社会、一定阶级对人们思想品德的要求与人们实际的思想品德水平之间的矛盾，正是基于对这一特

---

① 张耀灿，郑永廷，吴潜涛，等．现代思想政治教育学[M]．2版．北京：人民出版社，2006：2．

殊矛盾及运动规律的研究，才构成思想政治教育学的研究对象："思想政治教育学是把人们思想品德形成发展的规律和对人们进行思想政治教育的规律作为自己研究对象的。简言之，思想政治教育学的研究对象是思想政治教育的规律。"①

(二) 关于思想政治教育学的范畴

该书认为任何一门学科都是由其特有的一系列概念、范畴为骨架而构成的知识体系，在总结分析思想政治教育学研究成果的基础上，该书确立了以下基本范畴：一是思想与行为，这是思想政治教育学范畴的起点；二是教育者与受教育者，这是思想政治教育学的中心范畴；三是疏通与引导、言教与身教、物质鼓励与精神鼓励、教育与管理等，这是思想政治教育学的中介范畴；四是内化与外化，这是思想政治教育学的结果范畴；五是个人与社会，这是思想政治教育学的终点范畴。该书从思想政治教育过程的结果的角度，构建了思想政治教育学的基本范畴。

(三) 关于思想政治教育学的理论体系

该书把思想政治教育学的理论体系分为四个方面：一是思想政治教育学的基本理论；二是思想政治教育学的形成和发展；三是思想政治教育学的方法理论；四是思想政治教育学的管理理论。该书认为："对思想政治教育学的理论基础、思想政治教育的历史发展、思想政治教育的客观规律的研究，涵盖了思想政治教育的教育者、受教育者、教育介体（教育目的、内容、方法等）和思想政治教育环境各要素的历史演变及相互关系，构成了思想政治教育学完整的学科理论体系。"②

(四) 关于思想政治教育学的理论基础和知识借鉴

该书认为："现代思想政治教育学的理论基础是马克思主义，坚持以完整准确的马克思主义科学体系为根本指导思想，是现代思想政治教育学能够得以建立和健康发展的根本条件，也是实现思想政治教育科学

---

① 张耀灿，郑永廷，吴潜涛，等. 现代思想政治教育学 [M]. 2版. 北京：人民出版社，2006：7.

② 张耀灿，郑永廷，吴潜涛，等. 现代思想政治教育学 [M]. 2版. 北京：人民出版社，2006：30.

化的根本保证。"① 同时认为，现代思想政治教育学要借鉴许多相关学科的知识和方法，主要是政治学、教育学、伦理学、心理学、社会学等学科的理论和方法。

（五）关于思想政治教育学的特点

该书把思想政治教育学的特点归纳为三个方面：一是科学性与价值性相统一，二是理论性与应用性相统一，三是综合性与创造性相统一。

《现代思想政治教育学》在总结思想政治教育学建设成果的基础上，按照一门独立科学或学科成立的基本条件，对思想政治教育学构成要素的主要内容进行了总结，构建了思想政治教育学作为一门科学的基本内容，但《现代思想政治教育学》并没有明确对思想政治教育学下定义，该书既体现了本时期思想政治教育学建设的成绩，也体现了本时期认识的局限。本时期的一些关于思想政治教育学的观点如表2-3所示。

表2-3　本时期有代表性的关于思想政治教育学的观点

代表人物	代表性观点	出处
陈秉公	思想政治教育学是研究进行思想品德和心理素质教育规律，以及人的思想品德和心理素质发展变化规律的科学	《思想政治教育学原理》，高等教育出版社2006年版，第5页
张耀灿	思想政治教育学是把人们思想品德形成发展和对人们进行思想政治教育的规律作为自己研究对象的。简言之，思想政治教育学的研究对象是思想政治教育的规律	《现代思想政治教育学》，人民出版社2006年版，第13页
陈万柏、张耀灿	思想政治教育学是以思想政治教育为研究客体的综合性应用科学。思想政治教育学是关于思想政治教育发展规律的科学	《思想政治教育学原理》，高等教育出版社2001年版，第1-2页

三、思想政治教育学科建设的新时代（2012—　）

党的十八大以后，中国特色社会主义进入新时代，对思想政治教育学的探索也进入新时代。随着对新时代思想政治教育学的认识更为深

---

① 张耀灿，郑永廷，吴潜涛，等．现代思想政治教育学[M]．2版．北京：人民出版社，2006：35.

化、更加清晰，思想政治教育作为我国人文社会科学重点学科的地位日益明确和稳固。本时期关于思想政治教育学的建构，以教育部马克思主义理论研究和建设工程重点教材《思想政治教育学原理》（《思想政治教育学原理》编写组编，高等教育出版社 2018 年版，以下简称《原理》）和《新编思想政治教育学原理》（沈壮海主编，中国人民大学出版社 2022 年版，以下简称《新编原理》）为代表。

（一）关于思想政治教育学的定义

《原理》的定义是："思想政治教育学是一门指导思想政治教育者有效开展思想政治教育并帮助人们形成正确思想与行为的科学，有着自己特定的研究对象。"[①] 该定义不仅强调对思想政治教育活动的指导，而且强调对人们形成正确思想与行为的帮助。而《新编原理》的定义为："思想政治教育学就是以思想政治教育为研究对象的学问。这门学问的研究任务，在于探索思想政治教育这一特殊社会政治实践活动的规律，形成准确反映思想政治教育活动形成发展、实践展开等知识体系，为思想政治教育有效推进、创新发展提供学理支撑。"[②] 该定义把思想政治教育学的研究和指导范围限定在思想政治教育这一特殊的社会政治实践活动，但在对思想政治教育定位时，并没有使用"科学"一词，而是使用了"学问"，意味着思想政治教育学既可以是一门社会科学，也可以是一门人文学说，拓宽了对思想政治教育学是一门什么样的学科的理解。

（二）关于思想政治教育学的研究对象

《原理》认同思想政治教育学研究领域的基本矛盾是一定社会、一定阶级对人们思想品德的要求与人们实际的思想品德水平之间的矛盾，但认为把思想政治教育学研究对象定位为"规律"只是把研究对象定位在理论层面，这是思想政治教育学研究的目的，因此"思想政治教育学是研究思想政治教育现象、问题并揭示思想政治教育规律的科学"[③]。《新编原理》认为思想政治教育学研究对象是特定的、具体的思想政治

[①] 《思想政治教育学原理》编写组. 思想政治教育学原理[M]. 2 版. 北京：高等教育出版社，2018：7.

[②] 沈壮海. 新编思想政治教育学原理[M]. 北京：中国人民大学出版社，2022：9.

[③] 《思想政治教育学原理》编写组. 思想政治教育学原理[M]. 2 版. 北京：高等教育出版社，2018：9.

教育活动,即"其核心主体是马克思主义的思想政治教育,是中国共产党的思想政治教育,是社会主义中国的思想政治教育"①。这把马克思主义思想政治教育、中国共产党的思想政治教育、社会主义中国的思想政治教育实践活动作为研究对象,强化了思想政治教育学科的本质属性。

(三)关于思想政治教育学的基本范畴

《原理》把思想政治教育学的基本范畴确立为以下几个方面:一是思想政治教育,这是思想政治教育学的核心范畴,也是思想政治教育学的特定概念,集中体现了思想政治教育的本质属性,把思想政治教育与其他学科区别开来。二是教育者与受教育者,是思想政治教育学的主体范畴,构成思想政治教育的中心范畴。三是思想与行为,是思想政治教育学中最普遍、最基本的范畴。四是灌输与疏导,是从教育者维度提出的范畴,是思想政治教育功能的体现。五是内化与外化,这是从受教育者维度提出的范畴,是受教育者使用的过程性与成效性范畴。《新编原理》并没有明确阐述思想政治教育学范畴,但在对原理知识体系构建过程中,提出了一些新的范畴,比如思想政治教育的形态,思想政治教育制度,思想政治教育时、效、度等。

(四)关于思想政治教育学的理论体系

《原理》详细阐述了思想政治教育学的指导理论和相关学科,为思想政治教育学科理论体系构建奠定了坚实的基础,但《原理》并没有构建思想政治教育学的理论体系。《新编原理》从四个方面对思想政治教育学理论体系和知识体系进行构建:一是思想政治教育学原理,即在对思想政治教育是什么、为什么、怎么做等问题的探索和回答中形成的基本理论;二是思想政治教育史学,即沿着历史轴线对思想政治教育进行研究;三是比较思想政治教育学,即以比较的方法开展的对思想政治教育的研究;四是对思想政治教育实践课题的研究,即对思想政治教育现实问题的探索,它是思想政治教育学科发展的动力来源。《新编原理》强调,"这样的划分,是为了比较清晰简洁地勾勒框架,说明问题。四个方面,并非泾渭分明、相互划壑为邻,而是密切关联在一起,交融互渗、相互支撑、相互影响"②,构成思想政治教育学的理论体系和知识体系。

---

① 沈壮海.新编思想政治教育学原理[M].北京:中国人民大学出版社,2022:9.
② 沈壮海.新编思想政治教育学原理[M].北京:中国人民大学出版社,2022:13.

（五）关于思想政治教育学的学科特性

《原理》在编写过程中，强调了思想政治教育学的马克思主义理论学科属性、中国共产党思想政治教育的特色、强化思想政治教育学对人的思想与行为实践活动的指导，但《原理》并没有专门阐述思想政治教育学的学科特性。《新编原理》从三个方面明确思想政治教育学的学科特点：一是思想政治教育学具有强烈的意识形态性，强调"我们所要建设的思想政治教育学，是以马克思主义为指导的、服务于新时代中国特色社会主义建设、服务于能够担当民族复兴大任时代新人培养的思想政治教育学"①。二是思想政治教育学具有显著的实践性。这也要求思想政治教育学"要深深扎根在新时代中国特色社会主义建设、培养能够担当民族复兴大任的时代新人等实践之中，倾听时代的呼声，把握实践提出的问题，在与实践的密切互动中获得不竭的创新发展动力"②。三是思想政治教育学具有高度的综合性。"采众长而聚于一，是学问之道，也是思想政治教育学这门具有高度综合性的学问在创新发展中应遵循的基本原则。"③ 本时期的一些关于思想政治教育学的观点如表2-4所示。

表2-4 本时期有代表性的关于思想政治教育学的观点

代表人物	代表性观点	出处
郑永廷（《思想政治教育学原理》编写组）	思想政治教育学是一门指导思想政治教育者有效开展思想政治教育并帮助人们形成正确思想与行为的科学	《思想政治教育学原理》，高等教育出版社2018年版，第5,9页
沈壮海	思想政治教育学就是以思想政治教育为研究对象的学问。这门学问的研究任务，在于探索思想政治教育这一特殊社会政治实践活动的规律，形成准确反映思想政治教育活动形成发展、实践展开等知识体系，为思想政治教育有效推进、创新发展提供学理支撑	《新编思想政治教育学原理》，中国人民大学出版社2022年版，第9页

---

① 沈壮海. 新编思想政治教育学原理[M]. 北京：中国人民大学出版社，2022：11.
② 沈壮海. 新编思想政治教育学原理[M]. 北京：中国人民大学出版社，2022：11.
③ 沈壮海. 新编思想政治教育学原理[M]. 北京：中国人民大学出版社，2022：12.

从改革开放以来思想政治教育学者对思想政治教育学的构建来看，思想政治教育学者按照一门科学所具备的基本要素，从思想政治教育学的定义、思想政治教育学的历史发展、思想政治教育学的研究对象、思想政治教育学的基本范畴、思想政治教育学的指导思想与知识借鉴、思想政治教育学的理论体系、思想政治教育学的学科特性，以及思想政治教育学的研究方法等进行系统构建，初步形成了思想政治教育作为一门学科的基本构架，在很多方面达成基本共识，比如关于思想政治教育学的历史发展，思想政治教育学的学科特性，思想政治教育学的指导思想和知识借鉴，思想政治教育学的理论体系等方面，只是在具体表述上存在一定的差异。但是在思想政治教育学的核心概念和领域存在着相当大的差异。比如关于思想政治教育学的定义，学者们之间的差异很大，目前还缺乏一个统一的大家都接受的对思想政治教育学的理解；还比如，关于思想政治教育学的定位，即思想政治教育学是一门科学还是一门学问，存在着分歧；还比如，思想政治教育学的研究对象，是规律、是现象和问题，还是特定的马克思主义思想政治教育、中国共产党的思想政治教育、社会主义中国的思想政治教育等；还比如，在建设思想政治教育学的方式上，在思想政治教育学的研究方法上，学者们的理解也存在着很大的不同。这些核心要件上认识的差异表明，思想政治教育学科的构建与成熟学科相比还有很大的差距，也许这也正是思想政治教育作为一门多元的新型学科建设和发展的动力。

第四节 思想政治教育科学化的成就

改革开放以来，思想政治教育科学化取得了显著的成就，思想政治教育是一门科学成为普遍共识，并且思想政治教育学者们按照一门科学所需要的构件，建构了相对完整的思想政治教育学科体系和知识体系，思想政治教育学在科学研究、人才培养和社会服务过程中取得重要的理论和实践成果，在推动党的思想政治工作事业中发挥着重要作用。思想政治教育科学化还推动思想政治教育学科成为我国人文社会科学的重要学科、支柱性学科，使党的思想政治工作在科学化、专业化、规范化、制度化等方面迈出坚实的步伐。

一、思想政治教育的科学地位逐渐得到社会认可

在 20 世纪 80 年代，广大思想政治教育工作者在反思"文化大革命"对思想政治教育科学化造成的伤害，探索思想政治教育科学化的过程中，深感"对什么东西的研究都是科学，对植物、动物、鱼、虫、鸟、兽、花、石的研究是科学，难道对人们的社会主义、共产主义思想觉悟的形成和发展的规律，以及对人们进行思想政治教育的规律的研究，就不是一门科学吗？"[①] 提出了思想政治教育科学化和学科化的问题。经过 40 多年的努力，思想政治教育科学化和学科化的地位逐渐确立，思想政治教育的科学性在日常思想政治教育工作中得到了重视。思想政治教育是一门学科，主张用科学的方式来代替传统的以经验为主的思想政治教育方式，已经得到了党和国家领导人的肯定、中央文件的确定以及广大思想政治教育工作者的认可。1987 年《中共中央关于改进和加强高等学校思想政治工作的决定》、2000 年江泽民在中央思想政治工作会议上的重要讲话和中共中央、国务院出台的《关于进一步加强和改进大学生思想政治教育的意见》等，标志着对思想政治教育作为一门科学的地位的正式确认。2005 年国务院学位委员会、教育部下发《关于调整增设马克思主义理论一级学科及所属二级学科的通知》，把思想政治教育列为马克思主义理论一级学科目录下的独立二级学科。思想政治教育作为我国人文社会科学中独立的二级学科的地位从学科体制上得到确认，这是思想政治教育学科 40 年建设的重大成果。

二、形成了相对稳定的研究对象和研究方法

一个学科形成的重要标志之一就是该学科有相对独立的研究对象。毛泽东指出："科学研究的区分，就是根据科学对象所具有的特殊的矛盾性。因此，对于某一现象的领域所特有的某一种矛盾的研究，就构成某一门科学的对象。"[②] 思想政治教育学科从它产生之日起，就有着明确的问题意识，把思想政治教育现象和问题作为其研究的领域，探讨人的思想品德形成发展的规律及实施教育的规律，形成了明确的研究对

---

① 徐文良. 难忘的历程：高等学校思想政治教育的回顾与思考[M]. 长春：吉林人民出版社，2008：363.

② 毛泽东选集：第 1 卷[M]. 2 版. 北京：人民出版社，1991：309.

象、思维方式和研究方法。

关于思想政治教育的研究对象,尽管不同的研究者对其表述不同,但把一定社会、一定阶级对人们思想品德的要求与人们实际的思想品德水平之间的矛盾作为思想政治教育研究领域的基本矛盾是普遍的共识,并且在研究的领域和目标上,把思想政治教育研究对象确立为思想政治教育现象和问题(包括马克思主义思想政治教育、中国共产党的思想政治教育、社会主义中国的思想政治教育),也正是为了透过现象看本质,揭示其中的内在规律。关于思想政治教育的学术思维,尽管如有学者所言,"学术思维的缺失正极大地困扰着思想政治教育理论研究的发展"[1],但在思想政治教育学科研究,特别是思想政治教育学位论文写作过程中,依然可以发现思想政治教育学科特殊的学术思维方式。比如在思想政治教育专业学生的博士论文或者硕士论文中,学生们比较习惯的思维方式是,先对马克思主义关于某个思想政治教育问题的观点或思想进行梳理,然后再从教育内容、教育途径、教育方法、教育载体等视角对思想政治教育现象讲行归纳处理,最后得出一定的结论和策略。尽管这种思维结构具有一些内在的局限性,但是从另一个角度来看,学生论文中所展示的这种思维方式还是有它的合理性的,或者说它基本上包容了整个思想政治教育学者独特的处理问题的方式,这也正是思想政治教育学科的视角和其他的学科视角相比的特殊性。关于思想政治教育的研究方法,思想政治教育学者形成了一系列特有的研究方法,比如经验的方法、思辨的方法、文献的方法、权威的方法、比较的方法、历史的方法、学科移植的方法等,都是思想政治教育学科经常使用的方法,其中学科移植方法是思想政治教育学科使用较多的方法[2],这些都表明思想政治教育学科已经形成相对稳定的研究对象、学术思维和研究方法,思想政治教育学科的基础已经搭建和形成。

三、形成了系统的教材体系和知识体系

思想政治教育专业的创办和建设,极大地推进了思想政治教育的教

---

[1] 倪愫襄.思想政治教育元问题研究[M].北京:中国社会科学出版社,2014:15-16.

[2] 教育部思想政治工作司.大学生思想政治教育研究方法[M].北京:高等教育出版社,2010:13.

材体系和知识体系构建。为了加强思想政治教育专业建设，教育部专门组织思想政治教育教材编写委员会，组织编写思想政治教育方面的教材。1985年王玄武主编的《思想政治教育方法论》，1986年陆庆壬主编的《思想政治教育学原理》，标志着思想政治教育教材建设取得实质性突破。1994年国家教委专门组成思想政治教育专业课程教材编写委员会，启动第二套思想政治教育专业统编教材编写，推出《马克思主义思想政治教育理论基础》《马克思主义思想政治教育著作导读》《思想政治教育学原理》《思想政治教育方法论》《中国共产党思想政治工作史论》《政治观教育通论》《人生观通论》《道德观通论》《唯物史观通论》《思想政治教育案例分析》《现代西方意识形态导论》《比较思想政治教育》等①，形成了从思想政治教育理论基础，到思想政治教育学原理和方法、思想政治教育历史发展、思想政治教育比较，以及思想政治教育专门领域的完整的教材体系。思想政治教育专业教材建设，为建构思想政治教育学知识体系奠定了坚实的基础，在思想政治教育专业教材建设的基础上，思想政治教育学构建了相对稳定的理论体系和知识体系，思想政治教育学把马克思主义理论作为指导思想，充分吸收马克思主义理论各二级学科以及政治学、法学、伦理学、心理学、社会学、教育学、系统科学等相关学科的研究成果，在综合的基础上，形成思想政治教育基本原理、思想政治教育发展历史、思想政治教育比较研究以及思想政治教育实践问题研究等基本领域，构建起既具有一般科学共性，又具有思想政治教育学特性的知识体系。

四、形成了明确的基本范畴和话语体系

要判断一个学科是否成立，除了政策文件认可、党和国家领导人肯定和社会认可以外，还要看该学科是否有供同行之间共同讨论和使用的专业术语。在建构思想政治教育学科的过程中，思想政治教育学者十分重视思想政治教育范畴的构建，构建了思想政治教育者与受教育者、思想与行为、灌输与疏导、言教与身教、物质鼓励与精神鼓励、教育与管理、内化与外化、个人与社会等基本范畴，这些基本范畴构成思想政治教育与其他学科相区别的话语体系。据有学者进行的文献分析，改革开

---

① 教育部社会科学研究与思想政治工作司.政治观教育通论［M］.北京：高等教育出版社，1999：前言1.

放以来的思想政治教育研究,大致可以划分为思想政治教育基础研究、思想政治教育方法论研究、思想政治教育发展史研究、思想政治教育比较研究、思想政治教育领域研究、思想政治教育重大现实问题研究、思想政治教育跨学科研究等七个大的研究领域;确立了以思想政治教育主体(或教育者)、客体(或教育对象)、内容、过程、方法、环境等为主要内容的话语体系①,形成了思想与行为、主体与客体、介体与环体、灌输与疏导、内化与外化、显性教育与隐性教育等概念和关系,这些都构成思想政治教育学科研究者之间较为共同的话语体系。思想政治教育的基本范畴和话语体系的构建,进一步体现了思想政治教育的学科特色和学术自信。正如习近平指出的:"哲学社会科学的特色、风格、气派,是发展到一定阶段的产物,是成熟的标志,是实力的象征,也是自信的体现。"② 思想政治教育的基本范畴和话语体系的形成,是思想政治教育学成为一门科学的重要体现,也是思想政治教育科学化建设的重要成果。

五、培养了大量人才和高水平的专业队伍

要判断一个学科是否成立,还需要看是否有相对稳定的研究人员和研究队伍、较明确的行业组织。经过 40 年的发展,思想政治教育专业在为社会培养一批又一批专业人才的同时,也拥有了一大批从事思想政治教育的专门人员,并且在专门人员中形成了思想政治教育理论工作者、思想政治教育实践工作者等庞大的思想政治教育工作者群体。在这些群体中也形成了一些行业的学会,比如在高校,形成了以思想政治教育专业的圈子为主体的马克思主义理论学科研究会、以思想政治教育实务的队伍为主体的中国高等教育研究会思想政治教育专业委员会、以学生工作为主体的高校辅导员工作研究会等;在企业,有职工思想政治工作研究会;在军队,形成全军政治工作研究会。思想政治教育专门人员的大量出现势必对思想政治教育的专业化以及专业人才的培养提出更高的要求,这样就构成了思想政治教育理论工作者和实践工作者之间相互促进、相互依赖的关系,使得思想政治教育研究不再是个人兴趣,而是

---

① 沈壮海. 改革开放以来思想政治教育研究的学术版图 [J]. 思想理论教育导刊,2008(11).

② 习近平. 在哲学社会科学工作座谈会上的讲话 [M]. 北京:人民出版社,2016:15.

一种具有行业标准和规范的公共研究领域。经过40年的思想政治教育学科专业建设，"思想政治教育学科理论体系的科学性，经受了实践的检验，提高了广大德育工作者的科研能力和专业水平，也造就了本学科的学者专家队伍"[①]。思想政治教育已经成为一门有着特定对象、工作范围和特殊工作技能的专业化的职业领域，并涌现出一大批国家"万人计划"哲学社会科学领军人才、文化名家暨"四个一批"人才、教育部长江学者等优秀人才，对国家和社会发展、对中国特色社会主义事业推进、对全社会思想政治工作以及对中国特色哲学社会科学的知识贡献日益得到提升，这些都反映出思想政治教育科学化建设取得的历史性成果。

---

① 徐文良. 难忘的历程：高等学校思想政治教育的回顾与思考[M]. 长春：吉林人民出版社，2008：438.

第三章　思想政治教育学科点发展

与我国人文社会科学其他学科一样，思想政治教育学科点的发展也经历了一个"漫长的过去，短暂的发展历史"。尽管思想政治教育现象作为人类社会普遍存在的社会现象具有十分漫长的发展历史，但把思想政治教育作为一门专门的学科点进行建设和发展，则始于我国改革开放以后。在思想政治教育科学化、专业化、规范化、制度化的影响下，思想政治教育成为一门本科专业，建立了思想政治教育硕士点、博士点，并成为马克思主义理论学科目录下的独立二级学科，实现了学科建设的历史性跨越。

第一节　思想政治教育学科点的历史演进

思想政治教育学科点的发展以思想教育本科专业的创办作为起点，经历了思想政治教育硕士阶段，马克思主义理论与思想政治教育博士点建设阶段，国家重点学科建设阶段，再到独立思想政治教育博士点的设立阶段。各个阶段既有不同的发展主题，同时也为下一个阶段发展创造了良好的条件，使思想政治教育学科发展呈现出不断提升和扩展的态势。

一、思想政治教育专业建设阶段（1984—1987年）

以1984年4月教育部印发《关于在十二所院校设置思想政治教

育专业的意见》及系列文件为标志，思想政治教育发展进入一个新的发展阶段。该意见明确提出，"为了适应新的历史时期思想政治工作的需要，教育部决定在部分高等学校设置思想政治教育专业，采取正规化的方法培养大专生、本科生和第二学士生等各种规格的思想政治工作专门人才，有条件的还可培养研究生"①，还规定了思想政治教育专业培养目标、学制和培养方案、招生方式和数量、招生范围、教材编写等，并附《思想政治教育专业必修课程参考目录》。

1984年6月，教育部下发《关于在六所高等院校开办思想政治教育专业第二学士学位班的意见》，对思想政治教育专业第二学士学位班的培养目标、培养方案、招生数量、招生办法以及招生范围等问题做出明确规定。

1984年6月，教育部下发《关于在高等学校举办思想政治教育本科班的意见》，对已经具有高层专科学历的专职思想政治工作干部开展思想政治教育本科学习做出明确规定。

1984年9月，第一批思想政治教育本科专业学生入校，标志着思想政治教育本科专业正式开始运转；1985年思想政治教育专业第二学士学位专业、专科起点本科专业学生陆续入校，形成了思想政治教育普通本科专业、思想政治教育第二学士学位专业和专科起点升本科专业并存的发展局面。

教育部对思想政治教育专业建设十分重视，后来还专门成立思想政治教育专业建设办公室，负责思想政治教育专业建设，组织专家开展思想政治教育本科专业教材编写，支持建立全国高校思想政治教育研究会及学术委员会来开展学术活动，思想政治教育专业发展日益规范，成为我国人文社会科学中重要的本科专业。

二、思想政治教育学科建设阶段（1987—2005年）

以1987年9月国家教育委员会印发《关于思想政治教育专业培养硕士研究生的实施意见》为标志，思想政治教育进入学科建设阶段。该意见首次提出思想政治教育学科的概念："为加强思想政治教育学科和专业的建设，开辟培养思想政治教育高层次专门人才的有效途径，以适

---

① 教育部思想政治工作司. 加强和改进大学生思想政治教育重要文献选编（1978—2014）[M]. 北京：知识产权出版社，2015：23.

应新时期社会主义建设事业的需要,我委决定思想政治教育专业从一九八八年开始培养硕士研究生。"并且在第一条规定,"思想政治教育专业培养研究生,必须坚持正确的政治方向,把这一学科建设成为马克思主义的坚强阵地"①。很显然,在国家及教育部相关文件中,专业与学科是不同的概念,只有招研究生以后,专业建设才能提升到学科建设层面。

1988年9月,全国有10所高校开始招首批思想政治教育学科硕士研究生,1990年国务院学位委员会第九次会议通过《授予博士、硕士学位和培养研究生的学科、专业目录》,在法学门类、政治学一级学科下正式增设"马克思主义理论教育""思想政治教育"两个授权学科,思想政治教育硕士点正式获批。

1996年国务院学位委员会正式批准武汉大学、清华大学增列"马克思主义理论与思想政治教育"博士学位授权点,中国人民大学"马克思主义原理"博士点调整为"马克思主义理论与思想政治教育"博士点。

1997年,国务院学位委员会和国家教育委员会下发《授予博士、硕士学位和培养研究生的学科、专业目录》,在新目录的法学门类、政治学一级学科中设置马克思主义理论与思想政治教育学科和相应硕士点、博士点,该学科由马克思主义理论教育和思想政治教育两个二级学科合并而成。同时将创办于20世纪50年代初期、服务于中学政治教育的政治教育(师范)专业与思想政治教育专业合并,名称统一为思想政治教育专业,设置师范类与非师范类两个专业方向,本科专业既可以授予法学学士学位,也可以授予教育学学士学位。

至此,我国思想政治教育这一中国特色的学科专业已形成了正规化培养思想政治教育专门人才,从本科到硕士、博士层次完备的学科体系②。本阶段思想政治教育学科虽然获得了发展硕士点、博士点学科的地位,但也付出了独立设置思想政治教育学科点的代价。思想政治教育硕士点被并入马克思主义理论与思想政治教育硕士点,呈现出思想政治教育本科专业与马克思主义理论与思想政治教育硕士点、博士点并存的

---

① 教育部思想政治工作司.加强和改进大学生思想政治教育重要文献选编(1978—2014)[M].北京:知识产权出版社,2015:85.

② 张耀灿.改革开放30年与思想政治教育学科建设[J].思想政治教育研究,2008(5).

状态。

1999年12月，教育部、国务院学位委员会下发《关于开展高等学校"两课"教师在职攻读硕士学位工作的通知》，提出在1999年至2004年间，使3 500名左右在任"两课"专职教师通过在职学习的方式获得硕士学位[①]。同时将"两课"教师攻读硕士学位的课程设置和教学按照"马克思主义理论教育"和"思想政治教育"专业分别开设研究方向课程。这既为思想政治教育专业提供了服务思想政治理论课教学的机会，同时也为思想政治教育作为独立二级学科提供了制度环境，为马克思主义理论一级学科设立创造了发展条件。

三、思想政治教育作为独立二级学科发展阶段（2005—2012年）

以2005年国务院学位委员会、教育部下发《关于调整增设马克思主义理论一级学科及所属二级学科的通知》为标志，思想政治教育学科建设进入马克思主义理论学科目录下独立二级学科发展阶段。该通知将思想政治教育作为马克思主义理论一级学科目录下二级学科，并对思想政治教育学科进行明确界定："思想政治教育是运用马克思主义理论与方法，专门研究人们思想品德形成、发展和思想政治教育规律，培养人们正确世界观、人生观、价值观的学科。"并明确指出："思想政治教育学科以马克思主义为理论指导，以党的思想政治工作为实践基础，经过20多年的学科建设，取得了丰硕成果。在新的历史条件下，本学科面临着拓展学科领域、丰富学科内涵、增强学科特色、提高学科水平的建设任务。"[②]

2006年1月，国务院学位委员会下发《关于下达第十批博士和硕士学位授权学科、专业名单的通知》，确定第10批学位点审核结果：全国共有21个单位获批马克思主义理论一级学科博士点，34个单位获批思想政治教育二级学科博士点。

2007年，经过评审认定，国家批准中国人民大学设立第一个马克思主义理论一级国家重点学科，批准武汉大学、华中师范大学、南京师

---

① 教育部思想政治工作司. 加强和改进大学生思想政治教育重要文献选编（1978—2014）[M]. 北京：知识产权出版社，2015：201.

② 教育部思想政治工作司. 加强和改进大学生思想政治教育重要文献选编（1978—2014）[M]. 北京：知识产权出版社，2015：333-334.

范大学、南京政治学院设立马克思主义基本原理二级国家重点学科,中山大学、东北师范大学设立思想政治教育二级国家重点学科,武汉大学思想政治教育和中山大学、复旦大学马克思主义基本原理设立国家重点培育学科。2007年和2009年,马克思主义理论学科还启动两次博士后流动站的评审工作。经过两轮评定,共有34个单位获批马克思主义理论学科博士后科研流动站。

2012年6月,国务院学位委员会印发《关于进一步加强高校马克思主义理论学科建设的意见》,进一步提出提升马克思主义理论学科教育教学质量,加强学科规范化、制度化建设的任务。该意见提出"通过若干年的努力,使学科研究方向更加明确,结构更加合理,特色更加鲜明,体制机制更加完善,队伍素质显著提高,为推进马克思主义理论研究和高素质人才培养作出更大贡献,使马克思主义理论学科成为我国哲学社会科学领域的优势学科"的目标任务,马克思主义理论学科(含思想政治教育学科)进入学科发展的新阶段。

四、新时代思想政治教育学科发展阶段(2012—)

党的十八大以后,中国特色社会主义进入新时代,在马克思主义理论学科迅速发展的大背景下,思想政治教育学科呈现出新的发展态势。

2013年8月,全国宣传思想工作会议召开,习近平出席并发表重要讲话。习近平深刻阐述了涉及党的宣传思想工作发展的一系列重大理论和实践问题,如中心工作与意识形态工作、远大理想和现实目标、党性和人民性、正面宣传和舆论斗争、总结经验和改革创新、中国特色和国际比较、全党动手和部门负责等,为新时代思想政治工作提供了基本原则和遵循,发出了新时代打响宣传思想工作主动战的动员令。

2016年12月,全国高校思想政治工作会议召开,习近平发表重要讲话。习近平从高校培养什么样的人、如何培养人以及为谁培养人的战略高度,明确新时代高校思想政治工作的地位和作用,阐述思想政治工作的本质内涵,提出新时代思想政治工作新理念、新模式和途径方法,把思想政治工作的认识提升到规律性的认识高度。会议还出台了《关于加强和改进新形势下高校思想政治工作的意见》,对高校思想政治工作提出科学化、制度化要求。

2017年8月,中国社会科学院大学、中国人民大学等8所学校开办马克思主义理论本科专业，马克思主义理论类专业增加到马克思主义理论、思想政治教育、中国共产党历史、科学社会主义等本科专业。

2019年3月，习近平主持召开学校思想政治理论课（以下简称思政课）教师座谈会并发表重要讲话，讲话充分阐明办好思政课的重大意义，科学揭示了办好思政课应遵循的规律，并对思政课教师和各个方面办好思政课提出明确要求。

2019年8月，中共中央办公厅、国务院办公厅印发《关于深化新时代学校思想政治理论课改革创新的若干意见》，明确提出进一步建设马克思主义理论学科的要求，明确"进入世界一流大学建设的高校应将马克思主义理论学科设为重点学科，为思政课建设提供坚实学科支撑"。并提出："根据需求逐步增加马克思主义理论学科博士学位授权点，支持有关高校联合申报马克思主义理论学科博士学位授权点。"[①] 马克思主义理论学科发展迅速。

2021年7月，中共中央、国务院印发《关于新时代加强和改进思想政治工作的意见》，把思想政治工作作为治党治国的重要方式，对新时代思想政治工作的指导思想、方针原则、重要方式、教育内容、主要载体和重要领域等提出明确要求。

2023年10月，全国宣传思想文化工作会议召开，会议的一项重要成果是宣布并阐述了习近平文化思想。会议认为，党的十八大以来，宣传思想文化工作之所以取得历史性成就，最根本的就在于有习近平总书记领航掌舵，有习近平新时代中国特色社会主义思想科学指引。习近平总书记在新时代文化建设方面的新思想新观点新论断，内涵十分丰富、论述极为深刻，是新时代党领导文化建设实践经验的理论总结，丰富和发展了马克思主义文化理论，构成了习近平新时代中国特色社会主义思想的文化篇，形成了习近平文化思想，为新时代思想政治工作提供指导思想和基本遵循。

综观新时代，思想政治教育学科发展呈现出一些新的特点：

一是学科各层面实现数量上的持续增长。据统计，2013年思想政治教育学科共有博士点75个，硕士点322个，设本科专业院校233家。截至2023年，思想政治教育博士点增长到109个，硕士点增长到401

[①] 《中华人民共和国学校思想政治理论课重要文献选编》编写组．中华人民共和国学校思想政治理论课重要文献选编：下册［M］．北京：人民出版社，2022：1534．

个,设本科专业院校增长到 301 家,思想政治教育学科在各个层面均实现数量上的快速增长。思想政治教育学科发展总体情况如表 3-1 所示。

表 3-1 思想政治教育学科专业发展一览表

年份	设本科专业院校/家	设第二学士学位专业院校/家	硕士点/个	博士点/个
1984	12	6	—	
1988	30	16	10	—
1994	47	18	23	
1996	66	17	26	3
1998	不详	19	72	6
2003	不详	19	110	28
2006	223	19	253	66
2010	257	19	281	70
2013	233	19	322	75
2023	301	—	401	109

二是学科建设的规范性加强。伴随着马克思主义理论学科数量的增长,学科质量提升和规范性建设进入议事日程。2012 年国务院学位委员会下发《关于进一步加强高校马克思主义理论学科建设的意见》以后,思想政治教育学科在马克思主义理论学科规范化、制度化建设背景下,在服务思想政治理论课的过程中,学科建设质量和规范化程度得到新的提升。2017 年,国务院学位办印发的《马克思主义理论一级学科学位授权点申请基本条件》对申报条件做了规定,提升了马克思主义理论学科建设条件和标准。2018 年,教育部印发《马克思主义理论类教学质量国家标准》,对马克思主义理论类本科专业(包括思想政治教育专业)明确提出质量标准。

三是学科建设的政策环境日益优化。2015 年,中共中央宣传部、教育部印发《普通高校思想政治理论课建设体系创新计划》,提出把马克思主义理论学科建设成优势学科的要求。2015 年 7 月,中宣部召开"推进理论工作'四大平台'建设工作会议",将马克思主义学院建设纳入中央推进理论创新"四大平台"。教育部分别于 2015 年 9 月、2017 年 9 月印发《高等学校思想政治理论课建设标准》《高等学校马克思主义学院建设标准(2017 年本)》,马克思主义理论学科建设成为课程建设、学院建设的重要指标。2019年3月，习近平主持召开学校思想政治理论课教师座谈会，对办好思想政治理论课提出明确要求。2019年8月，中共中央办公厅、国务院办公厅印发《关于深化新时代学校思想政治理论课改革创新的若干意见》。2021年7月，中共中央、国务院印发《关于新时代加强和改进思想政治工作的意见》，对新时代思想政治教育进行指导和规划。思想政治教育学科发展的顶层设计日益完善，思想政治教育学科建设的政策环境日益优化。

第二节 思想政治教育学科点发展的"曲折"

回溯思想政治教育学科40年发展历史，给人一种错觉，似乎思想政治教育学科的发展过程是一帆风顺、凯歌高奏的，但事实上并非如此。思想政治教育学科在发展过程中既有突飞猛进、凯歌高奏的时期，也出现过曲折。同时，也发生过一系列重大事件，影响着思想政治教育学科的发展，甚至改变了思想政治教育学科发展的走向。

一、思想政治教育博士点申报的"曲折"

思想政治教育本科专业自1984年创办以后，思想政治教育从本科专业建设到硕士点建设一直十分顺利。教育部对思想政治教育专业建设十分重视，1984年11月，中共中央宣传部、教育部下发《关于加强高等学校思想政治工作队伍建设的意见》，对思想政治工作队伍建设模式，专职思想政治工作人员政治素质和知识水平，思想政治工作人员来源和发展方向，思想政治工作人员的培训、待遇和激励政策等做了明确规定，提出要大力加强专职人员的培训，并使培训工作正规化、制度化，以适应新形势下高等学校思想政治工作的要求。并提出"教育部会同有关方面批准在部分高等学校设置思想政治教育专业，开办本科班、第二学士学位班，在条件具备时还要开办研究生班，招收攻读学位的研究生"[①]。到1994年，思想政治教育本科专业建设10周年时，思想政治教育专业建设已经获得迅速发展，"全国64所高校开设思想政治教育专

---

① 教育部思想政治工作司.加强和改进大学生思想政治教育重要文献选编（1978—2014）[M].北京：知识产权出版社，2015：37.

业。其中，47所学校招收本科生共8 800人，已毕业3 500人；18所学校招收第二学士学位班共2 600多人，已毕业2 300人；23所学校招收硕士生共600人，已毕业400人。总计9年招收学生1.2万多人，已毕业6 200多人。现在，思想政治教育专业已成为文科专业中最大的专业之一"①。

正是在这种良好发展态势下，1994年，在思想政治教育本科专业创办10周年之际，思想政治教育专业6名教授②向国务院学位委员会、国家教育委员会提出了设立思想政治教育博士点的建议。建议书总结了10年来思想政治教育专业学科发展的现状，从设立思想政治教育博士学位点的必要性与迫切性、可行性与现实性两个角度进行了论证。必要性与迫切性主要为：一是建设有中国特色社会主义事业的迫切需要；二是造就跨世纪的学术带头人和思想政治教育领导管理人才的迫切需要；三是学科发展的迫切需要。可行性与现实性为：一是思想政治教育学科体系已经基本成熟；二是教学计划、课程设置明确，教材建设取得了很大成绩；三是学科、专业建设正在向纵深发展，已形成一些稳定的研究方向，重大课题的研究正在持续开展；四是产生了一批本学科的学术带头人，形成了一支结构合理的学术梯队；五是一些学校的学科专业点已基本具备了培养博士研究生的教学、科研条件③。

但是，这份建议并没有获得批准，在1997年国务院学位委员会和国家教委颁发的《授予博士、硕士学位和培养研究生的学科、专业目录》中，并没有设立思想政治教育博士点，而是将马克思主义理论教育与思想政治教育两个学科合并成为马克思主义理论与思想政治教育学科，列于政治学二级学科目录，设立马克思主义理论与思想政治教育博士点，也就是思想政治教育博士点申报并没有获得通过。

二、思想政治教育学者对博士点申报事件的评价

客观来看，把马克思主义理论教育与思想政治教育两个学科合并为

---

① 徐文良. 难忘的历程：高等学校思想政治教育的回顾与思考［M］. 长春：吉林人民出版社，2008：412.

② 六位教授为：清华大学林泰、复旦大学陆庆壬、武汉大学郑永廷、华东师范大学邱伟光、华中师范大学张耀灿、南开大学刘廷亚。

③ 徐文良. 难忘的历程：高等学校思想政治教育的回顾与思考［M］. 长春：吉林人民出版社，2008：454-459.

马克思主义理论与思想政治教育学科，并设立博士点，不仅提升了思想政治教育学科的地位，而且使思想政治教育学科能够从博士点层面对人才培养进行深化，使思想政治教育专业形成了本科、硕士到博士的完整的学科人才培养体系。从马克思主义与思想政治教育学科点的运行情况来看，马克思主义理论教育和思想政治教育也是相对独立地对硕士点和博士点进行建设。因此，马克思主义理论与思想政治教育博士点的设立，是思想政治教育学科发展的一个重要的里程碑。但毕竟从客观上，思想政治教育学科地位从原来政治学学科目录下的二级学科硕士点，降格到三级学科硕士点，影响了思想政治教育作为独立的学科的建设与发展。从1996年到2005年，思想政治教育学科一直处于有本科专业，没有独立二级学科硕士和博士专业的招生状态。直到2005年马克思主义理论一级学科的建立，思想政治教育得以成为马克思主义理论学科目录下独立的二级学科，进入本科专业目录，硕士、博士专业目录同时出现思想政治教育专业名称的学科发展阶段。因此，在思想政治教育领域也存在着对这次博士点申报未获批的不同声音。

曾经任教育部思想政治工作司司长、全国高校思想政治教育研究会副会长兼秘书长的徐文良在思想政治教育专业设立20周年前后多次进行回顾，他认为："一段时期内，学科建设蓬勃发展的势头曾被削弱。许多富有创见的研究成果没能及时荟萃一堂，融入学科理论体系。在学科理论的发展创新上突破性进展也减少了，学科建设一度处于半停滞状态。究其原因，是多方面的、复杂的。但有决定性影响的是'思想政治教育'作为一门独立学科，在研究生学科专业目录中被删除。诚然，将'马克思主义理论教育'与'思想政治教育'合并在一起，列入国家学科专业目录，对于更好地发挥从事马克思主义理论教育的专家、学者的作用，加强马克思主义理论公共课的师资培训，是具有积极意义的，并收到了明显的效果。但改变学科、专业名称之后，在实践中产生了很大的负面影响。它使思想政治教育学科地位被严重削弱，思想政治工作队伍以至整个思想政治教育工作失去学科和专业的支撑，挫伤了广大思想政治工作者、德育工作者的工作信心，并且助长了一些人们心目中轻视思想政治教育学科、忽视思想政治教育工作的倾向。"①

---

① 徐文良. 难忘的历程：高等学校思想政治教育的回顾与思考 [M]. 长春：吉林人民出版社，2008：438-439.

另一位思想政治教育专业重要学者张耀灿教授在2008年改革开放30周年时，也对这一事件进行评析，他认为："在本科目录中，思想政治教育学科虽然始终是一个二级学科，但是1993—1998年一度归属于教育学门类，最终才又回放到法学门类政治学科下。在研究生目录中，1997—2005年'马克思主义理论与思想政治教育'成为法学门类政治一级学科下的一个二级学科，虽然整合发展思路是好的，但是整合力度过大、过宽，使这么重要、这么宏大的专门领域与它在学科体系中这么低的地位很不相称。不论是马克思主义理论体系的研究，还是马克思主义理论教育研究、思想政治工作的研究，一概不是、也没有一个独立的二级学科和专业的地位，都只是统一在一个二级学科中的一个研究方向而已，在学科体系中不仅低于管智育的理工医农等等许多学科，而且也低于体育（体育是教育学门类下的一级学科）的地位。"①

另一位思想政治教育博士点申报过程中的当事人清华大学林泰教授回忆："申办博士点的过程同样艰难，理由仍然是'思想政治教育与社会工作专业一样，是工作不是研究型学科，不需要高层次研究人才'。教育部思想政治工作司率领我们几位学者反复论证，仍然难以通过。在一次研讨会上，我曾这样答辩：'环境保护是工作也是学科，新闻传媒是工作也是学科，经济、行政、教育乃至图书管理工作也是学科，在西方甚至'家政'也是学科，为什么对人的思想教育与管理不能是学科呢？我校环境保护专业称他们的学科是'社会学、自然科学、技术科学的内切圆'，是一种综合性的横向科学；建筑学也是社会学、艺术、技术科学相融合的横向学科；马克思主义理论与思想政治教育也同样是兼具理论性、意识形态性、教育性的综合性横向学科。综合性的横向学科确实与只研究某一方面规律的学科有所不同，但这只是学科类型、学科建设特点不同而已。是因为西方没有这个学科而怀疑她的学科属性吗？其实，毛泽东思想、中国特色社会主义理论是马克思主义的中国化，正因为她有中国特色，才丰富了马克思主义理论的科学体系。思想政治教育是毛泽东思想科学体系的一个组成部分，正因为我们对这方面的规律研究比较多、比较深，我们才能把她作为学科建设。现在中国的改革开放，世界的风云变幻，对马克思主义理论、马克思主义中国化和思想政

---

① 张耀灿.改革开放30年与思想政治教育学科建设[J].思想政治教育研究，2008(5).

治教育提出了许多深层次的问题,提出了许多最具理论探索性的前沿课题,是最高层次的研究课题,怎么能说不是研究型学科?"① 从林泰教授的语气和论证方式来看,当时要设立思想政治教育博士点是十分艰难的。可以说,思想政治教育学科博士点申报没有通过正是学科成长过程中所必然经历的"曲折"。

三、"曲折"对思想政治教育学科发展的积极效应

思想政治教育博士点申报没有获得成功,对学科发展的影响并不全都是消极的,这个"曲折"发展历程也对思想政治教育学科建设产生了积极影响。

(一)思想政治教育学科与马克思主义理论教育学科的结合

1984年教育部印发的《关于在十二所院校设置思想政治教育专业的意见》明确把"学习马列主义、毛泽东思想,树立马克思主义世界观,坚持四项基本原则,品德好"② 作为本专业学生的学习要求。1987年5月《中共中央关于改进和加强高等学校思想政治工作的决定》指出:"思想政治教育是一门以马克思主义理论为基础、综合性和实践性都比较强的科学,必须有专职人员作为骨干,并且要培养和造就一批思想政治教育的专家、教授和理论家。"③ 1993年10月国家教育委员会《关于高等学校思想政治教育专业办学的意见》指出:"思想政治教育学是以马克思主义理论为基础的、研究人们社会主义思想意识形成、发展规律和实施思想政治教育的规律的一门应用学科,具有很强的政治性、思想性、实践性和综合性。"④ 同时明确:"思想政治教育学科(专业)的科学研究是哲学、社会科学研究的重要组成部分,要在建设有中国特色社会主义理论的指导下,运用马克思主义的立场、观点、方法,贯彻

---

① 林泰. 一个中国特色社会主义学科建设的艰辛历程与本质特色[J]. 思想教育研究,2010(9).
② 教育部思想政治工作司. 加强和改进大学生思想政治教育重要文献选编(1978—2014)[M]. 北京:知识产权出版社,2015:23.
③ 教育部思想政治工作司. 加强和改进大学生思想政治教育重要文献选编(1978—2014)[M]. 北京:知识产权出版社,2015:73.
④ 教育部思想政治工作司. 加强和改进大学生思想政治教育重要文献选编(1978—2014)[M]. 北京:知识产权出版社,2015:133.

理论与实际结合的方针,把社会主义现代化建设和改革开放中意识形态领域的重大理论和实际问题作为主攻方向。"[①] 2005年国务院学位委员会、教育部下发《关于调整增设马克思主义理论一级学科及所属二级学科的通知》,所附的《马克思主义一级学科及其所属二级学科简介》指出:"思想政治教育是运用马克思主义理论与方法,专门研究人们思想品德形成、发展和思想政治教育规律,培养人们正确世界观、人生观、价值观的学科。"[②] 但是,在一段时期的思想政治教育专业建设过程中,由于思想政治教育被划为政治学、教育学目录下的二级、三级学科,在思想政治教育专业课程设计中,从思想政治教育与其他专业学科的关系来看,越来越多专业培养方案以政治学、教育学等学科为一级学科平台,进行思想政治教育专业知识构建,这样使得思想政治教育专业培养方案中马克思主义理论基础知识课程相对薄弱。从思想政治教育学科内部来看,为了拓展思想政治教育专业的国际视野和加深思想政治教育历史厚度,在专业人才培养中,越来越多地把中国古代思想道德发展历史和比较思想政治教育纳入学科建设视野,把更多精力投入到寻找人类社会思想政治教育现象的共性,而对思想政治教育专业的马克思主义理论学科属性有所淡化,减弱了思想政治教育作为马克思主义学说、中国共产党思想政治教育学说的特殊性。事实上,在一些学校学科发展过程中,也确实出现或存在着这样的偏向。因此,把马克思主义理论学科与思想政治教育学科合并成一个学科,对于加强马克思主义理论教育学科与思想政治教育学科之间的内在联系,夯实思想政治教育学科的马克思主义理论基础是有积极作用的。这也为2005年思想政治教育学科成为马克思主义理论一级学科目录下的二级学科奠定了坚实的马克思主义理论基础。

(二)思想政治理论课成为思想政治教育学科服务的领域

思想政治教育学科是伴随着党的思想政治工作科学化的要求而诞生的,特别是伴随着思想政治工作队伍建设专业化、科学化而发展起来

---

① 教育部思想政治工作司.加强和改进大学生思想政治教育重要文献选编(1978—2014)[M].北京:知识产权出版社,2015:135.
② 教育部思想政治工作司.加强和改进大学生思想政治教育重要文献选编(1978—2014)[M].北京:知识产权出版社,2015:333.

的。思想政治教育学科自设立之日起，就一直把服务日常思想政治教育作为历史使命。把思想政治教育硕士点提升为马克思主义理论与思想政治教育博士点以后，思想政治教育学科的服务对象有了新的拓展，除了服务于传统的日常思想政治教育工作领域以外，为思想政治理论课程建设服务的任务日益突显。1999年教育部制定的《面向21世纪教育振兴行动计划》提出，依托马克思主义理论与思想政治教育学科，举办马克思主义理论与思想政治教育学位课程班，提升思想政治理论课程教师的学历层次。为思想政治理论课程建设服务成为思想政治教育专业建设的一个重要任务。2005年《中共中央宣传部、教育部关于进一步加强和改进高等学校思想政治理论课的意见》明确指出："学科建设是加强和改进思想政治理论课的基础。思想政治理论课教育教学所依托的学科是我国特有的一门政治性、科学性和实践性很强的学科，只能加强，不能削弱。设立马克思主义一级学科，开展马克思主义理论体系研究，开展马克思主义发展史、马克思主义中国化研究，开展思想政治教育研究，为推进党的思想理论建设和巩固马克思主义在高等学校教育教学中的指导地位，为加强高校思想政治理论课建设，培养思想政治教育工作队伍提供有力的学科支撑。"[①] 2012年国务院学位委员会下发《关于进一步加强高校马克思主义理论学科建设的意见》，确立了马克思主义理论学科建设的基本原则："马克思主义理论学科在高校主要担负马克思主义理论研究，思想政治理论课教育教学与学科专业人才培养的任务。学科建设应坚持如下原则：一是把为党的思想理论建设和为高校思想政治理论课教育教学服务作为学科建设的基本任务；二是遵循学科建设规律、马克思主义理论发展规律和思想政治理论课教育教学规律；三是注重马克思主义理论整体性研究，加强马克思主义各主要组成部分内在关系的研究和把握，加强马克思列宁主义、毛泽东思想和中国特色社会主义理论体系内在关系的研究和把握；四是以思想理论建设和思想政治理论课教育教学需求促进学科建设，以学科建设的成果服务思想理论建设和支撑思想政治理论课教育教学，使二者相互促进、共同提高。"[②] 这进一步强化了马克思主

[①] 教育部思想政治工作司. 加强和改进大学生思想政治教育重要文献选编（1978—2014）[M]. 北京：知识产权出版社，2015：294.

[②] 教育部思想政治工作司. 加强和改进大学生思想政治教育重要文献选编（1978—2014）[M]. 北京：知识产权出版社，2015：550.

义理论学科包括思想政治教育学科对思想政治理论课程建设的服务功能。把思想政治理论课程建设纳入思想政治教育学科服务领域，拓展了思想政治教育专业领域，为思想政治教育学科发展开辟了新的学科领域。

（三）进一步积累了思想政治教育学科建设的经验

由于思想政治教育学科是一门新型综合性应用学科，学科专业建设历史较短，在建设初期比较缺乏经验。比如在思想政治教育学科建设过程中，有一些概念长期处于混淆状态：一是"学科"和"专业"的关系。徐文良曾经多次论述两者的关系："'学科'是特定领域客观规律性理论形态的集中体现，是一种知识体系、理论体系；'专业'是为培养人才设置的教学实体，是一种教学体制、教学机构。一个专业可以依托某一学科，也可以是跨学科的。专业的设置，可以根据社会对人才的需求适时调整。因此，专业的名称并不是都能与某一学科相提并论、混为一谈的。"[①] 但在实践过程中，思想政治教育学科建设中一直存在着以专业建设代替学科建设，以本科教材建设代替学科知识体系建设等倾向。二是"学科"和"课程"的关系，"学科"即指"马克思主义理论学科""思想政治教育学科"等，"课程"即指"思想政治理论课程"，在思想政治教育学科发展的一段时间内，曾经也出现过将"马克思主义理论与思想政治教育专业"理解为"两课"[②] 专业、"两课"学科的现象，并且在马克思主义理论一级学科建立以后，也出现过将马克思主义理论学科6个二级学科与思想政治理论课程"05方案"中课程名称一一对应，甚至将学科与课程等同的现象等。这些混淆情况表明思想政治教育学科建设的不成熟。思想政治教育博士点申报没有获批的"曲折"，不仅使思想政治教育学科在建设过程中，能够学习借鉴其他学科建设经验，而且使思想政治教育学科建设处于和其他人文社会科学学科共同的发展平台，从学科建设的高度来处理专业、学科、课程建设关系，处理学科方向凝练、人才培养、队伍建设、国际交流合作、社会服务等多层面的关系，积累学科建设的经验，为独立二级学科发展奠定坚实的基础。

---

① 徐文良.难忘的历程：高等学校思想政治教育的回顾与思考［M］.长春：吉林人民出版社，2008：428-429.

② 指马克思主义理论课和思想品德课。

第三节　思想政治教育学科点发展的基本经验

改革开放以来,伴随着思想政治教育科学化进程,思想政治教育学科形态发生了深刻变化,思想政治教育已经成为马克思主义理论学科目录下的二级学科,思想政治教育工作已经成为特定的工作领域,思想政治教育学科在发展过程中形成和积累了丰富的学科建设经验。

一、顺应时代发展提出学科建设要求

改革开放以来,伴随着党和国家中心工作的转移,思想政治工作科学化的命题被提了出来,并且随着思想政治工作的发展而推进。正是在党的思想政治工作科学化的背景下,一些长期从事党的思想政治工作的领导和专家开始提出思想政治工作科学化,并通过专业的方式培养思想政治教育专门人才的问题。教育部门顺应党和国家思想政治工作科学化要求,适时提出开办思想政治教育本科专业的问题,开创了通过开设思想政治教育大专、本科和第二学士等各种规格的思想政治工作专门人才的专门化、正规化和学科化的发展路径。当思想政治教育本科专业发展到一定阶段,教育部又不失时机地提出了《关于思想政治教育专业培养硕士研究生的实施意见》,并且通过精心论证和申报,使思想政治教育硕士点正式获得批准。当思想政治教育硕士点建设发展到一定的时期,思想政治教育专业一批知名学者认为思想政治教育硕士学科建设已经成熟,又不失时机地向国务院学位委员会、国家教育委员会提交《设立思想政治教育博士点的建议书》。虽然这个建议并没有被完全采纳,但是之后国务院学位委员会在政治学一级学科目录中增列"马克思主义理论与思想政治教育"二级学科博士点,将思想政治教育学科点提升至博士点学科建设的层面,应该说正是思想政治教育学科专家们的努力,使得马克思主义理论教育与思想政治教育两个马克思主义理论学科研究方向有了博士学位点,提升了整个马克思主义理论学科的地位。2004年中共中央、国务院下发《关于进一步加强和改进大学生思想政治教育的意见》,明确提出:"要加强思想政治教育学科建设,培养思想政治教育工作专门人才","选拔推荐一批从事思想政治教育的骨干进一步深造,攻

读思想政治教育相关专业的硕士、博士学位,学成后专职从事思想政治教育工作"①。思想政治教育博士点建设又一次提上议事日程,正是在大学生思想政治教育和人才培养,特别是在思想政治理论课程建设的现实需要下,国务院学位委员会、教育部下发《关于调整增设马克思主义理论一级学科及所属二级学科的通知》,设立马克思主义理论一级学科,思想政治教育正式成为马克思主义理论一级学科目录下的独立二级学科。

从上述发展进程来看,思想政治教育学科建设的每一个阶段,都是把国家需要、社会发展要求和学科建设的要求结合起来,顺应时代和社会发展要求,顺势而为,不断将思想政治教育学科发展的层次和水平进行提升。

二、教育部门的高度重视和强力推进

从思想政治教育学科发展的历程来看,在思想政治教育学科建设过程中,学科建设的任何一次重大发展,都离不开教育主管部门的强力推动。

为了加强思想政治教育专业建设,教育部出台了一系列关于加强思想政治教育专业学科建设的文件,推动思想政治教育本科专业、硕士点、博士点的建立,而且教育部思想政治工作司还专门成立了思想政治教育专业建设处,总体协调推动思想政治教育专业建设、思想政治教育专业教材建设,指导全国高校思想政治教育研究会工作。正是在教育部的强力推动下,思想政治教育专业获得了迅速发展,实现了学科建设一个又一个的飞跃。1998年教育部机构改革,将社会科学司与思想政治工作司合并成社会科学研究与思想政治工作司,随着思想政治教育专业建设处的取消,思想政治教育专业建设也受到影响。2005年以后,尽管社会科学研究与思想政治工作司在机构改革中被拆分,成立了社会科学司和思想政治工作司,但思想政治教育专业建设的职能一直没有恢复,思想政治教育专业建设依然受到一定的限制和制约。

从这个方面来看,思想政治教育专业作为我国人文社会科学的新型专业和特殊专业,在建设的初步发展阶段,其健康发展对政策还存在着

---

① 教育部思想政治工作司.加强和改进大学生思想政治教育重要文献选编(1978—2014)[M].北京:知识产权出版社,2015:269.

很强的依赖性，需要教育主管部门的强力推进。2015年1月中共中央办公厅、国务院办公厅印发《关于进一步加强和改进新形势下高校宣传思想工作的意见》，明确提出制定实施马克思主义理论、新闻传播等相关专业类教学质量国家标准，启动实施卓越马克思主义人才培养计划等举措，这是思想政治教育专业发展的又一次良好契机，对于加强思想政治教育专业建设具有重要意义。思想政治教育专业由于人才培养目标的特殊性和所研究问题领域的特殊性，离不开教育主管部门的强力推进，教育部门的强力推进是思想政治教育专业建设的必不可少的环节。

三、关注学科前沿不断开展理论创新

思想政治教育学科建设的最根本的经验在于思想政治教育研究者关注思想政治教育学科前沿，开展理论创新，不断将思想政治教育学科推向新的境界。思想政治教育作为一个学科建设，固然离不开教育主管部门的政策支持和社会各界的帮助，离不开其他学科发展的依托与滋养，但学科发展的根本力量来源于学科内部，是学科建设者以高度的责任感和使命感，不断进行理论创新，把学科建设推向新的高度。如前所述，思想政治教育学者十分关注学科的理论研究，一方面，他们不断适应国家和社会发展需要，升华思想政治教育研究层次，拓展思想政治教育学科领域，使得思想政治教育学科日益成为一门具有独立研究对象和研究领域的学科；另一方面，他们也十分重视对思想政治教育学科的研究成果进行归纳整理，转化成学科建设的基本教材。在思想政治教育学科建设过程中，有一个十分特别的现象，就是思想政治教育学者对思想政治教育本科专业教材的编写给予了特别重视，编写了相对完善的思想政治教育本科专业教材，建立了相对完整的思想政治教育知识体系。对思想政治教育本科专业教材包括研究生教材的大量使用，使得全国思想政治教育专业领域有了相对统一和稳定的话语体系，也形成了相对独立的思想政治教育视角。思想政治教育学科的这些知识、概念和话语体系，虽然带有很强的思辨色彩和主观的成分，但对于思想政治教育学科的形塑发挥着重要的作用，是推进思想政治教育学科建设的一条基本经验。

四、充分发挥专业学会的积极作用

在思想政治教育学科建设过程中，全国高校思想政治教育研究会和

各省级高校思想政治教育研究会发挥了重要作用，是学科形成专业团队和行业圈子的重要力量。1984年，全国高校思想政治教育研究会与思想政治教育本科专业同步成立，伴随了思想政治教育专业学科发展的各个历史时期，可以说，研究会及其所办的会刊是思想政治教育专业建设的一个窗口，当思想政治教育专业受到重视时，研究会工作也得以顺利开展，而在思想政治教育学科经历"曲折"时，研究会的工作也受到影响。正如研究会原副会长兼秘书长徐文良在2004年所言，"研究会成立以来的20年，是各级高校思想政治教育研究会在教育主管部门领导下，凝聚队伍，推动思想政治教育研究，积极发挥助手作用的20年；是我国高等学校思想政治教育作为一门学科进行系统研究，取得丰硕成果的20年"[①]，充分肯定了研究会在思想政治教育学科建设中的作用。2014年，在全国高校思想政治教育研究会成立30周年之际，刘延东副总理发出贺电，对全国高校思想政治教育研究会的重要作用进行了充分肯定。特别是肯定了研究会根据思想政治教育学科建设需要，汇聚全国高校思想政治教育专业学术骨干组成全国高校思想政治教育研究会学术委员会，对推动思想政治教育学科研究发挥了重要的学术引领作用。

第四节 思想政治教育学科点发展的问题

40年来，思想政治教育学科建设取得了长足的发展和进步，创造了一个又一个发展的里程碑。例如思想政治教育学科作为人文社会科学的学科地位获得了认可，形成了从本科到硕士、博士完整的人才培养体系，形成了一支理论与实践结合相对稳定的专业化的研究队伍等。思想政治教育学科建设取得的成绩是有目共睹的，但是，回顾学科发展历程，也发现一些问题，需要在今后学科建设中予以重视。

一、思想政治教育学科发展中的科学性与人文性的问题

从思想政治教育学科属性来看，思想政治教育学科是兼具人文学科和社会科学属性的综合性应用学科，具有人文和社会科学双重属性。思

---

① 徐文良. 难忘的历程：高等学校思想政治教育的回顾与思考[M]. 长春：吉林人民出版社，2008：524.

想政治教育学科具有人文属性,"思想政治工作从根本上说是做人的工作,必须围绕学生、关照学生、服务学生,不断提高学生思想水平、政治觉悟、道德品质、文化素养,让学生成为德才兼备、全面发展的人才"①。因此,思想政治教育学科应高举人文的旗帜,尊重人、关心人、帮助人,把提升人的思想品德和思想境界作为根本任务。但同时,思想政治教育作为一门以中国共产党的思想政治工作实践为基础的科学,又需要遵循科学和学科建设的一般规律,努力提升思想政治教育科学化水平。因此,改革开放以后中央和教育部门发布的有关文件,都明确指出思想政治教育学科的综合性。1987年5月《中共中央关于改进和加强高等学校思想政治工作的决定》指出:"思想政治教育是一门以马克思主义理论为基础、综合性和实践性都比较强的科学。"② 1993年10月《国家教育委员会关于高等学校思想政治教育专业办学的意见》指出:"思想政治教育学是以马克思主义理论为基础的、研究人们社会主义思想意识形成、发展规律和实施思想政治教育的规律的一门应用学科,具有很强的政治性、思想性、实践性和综合性。"同时明确:"思想政治教育学科(专业)的科学研究是哲学、社会科学研究的重要组成部分,要在建设有中国特色社会主义理论的指导下,运用马克思主义的立场、观点、方法,贯彻理论与实际结合的方针,把社会主义现代化建设和改革开放中意识形态领域的重大理论和实际问题作为主攻方向。"③ 2005年国务院学位委员会、教育部下发的《关于调整增设马克思主义理论一级学科及所属二级学科的通知》指出:"思想政治教育是运用马克思主义理论与方法,专门研究人们思想品德形成、发展和思想政治教育规律,培养人们正确世界观、人生观、价值观的学科。"④

但是,改革开放以后,伴随着"思想政治工作是一门科学"的讨论,思想政治教育逐渐成为一门科学,创办思想政治教育专业,建立思想政治教育学科,思想政治教育"科学化"成为思想政治教育学科建设

---

① 习近平. 论党的宣传思想工作 [M]. 北京:中央文献出版社,2020:276-277.
② 教育部思想政治工作司. 加强和改进大学生思想政治教育重要文献选编(1978—2014)[M]. 北京:知识产权出版社,2015:73.
③ 教育部思想政治工作司. 加强和改进大学生思想政治教育重要文献选编(1978—2014)[M]. 北京:知识产权出版社,2015:133,135.
④ 教育部思想政治工作司. 加强和改进大学生思想政治教育重要文献选编(1978—2014)[M]. 北京:知识产权出版社,2015:333.

的一种固定范式。正因为如此，本学科一些专家也在反思思想政治教育科学与科学化的问题。例如，刘建军在《论思想政治教育的科学化》一文中指出："为了更好地把握好思想政治教育的科学化，我们最好不要仅仅从某些方面去看待科学性和科学化，而是把科学化适当放大，用我们中国人的眼光去看待它。换句话说，我们在把实现科学化作为思想政治教育发展的战略方向的时候，就不能从狭义上和片面上去看待科学化，而是应从广义上去看待科学化，使它更有包容性。"① 武东生指出："一项活动的科学化，本身就包含着学科化的内容。思想政治教育实践领域提出科学化的命题，实际反映的是人们要将思想政治工作真正当作一门学问，以科学的方式探寻其中客观规律的诉求。"② 但笔者在对思想政治教育学科所发表论文的科学研究现状进行实证分析时，发现一个悖论：一方面思想政治教育学界倡导思想政治教育科学化，另一方面，思想政治教育学术论文中科学化的比例并不高，在思想政治教育论文中只有不到10％的比例采取科学研究方式进行知识构建③。因为"科学这个概念可以从不同的维度来进行理解，但其核心内容是科学知识和科学研究方法，科学知识是科学研究的基础。科学研究是科学知识的来源，科学知识体系是依靠研究成果来建立、充实和完善的"④。

从上述两个方面的分析来看，科学性和人文性对于思想政治教育学科的发展都不可或缺，过分强调科学性而忽视人文性，或者过分关注人文性而忽视科学性，都会导致学科发展的缺陷和问题。

二、思想政治教育学科发展中的理论与实践的问题

思想政治教育学科以马克思主义理论为指导，以党的思想政治工作实践为基础，在思想政治教育学科发展中，经历过从党的宣传思想工作实践，到提出思想政治工作是一门科学，到形成思想政治教育概念，再到设立思想政治教育学科的发展过程。思想政治教育学科发展的特殊性，既是思想政治教育以马克思主义理论为指导的学科属性的要求，又

---

① 刘建军. 论思想政治教育的科学化 [J]. 教学与研究，2011 (3).
② 武东生. 关于思想政治教育学科建设的思考 [J]. 思想理论教育导刊，2010 (9).
③ 余双好. 思想政治教育的科学研究现状、特点及发展趋势探析 [J]. 思想理论教育导刊，2009 (10).
④ 余双好. 关于思想政治教育学科科学化的思考 [J]. 思想理论教育，2011 (21).

体现党的思想政治工作实践的特殊性。然而，在思想政治教育学科发展的过程中，呈现出思想政治教育理论性与实践性的内在矛盾。如果我们将中国共产党领导人、中共中央和教育部门的相关文件、思想政治教育学者对思想政治教育概念及思想政治教育学科的理解进行列表，就会发现党的领导人、中共中央和教育部门的相关文件以及思想政治教育学者所使用和理解的思想政治教育概念和对思想政治教育学科的理解存在着差异。党的领导人将思想政治工作定位为党的一项极端重要的工作，是与党的经济工作和一切工作相对应的工作，处于生命线的重要地位，它的本质是做人的工作，做人的思想、政治、道德、文化等方面的工作，将思想政治教育学看成是一门治党治国的学说。中共中央和教育部门的相关文件体现了中国共产党领导人对思想政治工作的本质定位，进一步明确了思想政治教育学的性质，明确了思想政治教育学科的研究对象和目标，在党的领导人的思想政治教育论述的基础上进行了深化具体化。思想政治教育学者在通过专业化学科化方式形塑思想政治教育概念、构建思想政治教育学的过程中，把思想政治教育看成是人类自阶级社会以来普遍存在的现象，既探讨人类社会普遍存在的思想政治教育一般规律，又探讨马克思主义思想政治教育、社会主义思想政治教育、中国共产党思想政治教育的特殊规律，进一步构建了多层次、具有内在结构关系的思想政治教育学科知识体系，深化和拓展了中国共产党领导人关于思想政治教育的概念。中国共产党领导人、中共中央和教育部门的相关文件以及思想政治教育学者关于思想政治教育概念的理解既存在着内在的一致性，也有论述角度和领域以及着重点的差异性，这使得思想政治教育学科建设中理论与实践之间存在着内在的矛盾性，这种内在的矛盾性也是推动思想政治教育学科发展的内在动力。

三、思想政治教育学科发展中的"专业"与"学科"的问题

思想政治教育学科和专业在建设和发展过程中具有相互促进和共通性的一面，当思想政治教育本科专业进入硕士点、博士点建设阶段以后，思想政治教育专业建设就提升到学科建设层面，思想政治教育学科建设内在地包含着专业建设，同时，思想政治教育专业建设也具有了学科建设的性质。但是，思想政治教育专业建设与学科建设并不等同：一方面，学科建设的内涵和范围比专业建设更为开阔，学科建设任务除了

专业建设和人才培养以外，还包含着科学研究、人才队伍建设、社会服务、国际交流合作、学科特色和学术声誉等方面的内容，而专业建设的主要任务主要围绕人才培养展开，更关注作为一门专门职业的专门化的建设。思想政治教育学科建设除了为人才培养提供支撑以外，还必须为学术发展提供知识贡献、为社会发展提供智力支撑、增进国际交流合作等，顾海良在为武汉大学马克思主义理论系列学术丛书写的总序中，全面提出马克思主义理论学科的使命，即"要提高马克思主义理论学科建设的学术影响力""要提高对中国特色社会主义理论与实践的影响力""要提高对国家主流意识形态发展和安全的影响力""要提高对提高全社会思想理论素质，加强全社会的思想政治教育的影响力"①，这四个方面的影响力虽然是针对马克思主义理论学科而言的，但同样也适用于思想政治教育学科。另一方面，思想政治教育专业建设与学科建设不存在一一对应的关系，"一个专业可以依托某一学科，也可以是跨学科的。专业的设置，可以根据社会对人才的需求适时调整。因此，专业的名称并不是都能与某一学科相提并论、混为一谈的"②。因此，在《普通高等学校本科专业类教学质量国家标准》中，对思想政治教育专业培养目标的总体要求是"厚基础、宽口径、高素质、强能力"，思想政治教育专业的主干学科是马克思主义理论、政治学、教育学③。思想政治教育专业基础课程，除马克思主义理论学科课程以外，还包含政治学、法学、社会学、逻辑学等课程；在选修课中，也广泛涉及政治学、历史学、哲学、教育学、心理学、社会学、管理学等课程。在思想政治教育学科的发展历程中，既有恰当处理思想政治教育专业建设和学科建设关系的时候，在专业建设中坚守思想政治教育学科知识体系内核，同时在一个开放的知识平台构建思想政治教育专业学生知识体系，又存在把"学科建设"与"专业建设"相混同的阶段，对思想政治教育学科发展造成一定的影响。比如在思想政治学科建设中，培养了一批教学型的研

---

① 顾海良.切实提高马克思主义理论学科建设的影响力［J］.思想理论教育导刊，2009(6).

② 徐文良.难忘的历程：高等学校思想政治教育的回顾与思考［M］.长春：吉林人民出版社，2008：428-429.

③ 教育部高等学校教学指导委员会.普通高等学校本科专业类教学质量国家标准：上［M］.北京：高等教育出版社，2018：56.

究人员，而缺乏具有科学研究的意识和水平的研究人员①，影响和制约学科发展的质量和水平。如何将只有本科专业而没有硕士点、博士点的思想政治教育专业提升到学科建设层面进行建设，如何将具有硕士点、博士点的思想政治教育学科建设成果惠及和运用于思想政治教育本科专业建设，如何使思想政治教育专业的专门化领域化优势得到突显并使思想政治教育专业建设、学科建设相互促进、协同发展，依然是思想政治教育学科发展中需要充分关注的问题。

四、思想政治教育学科发展中的专门化与全员化的问题

思想政治工作是一项在全国范围内和全体规模上展开的伟大实践活动，毛泽东指出："思想政治工作，各个部门都要负责任。共产党应该管，青年团应该管，政府主管部门应该管，学校的校长教师更应该管。"② 新中国成立以后，伴随着我国经济、政治制度的建立，我国也逐渐建立起全国范围内覆盖全体人民的思想政治工作体系，思想政治教育也成为各个方面的重要任务。改革开放以后，伴随着思想政治教育学科化进程，思想政治教育专业化、专门化、职业化发展逐渐形成共识。因此，无论是中共中央批转的《国营企业职工思想政治工作纲要（试行）》，还是中共中央、国务院批转的《国家教委关于加强高等学校思想政治工作的决定》，以及1987年5月出台的《中共中央关于改进和加强高等学校思想政治工作的决定》等，都强调思想政治教育"必须有专职人员作为骨干，并且要培养和造就一批思想政治教育的专家、教授和理论家"③。2004年中共中央、国务院出台的《关于进一步加强和改进大学生思想政治教育的意见》明确提出："培养思想政治教育工作专门人才。实施大学生思想政治教育队伍人才培养工程，建立思想政治教育人才培养基地。选拔推荐一批从事思想政治教育的骨干进一步深造，攻读思想政治教育相关专业的硕士、博士学位，学成后专职从事思想政治教育工作。"④ 但是，改革开放以后在思想政治教育专业化、专门化、职

---

① 余双好. 思想政治教育学科发展的问题与走向 [J]. 思想教育研究，2014（1）.
② 中共中央文献研究室. 毛泽东文集：第7卷 [M]. 北京：人民出版社，1999：226.
③ 教育部思想政治工作司. 加强和改进大学生思想政治教育重要文献选编（1978—2014）[M]. 北京：知识产权出版社，2015：73.
④ 教育部思想政治工作司. 加强和改进大学生思想政治教育重要文献选编（1978—2014）[M]. 北京：知识产权出版社，2015：269.

业化的发展过程中，出现思想政治教育领域化、部门化、微观化的问题①。思想政治教育领域化是指思想政治教育被局限在思想政治教育专门领域，思想政治教育部门化是指思想政治教育作为党的全局性工作被演化为具体承担部门的工作，思想政治教育微观化是指思想政治教育作为党在全国范围内和全体规模上的工作演变成特定群体范围内的工作，新时期思想政治教育发展的问题又直接影响思想政治教育学科的发展。进入中国特色社会主义新时代以后，以习近平同志为核心的党中央把思想政治教育提升到党的治国理政全局性战略高度，构建全员、全程、全方位思想政治教育大格局，形成思想政治教育专业领域和融入式、渗入式、嵌入式思想政治教育协同效应的思想政治教育运行模式，为处理思想政治教育专业化和全员化矛盾奠定实践基础，思想政治教育学科建设应顺应新时代党的思想政治教育理论创新，形成思想政治教育学科发展新模式。

第五节 新时代新征程思想政治教育学科点发展路径

改革开放以来，思想政治教育学科在强有力的政策支持下，走了一条外推式发展道路，在短时间内实现了跨越式发展，为进一步可持续发展奠定了坚实的基础。党的二十大以后，中国特色社会主义建设进入新征程，在新的历史条件下，思想政治教育学科在发展战略上，应实现以下几个方面的转变：

一、从依附性发展向自主发展的转变

如前所述，40年来思想政治教育学科主要是借助政策的外推而获得迅速发展，是一种依附性发展模式。这种模式在思想政治教育学科发展历史上十分明显。比如在思想政治教育学科40年的发展历程中，前10年由于有教育部相关政策的支持，学科发展迅速；而在学科发展的第二个十年，国务院学位委员会调整学科目录，并且教育部机构改革将原思想政治工作司与社会科学司合并，组建社会科学研究与思想政治工

---

① 余双好. 新时代思想政治教育创新发展研究［M］. 北京：人民出版社，2023：15.

作用，将原有的思想政治教育专业建设处撤销，这在一定程度上削弱了思想政治教育学科的建设管理，思想政治教育学科发展出现建设过程的"曲折"[1]。这段历史表明，思想政治教育学科还没有完全达到自主发展阶段，还存在着对政策的依赖。这是任何一个新型学科在建设的过程中都必经的一个过程，在学科建设初期，特别是对于思想政治教育这样一个具有中国特色的学科，在学科建设过程中缺乏足够的建设经验，有国家相关政策的扶持和保护是至关重要的。但是，经过40年的发展，思想政治教育学科已经逐步建立了与其他学科一样独立的学科发展地位，应逐渐摆脱对政策的依赖，遵循学科建设的一般规律，实现学科建设的自主发展。

二、从依托式发展向独立发展的转变

由于思想政治教育学科是我国人文社会科学新型学科，在学科发展过程中缺乏历史经验和国外资源，因此，在相当长一个时期内，学科发展主要采取依托式发展模式。所谓依托式发展模式即依托我国人文社会科学中相对比较成熟的学科，比如在思想政治教育学科发展过程中，思想政治教育学科曾经比较多地依托教育学、心理学、政治学等学科的思想资料，进行学科理论体系的构建。它从客观上反映了思想政治教育学科是在政治学、教育学等学科母体上发展起来的历史。事实上，在思想政治教育专业建立之初，对思想政治教育的学科属性并没有做具体的说明，在教育部《关于在十二所院校设置思想政治教育专业的意见》中只是宽泛地做了规定："思想政治教育专业的本科毕业生，凡符合《中华人民共和国学位条例》第四条规定的，授予学士学位。"[2] 在专业建设实际中，鉴于开设思想政治教育专业的高校主要是综合类院校和师范类院校，因而在授予具体学位时可以授予法学学士或教育学学士学位。后来，由于思想政治教育硕士点、马克思主义理论与思想政治教育博士点列入政治学一级学科内，思想政治教育学科越来越偏向从政治学取向开展学科建设，在硕士和博士培养层面更多授予法学硕士和博士学位，这

---

[1] 余双好. 思想政治教育专业发展的一个"曲折"引发的思考[J]. 学校党建与思想教育，2014（17）.

[2] 教育部思想政治工作司. 加强和改进大学生思想政治教育重要文献选编（1978—2014）[M]. 北京：知识产权出版社，2015：23.

样使得思想政治教育学科具有明显的政治学、教育学倾向。正如有学者评价道："当下思想政治教育学的'微观'色调，形成于其以教育学为底色的学术史。思想政治教育归根到底作为一种特殊教育形式的客观存在，与'思想政治教育'极其相近的'德育'在教育学领域中予以研究的悠久历史与丰厚积累，以及我国教育学的发展中对'思想政治教育'的相应关注，等等，使得作为学科或学术体系意义上的思想政治教育学，在其创建之初，更多地取向于对教育学的参照。"① 然而，在思想政治教育学科建设走过 40 年以后，特别是马克思主义理论一级学科建立以后，思想政治教育学科建设应具有学科建设的主体意识，实现学科建设从依托式发展向独立发展的转变。

三、从外延式发展向内涵式发展的转变

思想政治教育学科在 40 年的发展过程中，实现了学科建设的一个又一个里程碑式的飞跃，取得了一个又一个成绩。2005 年国务院学位委员会、教育部下发《关于调整增设马克思主义理论一级学科及所属二级学科的通知》，正式将思想政治教育确立为马克思主义理论一级学科目录下的二级学科，标志着思想政治教育学科建设发展到一个新的历史阶段，至此思想政治教育实现了从本科专业到硕士点，再到马克思主义理论一级学科目录下二级学科的跨越，也表明思想政治教育学科外延式发展阶段的完成和内涵式发展阶段的开启。正因为如此，《关于调整增设马克思主义理论一级学科及所属二级学科的通知》对思想政治教育学科明确提出："在新的历史条件下，本学科面临着拓展学科领域、丰富学科内涵、增强学科特色、提高学科水平的建设任务。"② 思想政治教育学科建设进入内涵式发展阶段，思想政治教育学科既应遵循学科建设发展的一般规律，即在学科点建设、科学研究、队伍建设、人才培养、社会服务、国际交流等方面不断拓展学科建设领域，同时也需要在丰富学科内涵、增强学科特色、提高学科发展水平等方面进行建设，推动思想政治教育学科积极健康发展。在当前思想政治教育已经成为我国人文社会科学最大的学科专业的历史条件下，如何优化思想政治教育专业学

---

① 沈壮海. 宏观思想政治教育学初论 [J]. 思想理论教育导刊，2011 (12).
② 教育部思想政治工作司. 加强和改进大学生思想政治教育重要文献选编（1978—2014）[M]. 北京：知识产权出版社，2015：334.

科布局，规范思想政治教育学科点建设和人才培养，提升思想政治教育科学研究水平和人才培养质量，提升思想政治教育学科社会服务和国际交流能力和水平等，都是学科建设中亟待解决的问题。改革开放以来虽然思想政治教育学科建设取得了长足的进展，但是与我国人文社会科学其他成熟学科相比，还是一个相对年轻和不太成熟的学科，在学科外延式发展到一定程度以后，应实现学科发展战略重心的转变，实现学科建设的内涵式发展。

四、从内向性发展向外向性拓展的转变

内向性是指学科发展主要侧重于学科自身发展，而外向性是指学科对社会的贡献和对社会生活产生的影响。思想政治教育学科建设40年来，尽管在学科发展的过程中，我们十分重视学科的应用性，并且学科专业本身就是为适应思想政治教育专门人才的培养而设立的，但由于学科建设处于初步建立期，学科的基础理论和知识积累还不太充分，学科的建设者们把很多的精力都集中到对学科基本概念、基本范畴、基本理论体系的构建上。虽然这些对于新创办的学科是非常必要的，也是学科形成和发展的基础，但是在建设的过程中，思想政治教育学科越来越关注思想政治教育专业人才的培养，关注思想政治教育理论发展，关注学校思想政治教育，关注思想政治理论课程建设，而对思想政治教育实践活动，对思想政治教育学科服务社会、国际交流合作和文化传承创新等方面的功能日益淡化，这样使得思想政治教育学科发展越来越内向，关注于学科自身的发展。在新的历史条件下，思想政治教育学科应逐渐走出关注自身发展的内向性发展模式，关注更广阔的现实生活领域，以我们正在做的事情为中心，以广大思想政治教育工作者日常重大关切为基本领域，提升思想政治教育学科影响力，拓展思想政治教育关注领域，走外向性发展道路，在服务于中国特色社会主义伟大实践中获得学科发展的位置，逐渐树立起学科发展的自信，这是新的历史条件下学科发展的重要任务。

五、从单一功能发展向多元功能发展的转变

思想政治教育学科自创办以来，学科建设的功能同其他人文社会科学一样，呈现出不断拓展的趋势。思想政治教育学科功能从创办初期主

要服务于日常思想政治教育，逐渐拓展到服务于党的思想理论建设、思想政治教育课程教学、日常思想政治教育和为社会培养专门思想政治教育工作人才，思想政治教育的服务领域不断拓展，其功能日益多元多样。但是，与我国人文社会科学其他成熟学科相比，思想政治教育学科的功能还相对比较单一。因此，应不断拓展思想政治教育学科建设功能，实现学科功能从单一功能发展向多元功能发展的转变。

第四章　思想政治教育专业发展

创办思想政治教育本科专业，通过专业化的方式培养思想政治教育专门人才，这是思想政治教育学科发展历程中的里程碑事件。思想政治教育本科专业的创办，不仅为广大思想政治教育工作者提供了专业化学习机会，而且也为思想政治教育学科提供了建设平台。在思想政治教育专业建设过程中，思想政治教育专业建设者们编写了思想政治教育教材，搭建了思想政治教育学科知识体系，培养了一大批思想政治教育人才，为思想政治教育学科可持续发展奠定了坚实的基础。

第一节　思想政治教育专业建设现状

根据教育部高校招生阳光工程指定平台阳光高考网站所提供的数据，并结合招生院校官网资料，2023年全国共有301所院校招收思想政治教育专业本科生[①]，这301所学校的基本情况见表4-1。

---

① 教育部高校招生阳光工程指定平台阳光高考网站显示，2023年全国共有304所院校招收思想政治教育专业本科生。但是经核对学校官网，发现贵阳康养职业大学、山西工程技术学院、西昌学院均已连续三年未招收思想政治教育专业本科生，故不将这3所院校纳入统计范围内。

表 4-1 开办思想政治教育本科专业院校基本情况
（以 2023 年招生目录为据）

项目	类别	数量	百分比
院校类型	师范类	118	39.2%
	综合类	131	43.5%
	理工农医类	41	13.6%
	人文社科类	9	3.0%
	军校类	2	0.7%
院校层次	"985 工程"院校	9	3.0%
	"211 工程"院校（不含"985 工程"院校）	31	10.3%
	"双一流"院校（不含"985 工程""211 工程"院校）	7	2.3%
	普通院校	254	84.4%
依托单位	全国重点马克思主义学院	23	7.6%
	非全国重点马克思主义学院	268	89.0%
	其他单位	10	3.3%
专业水平	具有思想政治教育博士点院校	57	18.9%
	具有思想政治教育硕士点院校（不含博士点）	79	26.2%
	不具有思想政治教育学科点院校	165	54.8%

一、开办思想政治教育本科专业院校分布情况

从地域来看，301 所开办思想政治教育本科专业的院校分布于 31 个省（自治区、直辖市），如图 4-1 所示：湖南省 21 所，占开办思想政治教育本科专业院校总数的 7.0%；四川省 20 所，占 6.6%；山东省 17 所，占 5.6%；河南省 15 所，占 5.0%；江苏省、湖北省、贵州省各 14 所，各占 4.7%；河北省、云南省各 13 所，各占 4.3%；江西省、广东省、陕西省各 12 所，各占 4.0%；山西省 11 所，占 3.7%；吉林省、

浙江省、广西壮族自治区各 10 所，各占 3.3%；甘肃省 9 所，占 3.0%；北京市、黑龙江省、安徽省各 8 所，各占 2.7%；内蒙古自治区、重庆市各 7 所，各占 2.3%；辽宁省、新疆维吾尔自治区各 6 所，各占 2.0%；上海市 5 所，占 1.7%；天津市、福建省、海南省各 4 所，各占 1.3%；宁夏回族自治区 3 所，占 1.0%；西藏自治区、青海省各 2 所，各占 0.7%。

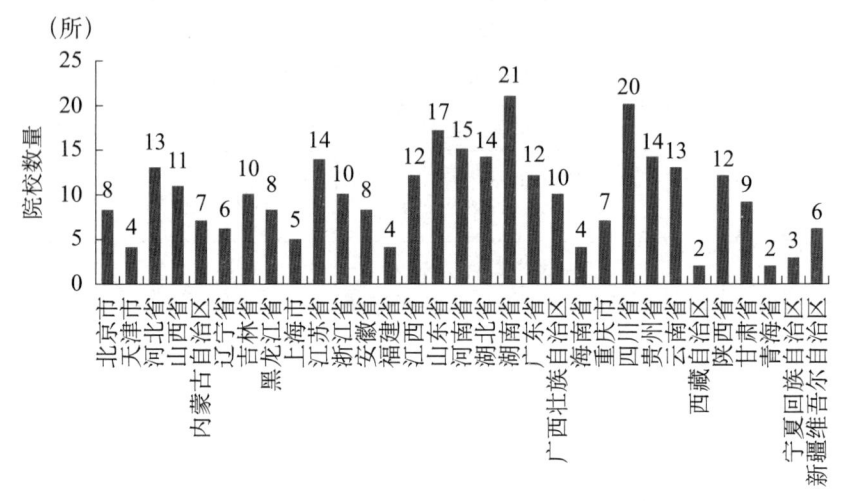

图 4-1 开办思想政治教育本科专业院校省份分布

从区域分布来看，如图 4-2 所示：华北地区（包括北京市、天津市、河北省、山西省、内蒙古自治区）43 所，占开办思想政治教育本科专业院校总数的 14.3%；东北地区（包括辽宁省、吉林省、黑龙江省）24 所，占 8.0%；华东地区（包括上海市、江苏省、浙江省、安徽省、福建省、江西省、山东省）70 所，占 23.3%；华中地区（包括河南省、湖北省、湖南省）50 所，占 16.6%；华南地区（包括广东省、广西壮族自治区、海南省）26 所，占 8.6%；西南地区（包括四川省、重庆市、云南省、贵州省、西藏自治区）56 所，占 18.6%；西北地区（包括宁夏回族自治区、新疆维吾尔自治区、青海省、陕西省、甘肃省）32 所，占 10.6%。港澳台地区（包括香港特别行政区、澳门特别行政区、台湾地区）本研究未做统计。

第四章 思想政治教育专业发展

图4-2 开办思想政治教育本科专业院校地区分布

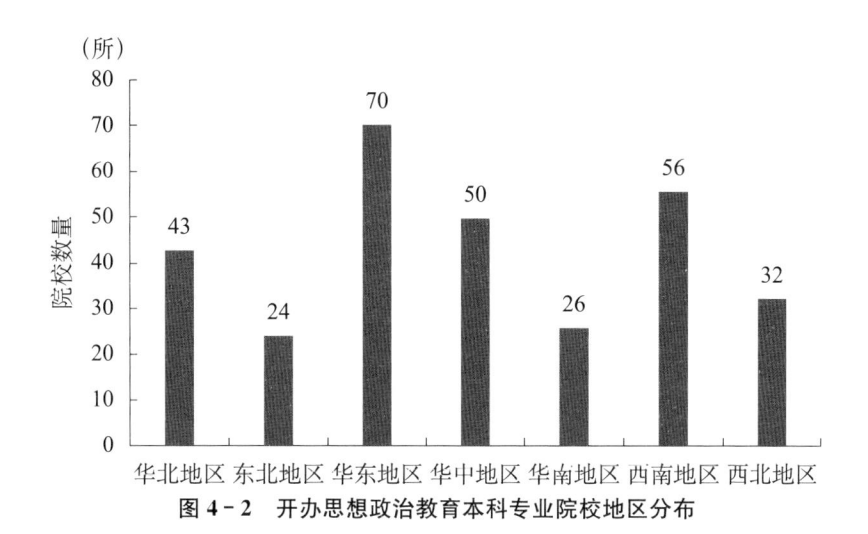

二、开办思想政治教育本科专业院校情况

不同层次、不同办学类型以及不同类型院校开办思想政治教育本科专业的情况各不相同。具体情况如下：

（一）开办思想政治教育本科专业院校层次分布

301所开办思想政治教育本科专业的院校的层次情况如图4-3所示："985工程"院校9所，占3.0%；"211工程"院校31所，占10.3%；"双一流"院校7所，占2.3%；普通院校254所，占84.4%[①]。

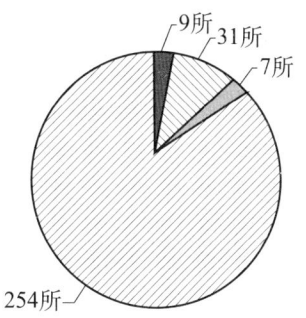

图4-3 开办思想政治教育本科专业院校层次情况

---

① 此处计算"211工程"院校数量时，并未计入"985工程"院校；计算"双一流"院校数量时，"985工程"院校和"211工程"院校均未计入。

（二）开办思想政治教育本科专业院校办学类型分布

301 所开办思想政治教育本科专业的院校的办学类型分布情况如图 4-4 所示：大学 137 所，占开办思想政治教育本科专业院校总数的 45.5%；学院 157 所，占 52.2%；独立学院 7 所，占 2.3%。

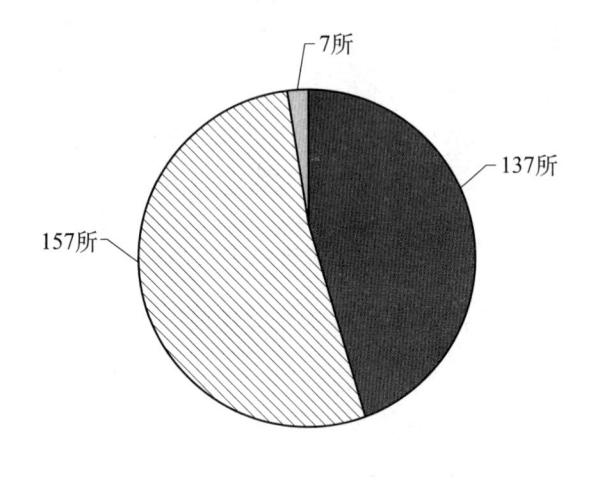

图 4-4　开办思想政治教育本科专业院校办学类型情况

（三）开办思想政治教育本科专业院校类型分布

301 所开办思想政治教育本科专业的院校的类型分布情况①如图 4-5 所示：师范类院校 118 所，占开办思想政治教育本科专业院校总数的 39.2%；综合类院校 131 所，占 43.5%；理工农医类院校 41 所，占 13.6%；人文社科类院校 9 所，占 3.0%；军校类 2 所，占 0.7%。

---

① 民族类院校纳入综合类计算；语言类、财经类、政法类等院校纳入人文社科类计算。

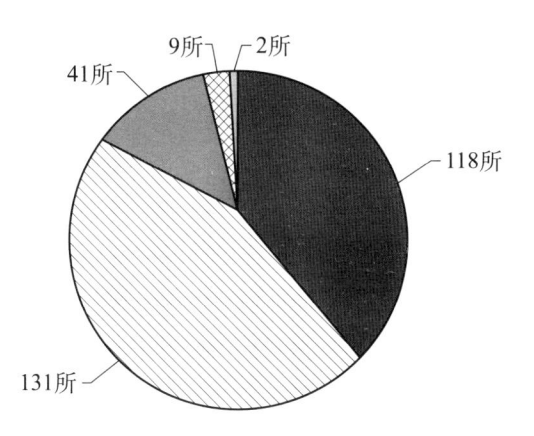

第四章 思想政治教育专业发展

图4-5 开办思想政治教育本科专业院校类型情况

（师范类118所，综合类131所，理工农医类41所，人文社科类9所，军校类2所）

三、思想政治教育本科专业依托单位情况

思想政治教育本科专业所在院系情况如图4-6所示：全国重点马克思主义学院23所，占全国重点马克思主义学院总数①的62.2%，占所有开办思想政治教育本科专业院校总数的7.6%；非全国重点马克思主义学院268所，占89.0%；其他单位10所，占3.3%。

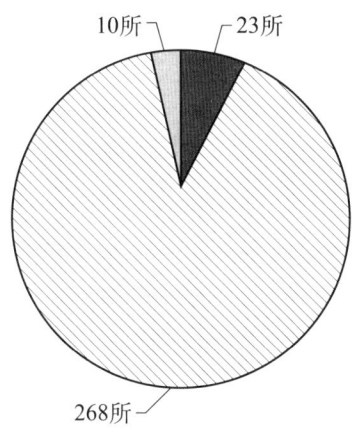

图4-6 思想政治教育本科专业所在院系分布

（全国重点马克思主义学院23所，非全国重点马克思主义学院268所，其他单位10所）

---

① 以2023年全国重点马克思主义学院总数37所为准。

四、思想政治教育本科专业学科建设情况

思想政治教育本科专业的学科建设情况直接影响专业建设质量和水平，开办思想政治教育本科专业的学科实力呈现出差异性。

（一）思想政治教育专业的硕士点分布

在301所开办思想政治教育本科专业的院校中，如图4-7所示，具有思想政治教育专业硕士点的院校有136所，占所有开办思想政治教育本科专业院校总数的45.2%；不具有思想政治教育专业硕士点的院校有165所，占所有开办思想政治教育本科专业院校总数的54.8%。另外，在136所院校的思想政治教育专业硕士点中，仅有1所院校的思想政治教育专业硕士点不是马克思主义理论一级学科硕士点。

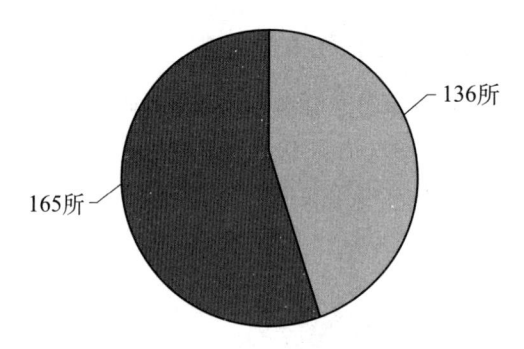

■ 具有思想政治教育专业硕士点的院校　■ 不具有思想政治教育专业硕士点的院校

图4-7　开办思想政治教育本科专业院校的思想政治教育专业硕士点分布

（二）思想政治教育专业的博士点分布

在301所开办思想政治教育本科专业的院校中，如图4-8所示，具有思想政治教育专业博士点的院校有57所，占所有开办思想政治教育本科专业院校总数的18.9%；不具有思想政治教育专业博士点的院校有244所，占所有开办思想政治教育本科专业院校总数的81.1%。另外，57所院校的思想政治教育专业博士点，均是马克思主义理论一级学科博士点。

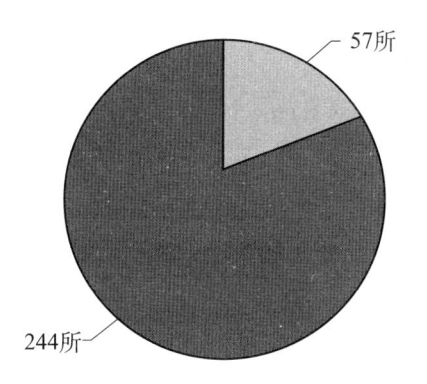

第四章　思想政治教育专业发展

图 4-8　开办思想政治教育本科专业院校的思想政治教育专业博士点分布

五、思想政治教育专业师资队伍情况

据不完全统计[①]，如图4-9所示，2013年至2021年，全国思想政治教育专业专职教师人数分别是1 957、3 002、2 942、3 300、3 759、3 808、4 292、4 671、5 650。思想政治教育专业师资队伍不断壮大，从2015年起实现连续六年增长。

图 4-9　2013—2021年全国思想政治教育专业专职教师人数

---

① 艾四林，吴潜涛. 高校马克思主义理论学科发展报告（2021）[M]. 北京：人民出版社，2023：36-37.

第二节　思想政治教育专业培养方案现状

为进一步分析思想政治教育本科专业人才培养状况，笔者带领团队按10%的比例对301所院校的思想政治教育本科专业培养方案①进行抽样分析。考虑到某些院校的独特性和唯一性，以达到小样本理论最小值基本样本，故选择不同类型（师范类、综合类、理工农医类、人文社科类）的40所院校作为样本②，样本院校基本信息如表4-2所示：

表4-2　培养方案样本院校基本信息

院校类型			院校层次			学院层次			学位点		
类型	数量	百分比	层次	数量	百分比	层次	数量	百分比	学位点	数量	百分比
师范类	15	37.5%	"985工程"院校	4	10%	全国重点马院	8	20%	有博士点	16	40%
综合类	17	42.5%	"211工程"院校	8	20%	非全国重点马院	30	75%	无博士点	24	60%
理工农医类	6	15%	"双一流"院校	2	5%	其他单位	2	5%	有硕士点	29	72.5%
人文社科类	2	5%	普通院校	26	65%	—	—	—	无硕士点	11	27.5%

---

① 培养方案的来源为各院校思想政治教育专业所在院系的官方网站和各院系教学办公室。
② 院校名称：安庆师范大学、北京师范大学、东北师范大学、对外经贸大学、广西科技师范学院、贵州工程应用技术学院、哈尔滨工程大学、河南师范大学、湖南文理学院芙蓉学院、湖州师范学院、华东师范大学、华南农业大学、黄冈师范学院、济南大学、佳木斯大学、江苏大学、井冈山大学、晋中学院、丽水学院、聊城大学、辽宁师范大学、陇东学院、南京师范大学、南昌师范学院、内蒙古民族大学、陕西理工大学、绍兴文理学院、四川师范大学、天津师范大学、武汉大学、武汉理工大学、西北师范大学、西南大学、湘潭大学、邢台学院、云南师范大学、郑州大学、中国石油大学（北京）克拉玛依校区、中国社会科学院大学、中南大学。对于部分有两份培养方案的院校，采取综合分析的方法。

一、思想政治教育本科专业培养目标设置情况

在 40 所样本院校中，思想政治教育本科专业的培养目标主要聚焦于三个方向：一是思想政治理论课教师，占样本总数的 45.0%，代表性表述有"能够从事中学思政课教学与管理、教学改革与研究工作的高素质教师"；二是企事业单位业务工作人员，占样本总数的 2.5%，代表性表述有"能够在党政机关、各类企事业单位及新型社会组织从事党务工作、思想政治工作、企业管理等方面的相关业务工作"；三是兼具上述两个培养目标的综合型人才，占样本总数的 52.5%，代表性表述有"能够在高等院校、科研机构从事思想政治教育教学与研究工作，在党政机关、企事业单位从事思想政治工作以及宣传、组织管理等工作"。总体来看，将培养目标定位为综合型人才的院校有 21 所，占样本总数的 52.5%；将培养目标定位为某一个方向人才的院校有 19 所，占样本总数的 47.5%。如表 4-3 所示：

表 4-3 样本院校思想政治教育本科专业培养目标设置情况

类型	师范类	综合类	理工农医类	人文社科类	合计
思政课教师	8	8	2	0	18
政工干部	0	0	0	1	1
综合型人才	7	9	4	1	21

二、思想政治教育本科专业学分要求情况

在 40 所样本院校中，思想政治教育本科专业最低学分要求在 [140，160] 区间的院校有 26 所，占样本总数的 65.0%；最低学分要求高于 160 分的院校有 14 所，占样本总数的 35.0%。在最低学分要求高于 160 分的 14 所院校中：分布在 [161，165] 区间的院校有 7 所，占样本总数的 17.5%；分布在 [166，170] 区间的院校有 4 所，占样本总数的 10.0%；分布在 [171，175] 区间的院校有 1 所，占样本总数的 2.5%；分布在 [176，180] 区间的院校有 2 所，占样本总数的 5.0%。具体情况如图 4-10 所示：

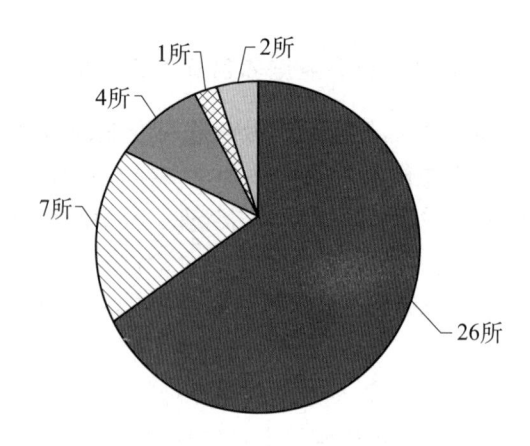

■ 140~160 □ 161~165 ▨ 166~170 ▨ 171~175 ▥ 176~180

图 4-10 思想政治教育本科专业最低学分要求院校情况

三、思想政治教育本科专业课程设置情况

2018年，教育部高等学校教学指导委员会制定的《普通高等学校本科专业类教学质量国家标准》（以下简称《质量标准》）明确规定了思想政治教育本科专业的课程体系，"课程体系包括理论课程和实践课程两部分。理论课程设置通识类课程、公共基础类课程、专业类课程。实践课程设置社会实践、专业实习和毕业论文"，"专业类课程包括专业类基础课程、专业类必修课程和专业类选修课程"[①]。我们以《质量标准》为依据，对各院校思想政治教育本科专业开课情况展开分析。

（一）专业类课程总体开设情况[②]

对样本院校思想政治教育本科专业培养方案中列出的专业类课程进行统计发现，40所院校共计开设课程116门[③]。其中开课院校数量在10所以上的课程有21门，如图4-11所示，分别是：思想政治教育学原理

---

① 教育部高等学校教学指导委员会．普通高等学校本科专业类教学质量国家标准：上[M]．北京：高等教育出版社，2018：57-58．

② 由于专业类选修课程各院校开设情况差异性大，故仅统计专业类基础课程和专业类必修课程。若《质量标准》规定的专业类基础课程和专业类必修课程被放入其他必修类课程板块则在统计范围之内，若被放在选修类课程板块则不在统计范围之内。

③ 同一课程会有不同的表述，对相似课程进行归并；对于开设思想政治教育原理与方法课程计入思想政治教育学原理课程，不再计入思想政治教育方法论课程。

开课院校 40 所，占样本院校总数的 100%；政治学 39 所，占 97.5%；马克思主义经典文献导读、伦理学均为 38 所，均占 95.0%；马克思主义哲学、法学、中国共产党思想政治教育史均为 37 所，均占 92.5%；马克思主义政治经济学、比较思想政治教育均为 36 所，均占 90.0%；科学社会主义、思想政治教育方法论均为 35 所，均占 87.5%；马克思主义发展史、社会学均为 34 所，均占 85.0%；逻辑学、中国共产党历史均为 33 所，均占 82.5%；习近平新时代中国特色社会主义思想 31 所，占 77.5%；思想政治教育专业导论 17 所，占 42.5%；毛泽东思想和中国特色社会主义理论体系概论 23 所，占 57.5%；毛泽东思想、中国特色社会主义理论体系均为 16 所，均占 40.0%①；中国近现代史 14 所，占 35.0%。

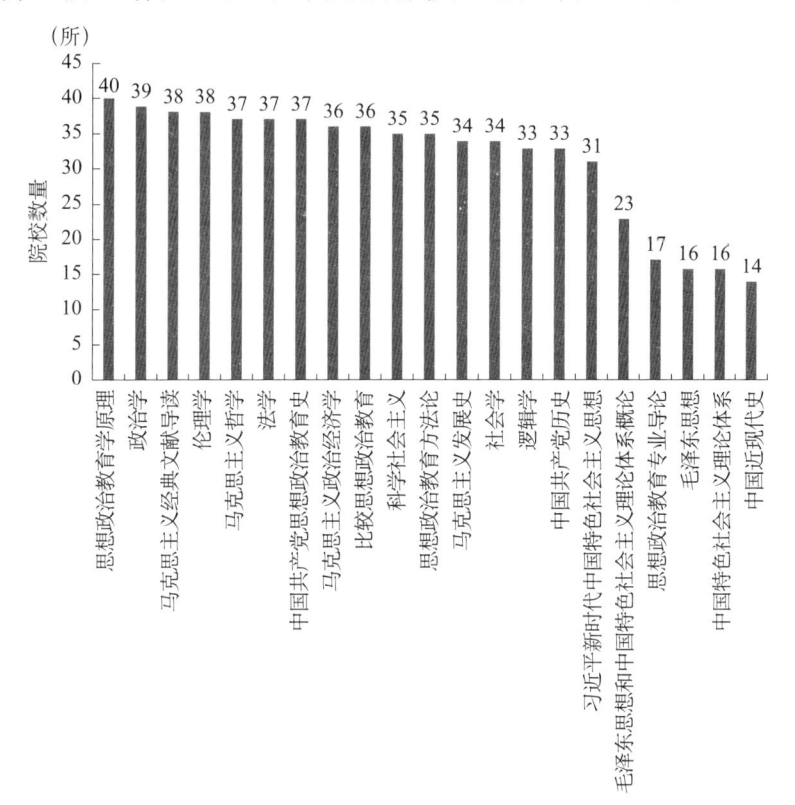

图 4-11　专业类课程总体开设情况（开课院校数量 10 所以上的课程）

---

① 在 40 所样本院校中，23 所院校开设的课程名称是"毛泽东思想和中国特色社会主义理论体系概论"，16 所院校则是分别开设"毛泽东思想""中国特色社会主义理论体系"两门课程。

（二）专业类基础课程开设情况

《质量标准》规定思想政治教育专业类基础课程共10门，分别是：马克思主义哲学、马克思主义政治经济学、科学社会主义、毛泽东思想、中国特色社会主义理论体系、马克思主义发展史、政治学、法学、社会学、逻辑学[①]。样本院校这10门专业类基础课程开设情况如图4-12所示：开设其中2门的院校1所，占样本院校总数的2.5%；开设4门的院校4所，占10.0%；开设5门的院校1所，占2.5%；开设6门的院校2所，占5.0%；开设7门的院校3所，占7.5%；开设8门的院校14所，占35%；开设10门的院校15所，占37.5%。

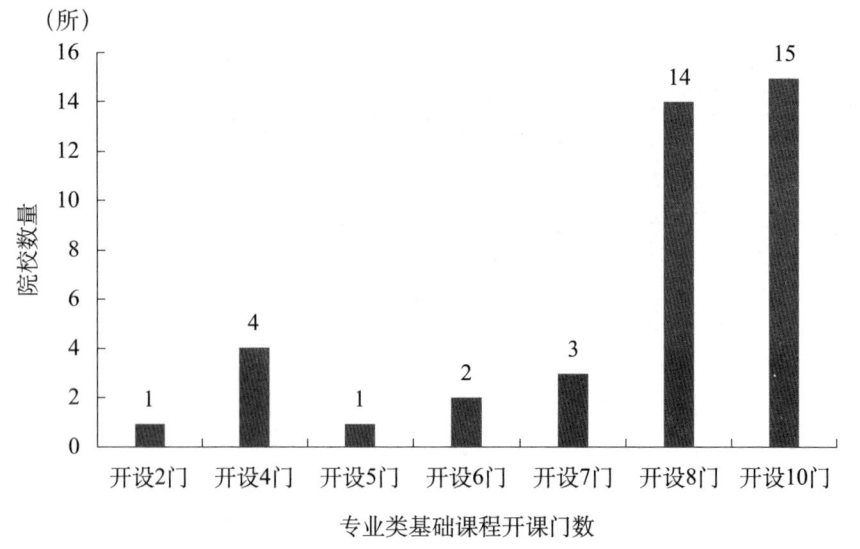

图4-12 专业类基础课程开设情况

从每门课程的开设情况来看，如图4-13所示，政治学开课院校最多，为39所，占样本院校总数的97.5%；马克思主义哲学、法学均为37所，均占92.5%；马克思主义政治经济学36所，占90.0%；科学社会主义35所，占87.5%；马克思主义发展史、社会学均为34所，均占85.0%；逻辑学33所，占82.5%；毛泽东思想、中国特色社会主义理

---

① 教育部高等学校教学指导委员会. 普通高等学校本科专业类教学质量国家标准：上[M]. 北京：高等教育出版社，2018：58.

论体系均为16所，均占40.0%。

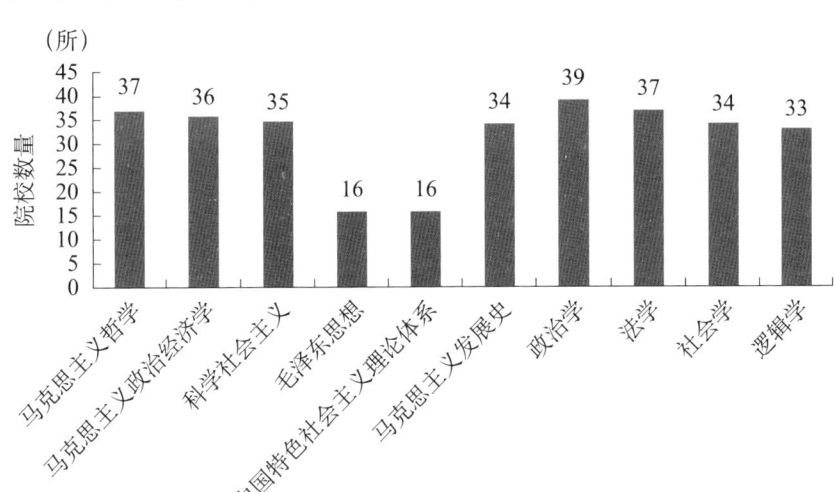

图4-13 专业类基础课程分别开设情况

（三）专业类必修课程开设情况

《质量标准》规定思想政治教育专业类必修课程共7门，分别是：马克思主义经典文献导读、思想政治教育学原理、思想政治教育方法论、比较思想政治教育、伦理学、中国共产党历史、中国共产党思想政治教育史①。样本院校7门专业类必修课开设情况如图4-14所示：开设其中3门的院校2所，占院校总数的5.0%；开设4门的院校2所，占5.0%；开设5门的院校2所，占5.0%；开设6门的院校5所，占12.5%；开设7门的院校29所，占72.5%。

从每门课程的开设情况来看，如图4-15所示，思想政治教育学原理开课院校最多，为40所，占样本院校总数的100.0%；马克思主义经典文献导读、伦理学均为38所，均占95.0%；中国共产党思想政治教育史37所，占92.5%；比较思想政治教育36所，占90.0%；思想政治教育方法论35所，占87.5%；中国共产党历史开课院校最少，为33所，占82.5%。

---

① 教育部高等学校教学指导委员会. 普通高等学校本科专业类教学质量国家标准：上[M]. 北京：高等教育出版社，2018：58.

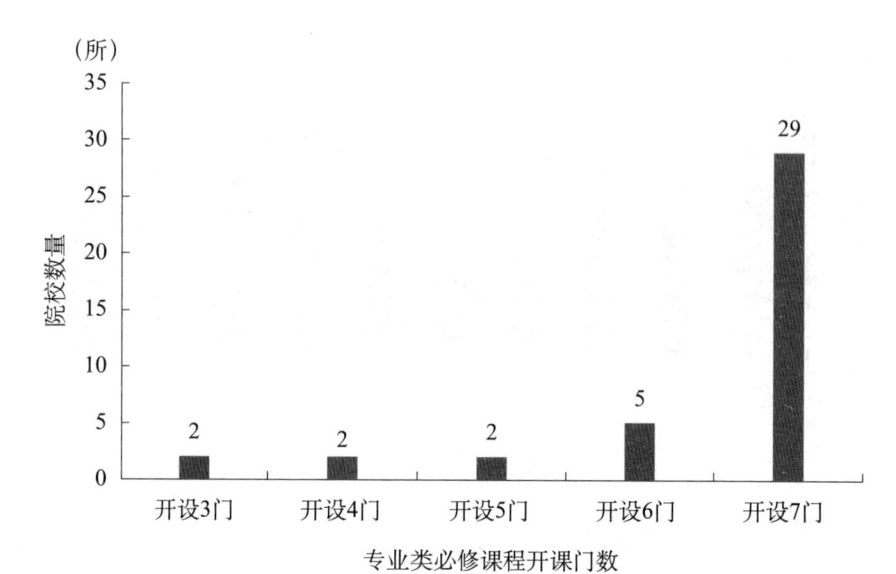

图 4-14 专业类必修课程开设情况

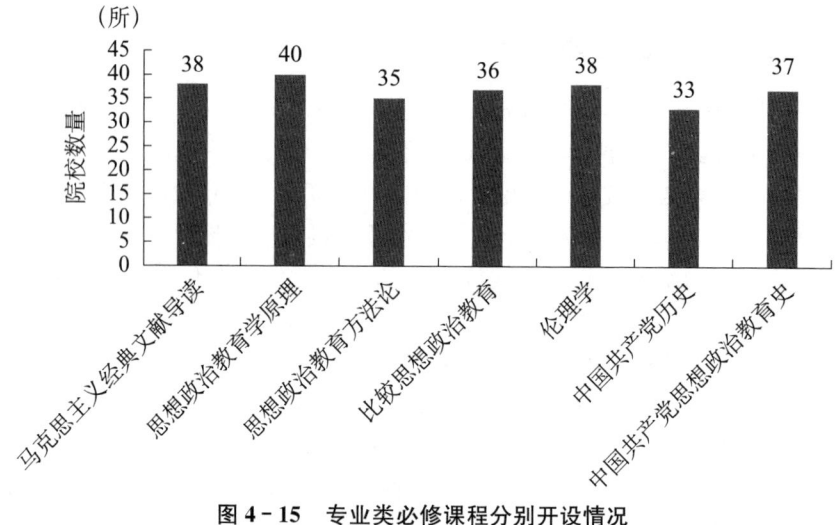

图 4-15 专业类必修课程分别开设情况

（四）思想政治教育类课程开设情况①

对样本院校思想政治教育本科专业培养方案中列出的思想政治教育

---

① 主要统计名称中含有"思想政治教育"的课程。

类课程（含选修）进行统计，40所院校总计开设思想政治教育类课程19门。其中开课院校数量不低于2所的课程有12门，如图4-16所示，分别是：思想政治教育学原理开课院校40所，占样本院校总数的100%；中国共产党思想政治教育史39所，占97.5%；比较思想政治教育37所，占92.5%；思想政治教育方法论36所，占90.0%；网络思想政治教育20所，占50.0%；思想政治教育专业导论19所，占47.5%；思想政治教育心理学12所，占30.0%；思想政治教育前沿问题11所，占27.5%；思想政治教育案例分析5所，占12.5%；中国传统文化与思想政治教育4所，占10.0%；思想政治教育研究方法3所，占7.5%；青少年思想政治教育2所，占5.0%。开课院校数量为1所的课程有7门：思想政治教育社会学、思想政治教育中外主文献研读、中国共产党农村思想政治工作史、思想政治教育传播学、影视作品中的思想政治教育、思想政治教育管理学、企业文化与思想政治教育。

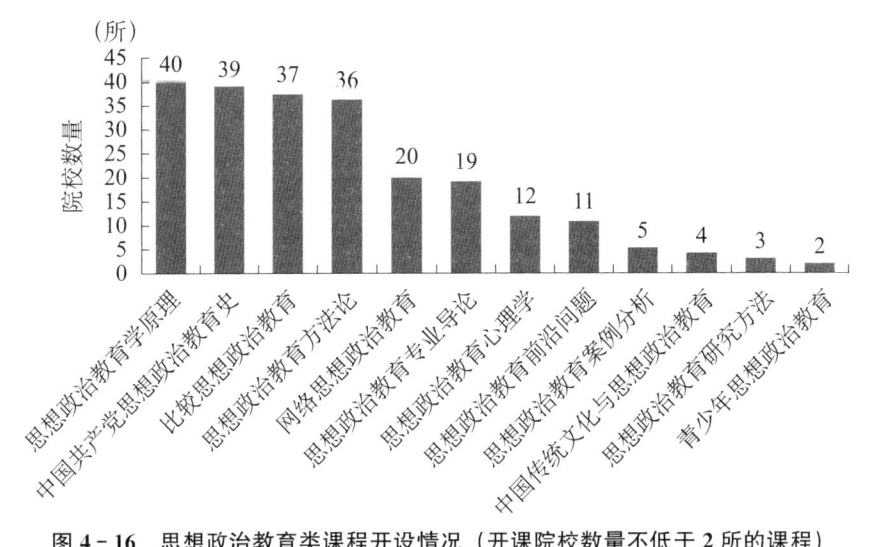

图4-16 思想政治教育类课程开设情况（开课院校数量不低于2所的课程）

（五）马克思主义理论类课程开设情况

样本院校马克思主义理论类课程（开课院校数量不低于3所）开设情况（含选修），如图4-17所示：马克思主义经典文献导读开课院校39所，占样本院校总数的97.5%；马克思主义哲学、马克思主义发展史均为 38 所，均占 95.0%；马克思主义政治经济学、科学社会主义均为 36 所，均占 90.0%；国外马克思主义概论 23 所，占 57.5%；马克思主义中国化 4 所，占 10.0%；马克思主义理论前沿、《共产党宣言》导读、《资本论》导读均为 3 所，均占 7.5%。其他相对分散的马克思主义理论类课程有自然辩证法、马克思主义宗教学、马克思主义政治学说、马克思主义民族理论、马克思主义社会理论、21 世纪马克思主义、《哲学笔记》研读、马克思主义立法学、马克思主义与当代农村发展、马克思主义与当代社会思潮、马克思主义传播学、马克思主义科技思想概论、马克思主义文化理论等。

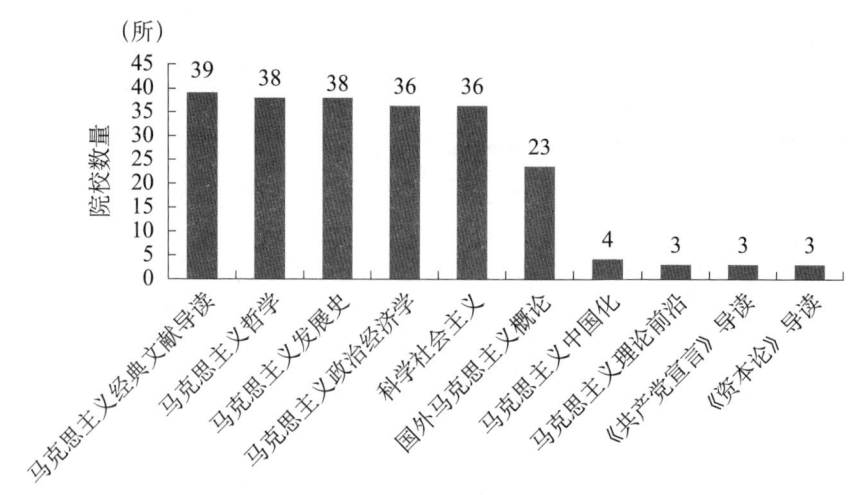

图 4-17 马克思主义理论类课程开设情况（开课院校数量不低于 3 所的课程）

（六）特色类课程开设情况

样本院校习近平新时代中国特色社会主义思想类课程开设情况（含选修）：习近平新时代中国特色社会主义思想概论开课院校 32 所①，占样本院校总数的 80.0%；习近平总书记关于教育重要论述 13 所，占 32.5%；习近平法治思想、习近平生态思想均为 2 所，均占 5.0%；习近平经济思想、习近平外交思想、《习近平谈治国理政》精读均为 1 所，

---

① 仅以目前的培养方案为准，考虑到全国大多数院校已经开设此课程，故实际开课率可能更高。

均占 2.5%。

样本院校历史类课程开设情况（含选修）：中国共产党历史开课院校 36 所，占样本院校总数的 90.0%；新中国史 15 所，占 37.5%；改革开放史、社会主义发展史均为 12 所，均占 30.0%；中国古代史 4 所，占 10.0%；世界近现代史 6 所，占 15.0%；世界通史 2 所，占 5.0%；世界古代史 1 所，占 2.5%①。

样本院校传统文化类课程开设情况（含选修）：中国传统经典导读开课院校 6 所，占样本院校总数的 15.0%；中国传统文化、中国传统文化与思想政治教育均为 4 所，均占 10.0%；马克思主义中国化与中华优秀传统文化专题研究、中华优秀传统文化与当代治理、宋明理学、阳明心学均为 1 所，均占 2.5%。

样本院校网络技术类课程开设情况（含选修）较为分散：除现代教育技术应用开课院校 18 所，占样本院校总数的 45.0% 外，其余课程开课院校数量多为 1~2 所，如非线性编辑、短视频创意与制作、信息处理技术、计算思维导论、Python 语言程序设计、数据库技术与应用等②。

第三节　思想政治教育专业建设存在的问题

40 年来，思想政治教育专业建设取得了长足的发展和进步，思想政治教育专业作为我国人文社会科学新型专业的地位已经获得认可，专业数量和办学质量也得到了进一步提升。2014 年，在思想政治教育专业创办 30 周年之际，我们曾对 2013 年思想政治教育专业发展情况进行调查分析③，与 2013 年的调查相比，2023 年的调查显示，思想政治教育专业在布局的均衡性、依托单位的规范性、课程设置的专业性以及建设的质量和水平等方面都有了明显进步和提升，但在思想政治教育专业建设中依然存在着一些问题。

---

① 公共基础类课程中的"中国近现代史纲要"课程未做统计。
② 公共基础类课程中的"计算机教育"课程未做统计。
③ 佘双好，邢鹏飞. 思想政治教育本科专业建设现状、存在问题及对策建议 [J]. 思想政治教育研究，2014 (2).

一、思想政治教育本科专业布局依然存在着不平衡的问题

思想政治教育专业创办 40 年来，虽然专业数量增长迅速，但在专业布局上依然存在着不平衡的问题。从省份分布来看，开办思想政治教育本科专业院校分布于全国 31 个省（自治区、直辖市）中，院校数量较多的省份为湖南省 21 所，四川省 20 所，山东省 17 所。而天津市、福建省、海南省各 4 所，宁夏回族自治区 3 所，西藏自治区和青海省各 2 所，这 6 个省份总共 19 所，仅占 301 所院校的 6.3%。由此可见，开办思想政治教育本科专业院校多集中于中东部地区省份。从地区分布来看，开办思想政治教育本科专业院校主要分布在华东、西南和华中地区，占总比例的 58.5%；最少的东北地区仅 24 所，华南地区 26 所。在高等学校比较集中的华北地区，开办思想政治教育本科专业院校相对偏少，存在着思想政治教育专业发展与地区高等学校发展不平衡的现象。

二、思想政治教育本科专业开办院校实力有待进一步提升

从开办思想政治教育专业的院校类型来看，301 所开办思想政治教育本科专业的院校情况如下：一是学校水平不太高。大学 137 所，占 45.5%；学院 157 所，占 52.2%；独立学院 7 所，占 2.3%。二是学校层次相对较低。"985 工程"院校占 3.0%、"211 工程"院校占 10.3%、"双一流"院校占 2.3%、普通院校占 84.4%；大学占 45.5%、学院占 52.2%、独立学院占 2.3%。就办学实力而言，开办思想政治教育本科专业院校多为普通院校，而且办学类型中大学占比不足一半，办学实力有待提升。三是院校类型不平衡。在 301 所开办思想政治教育本科专业的院校中，师范类占 39.2%、综合类占 43.5%、理工农医类占 13.6%、人文社科类占 3.0%、军校类占 0.7%。

从上述三个方面来看，开办思想政治教育专业院校大部分为二本院校，二本学院和独立学院所占比例达 54.5%；从学校层次来看，"985 工程"和"211 工程"院校比例为 13.3%，而绝大多数为非"985 工程"和"211 工程"院校。从开办思想政治教育本科专业学校类型看，存在着明显的不平衡，主要集中在师范类院校和综合类院校，这主要是由于我国师范类院校具有面向中学培养思想政治课程和思想品德课程教师的历史传统。1997 年教育部将创办于 20 世纪 50 年代初期的政治教

育（师范）专业与思想政治教育专业合并，名称统一为思想政治教育，设置师范与非师范两个专业方向。但在师范类院校思想政治教育专业建设过程中，依然保持着较为强烈的中学思想政治课和思想品德课特点。这些既是思想政治教育专业建设的现有历史传统，同时也是影响和制约思想政治教育专业按照马克思主义理论一级学科建设和影响思想政治教育专业转型的重要因素。

三、思想政治教育本科专业依托学科实力依然需要提升

从开办思想政治教育本科专业的院校实力来看，一般具有马克思主义理论一级学科博士点、思想政治教育博士点的院校实力最强，但301所开办思想政治教育本科专业的院校中，仅有45.2%有硕士点支撑，18.9%具有博士点支撑；401个思想政治教育硕士点中开办本科专业的仅有33.9%；109个思想政治教育博士点中开办思想政治教育本科专业的也仅有52.3%。从办学类型来看，思想政治教育本科专业和硕士点、博士点之间存在错位问题。思想政治教育本科专业主要集中在综合类院校（43.5%）和师范类院校（39.2%）；硕士点则主要集中在理工农医类院校（44.6%）和综合类院校（25.9%）；博士点主要集中在综合类院校（39.5%）、理工农医类院校（26.6%）和师范类院校（23.9%）。大多数开办思想政治教育本科专业的院校缺乏思想政治教育学科实力。

四、思想政治教育本科专业课程设置的规范性有待加强

40年来，思想政治教育专业课程设置日益规范，《质量标准》提供了一个开办思想政治教育专业的基本标准。《质量标准》明确规定思想政治教育专业"总学分不低于140学分，不高于160学分"[①]。然而从40所样本院校的培养方案来看，35.0%的院校最低学分要求高于160分，7.5%的院校最低学分要求高于170分，甚至有院校最低学分设置为180分。学分要求设置过高，将学生的时间过多安排在课堂上，在一定程度上并不利于学生的全面发展。就课程设置而言，样本院校的课程开设情况与《质量标准》的规定之间存在一定差距。《质量标准》规定的10门专业类基础课程和7门专业类必修课程，各院校的开课率参差

---

① 教育部高等学校教学指导委员会. 普通高等学校本科专业类教学质量国家标准：上[M]. 北京：高等教育出版社，2018：57.

不齐，有的院校甚至只开 2 门专业类基础课程，有的院校仅开 3 门专业类必修课程，仅有思想政治教育学原理开课率达到 100.0%（而且是在将思想政治教育学原理与方法课计算在内的情况下）。除开课率以外，样本院校的培养方案也存在着混淆专业类基础课程、必修课程、选修课程的问题，有的必修课程被设置在选修课程中，有的选修课程被设置在基础课程中。同时，也存在着课程设置不规范的问题。例如，将思想政治教育学原理与思想政治教育方法论合并为"思想政治教育学原理与方法"一门课程，将法学课程开设为宪法学课程，设置与思想政治教育专业相关度较低的课程，等等。从上述情况来看，思想政治教育专业课程设置存在着很大的不平衡，有待于进一步达标和优化。

第四节　进一步加强思想政治教育专业建设的建议

从思想政治教育专业 40 年建设发展情况来看，经过广大思想政治教育专业工作者的共同努力，思想政治教育专业取得了长足的发展，思想政治教育专业已经成为我国高等学校规模较大的本科专业之一，但还不能称之为本科专业中实力最强的专业，在专业建设过程中还存在着一些问题。特别是 2017 年全国重点马克思主义学院开始招收马克思主义理论专业本科生，到 2023 年，马克思主义理论本科专业已经达 43 个。思想政治教育专业面临着新的目标定位和培养模式的调整适应问题。

一、进一步明确思想政治教育本科专业的地位和目标

思想政治教育本科专业是马克思主义理论一级学科目录下数量最庞大、知识体系最为成熟的本科专业，长期以来发挥着马克思主义理论一级学科的"母机"的作用，不仅承担着为思想政治教育提供后备人才的任务，而且还肩负着为整个马克思主义理论一级学科提供后备人才生源的重任。目前我国马克思主义理论学科共有马克思主义理论一级学科博士点 109 个，硕士点 391 个；具有思想政治教育博士点 109 个，硕士点 401 个。从理论上说，马克思主义理论学科可供招生的硕士点有 2 000 多个，而我国高校共有 301 个思想政治教育本科专业，仅仅从马克思主义理论学科硕士点、博士点的后备人才需要来看，思想政治教育专业数

量和质量还存在明显不足。随着思想政治教育学科化进程的推进，思想政治教育领域硕士点、博士点逐渐增多，思想政治教育学科点建设逐渐得到重视，而思想政治教育本科专业却日益被忽视，甚至在一些学校出现以学科建设代替专业建设的现象，思想政治教育在马克思主义理论一级学科、思想政治教育二级学科中的基础性地位被削弱。2017年以后，随着马克思主义理论本科专业的招生，马克思主义理论类本科专业已增加至5个，包含科学社会主义、中国共产党历史、思想政治教育、马克思主义理论、工会学等专业①。因此，思想政治教育本科专业如何处理与马克思主义理论本科专业及其他专业的关系，避免专业培养模式和知识结构的"同质化"，实现与马克思主义理论其他本科专业的差异化发展，成为思想政治教育本科专业的新建设任务。

二、进一步优化思想政治教育专业布局

从思想政治教育专业结构布局调查情况来看，思想政治教育本科专业存在着地区分布、学校层次分布、学校类型分布及专业实力分布的不均衡，需要从总体上进行结构优化。鼓励高层次、实力强的高校开办并办好思想政治教育本科专业。同时从地区分布和学校类型分布上，进一步优化思想政治教育专业学校结构，形成与思想政治教育专业学科发展相适应的专业结构布局，优化思想政治教育专业生源结构和人才培养质量。虽然在当前情况下高等学校专业办学自主权逐渐下放，教育主管部门不可能再像最初那样直接布点思想政治教育本科专业，但依然可以通过政策杠杆对思想政治教育本科专业布局进行宏观优化和调控，使之更符合社会需要和思想政治教育专业人才培养要求。

三、进一步提升思想政治教育专业性

从思想政治教育专业归口和人才培养方案情况来看，在思想政治教育专业建设历史上，思想政治教育本科专业曾经依托政治学一级学科、教育学一级学科进行专业建设，并授予过相关专业的学士学位。但是，自从2005年国务院学位委员会、教育部下发《关于调整增设马克思主

---

① 教育部关于公布2022年度普通高等学校本科专业备案和审批结果的通知[EB/OL]. (2023-04-06)[2024-01-28]. http://www.moe.gov.cn/srcsite/A08/moe_1034/s4930/202304/t20230419_1056224.html.

义理论一级学科及所属二级学科的通知》以后，思想政治教育专业依托单位情况发生明显变化，根据中宣部、教育部联合下发的《关于进一步加强高等学校思想政治理论课教师队伍建设的意见》的规定，"各高等学校应当建立独立的、直属学校领导的思想政治理论课教学科研二级机构。该机构是思想政治理论课教学部门和马克思主义理论研究机构，又是马克思主义理论学科点的依托单位。其职责是：统一管理思想政治理论课教师，负责思想政治理论教学、科研、社会服务和相关管理工作；负责马克思主义理论学科建设、人才培养和教学科研梯队建设等工作"。2012年，国务院学位委员会下发的《关于进一步加强高校马克思主义理论学科建设的意见》指出："规范学科建设组织机构。马克思主义理论学科要以独立的、直属学校领导的思想政治理论课教学科研二级机构为依托，当前要着力解决学位点与思想政治理论课教学科研机构分离问题。"经过10多年发展，思想政治教育专业依托单位和学科状况有了彻底改观，思想政治教育依托整个马克思主义理论一级学科，实现专业知识结构的转化。从思想政治教育专业人才培养方案执行情况来看，2018年教育部出台《质量标准》，但从抽样高校思想政治教育专业情况来看，各高校人才培养方案差异性大、规范性较差。从课程设置来看，《质量标准》规定的10门专业类基础课程和7门专业类必修课程，各院校的开课率参差不齐，有的院校甚至只开2门专业类基础课程，有的院校仅开3门专业类必修课程。从实践学分要求来看，较少学校达到"确保实践课程学分不低于总学分的15％"①的要求；从师资要求来看，很多学校与《质量标准》要求的"专任全职教师不少于15人……生师比不高于18∶1"的标准还有较大差距。因此，当前和今后很长一个时期，加强思想政治教育专业质量标准建设，提升专业化水平，依然是一项十分重要和迫切的工作。

四、进一步加强思想政治教育管理

思想政治教育是人文社会科学新型应用型专业，虽然已经有40年建设经验，但是相对于人文社会科学其他成熟专业来说，仍处于不断发展的过程中。同时，思想政治教育专业又是马克思主义理论学科目录下

---

① 教育部高等学校教学指导委员会．普通高等学校本科专业类教学质量国家标准：上[M]．北京：高等教育出版社，2018：58．

重要的本科专业，具有鲜明的社会主义性质和明显的中国特色，办好思想政治教育专业对马克思主义理论一级学科建设、思想政治理论课程和全社会思想政治教育实践工作具有重要意义。因此，对于思想政治教育这样一个特殊专业，专业建设除了应该遵循普通学科专业建设一般规律以外，更需要采取特殊政策进行支持和指导，加大对思想政治教育专业建设管理力度。历史经验表明，在思想政治教育专业创办初期，正是有教育管理部门的强力支持，思想政治教育专业才得以实现跨越式发展，使得思想政治教育本科专业地位在高等学校得以奠定和确立。在新的历史条件下，思想政治教育专业依然需要招生政策、人才培养、队伍建设、保障机制和领导管理方面的政策支持，需要加强思想政治教育专业管理，以指导和规范思想政治教育专业深入发展。

第五章 思想政治教育学科硕士点发展

硕士点是学科建设的重要环节,在学科建设中起着承上启下的重要作用,是学科建设的中枢和纽带。从思想政治教育学科建设的历史来看,只有思想政治教育开始招收硕士研究生以后,思想政治教育专业才得以提升到学科建设层面。从这个意义上说,思想政治教育学科硕士点的建设是思想政治教育学科建设的重要任务。

第一节 思想政治教育学科硕士点建设现状

根据国务院学位委员会提供的数据,截止到2023年底,全国共有401个思想政治教育学科硕士点,其中仅有12个是二级学科授权点。值得注意的是这12所院校中有7所都是医科类院校,其他5所也大多是专业性较强的院校,比如武汉音乐学院、景德镇陶瓷大学等。这401个硕士点单位基本情况如表5-1所示:

表5-1 思想政治教育学科硕士点单位基本情况(截止到2023年底)

项目	类别	数量	百分比
院校类型	综合类	104	25.9%
	师范类	53	13.2%
	理工农医类	179	44.6%

续表

项目	类别	数量	百分比
院校类型	人文社科类	44	11.0%
	体育艺术类	3	0.7%
	军事类	2	0.5%
	党校、研究所	16	4.0%
院校层次	"985工程"院校	39	9.7%
	"211工程"院校（不含"985工程"院校）	74	18.5%
	"双一流"院校（不含"985工程""211工程"院校）	18	4.5%
	普通院校	270	67.3%
本科专业	具有思想政治教育本科专业的单位	136	33.9%
	不具有思想政治教育本科专业的单位	265	66.1%

一、具有思想政治教育学科硕士点院校地域分布情况

（一）具有思想政治教育学科硕士点院校各省分布

401所具有思想政治教育学科硕士点的院校分布于全国31个省（自治区、直辖市），如图5-1所示：北京市42所，占全部具有思想政治教育学科硕士点院校总数的10.5%；江苏省24所，占6.0%；辽宁省23所，占5.7%；陕西省22所，占5.5%；湖北省和上海市各21所，各占5.2%；山东省19所，占4.7%；四川省18所，占4.5%；黑龙江省、湖南省各17所，各占4.2%；安徽省、河南省各15所，各占3.7%；吉林省14所，占3.5%；浙江省13所，占3.2%；广东省、江西省各12所，各占3.0%；重庆市10所，占2.5%；天津市、河北省、新疆维吾尔自治区各9所，各占2.2%；山西省、甘肃省、云南省、广西壮族自治区各8所，各占2.0%；内蒙古自治区、福建省各7所，各占1.7%；贵州省4所，占1.0%；青海省3所，占0.7%；海南省、宁夏回族自治区、西藏自治区各2所，各占0.5%。

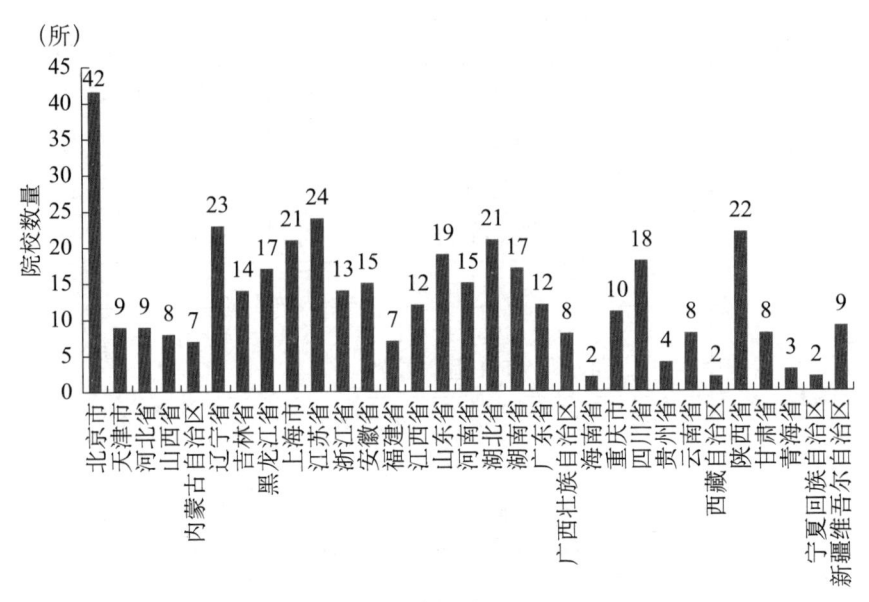

图 5-1 具有思想政治教育学科硕士点院校省份分布

(二) 具有思想政治教育学科硕士点院校地区分布

401 所具有思想政治教育学科硕士点的院校分布于 7 个地区,如图 5-2 所示:华北地区 (包括北京市、天津市、河北省、山西省、内蒙古自治区) 75 所,占全部具有思想政治教育学科硕士点院校总数的 18.7%;东北地区 (包括辽宁省、吉林省、黑龙江省) 54 所,占 13.5%;华东地区 (包括上海市、江苏省、浙江省、安徽省、福建省、江西省、山东省) 111 所,占 27.7%;华中地区 (包括河南省、湖北省、湖南省) 53 所,占 13.2%;华南地区 (包括广东省、广西壮族自治区、海南省) 22 所,占 5.5%;西南地区 (包括四川省、重庆市、云南省、贵州省、西藏自治区) 42 所,占 10.5%;西北地区 (包括宁夏回族自治区、新疆维吾尔自治区、青海省、陕西省、甘肃省) 44 所,占 11.0%。港澳台地区 (包括香港特别行政区、澳门特别行政区、台湾地区) 本研究未做统计。

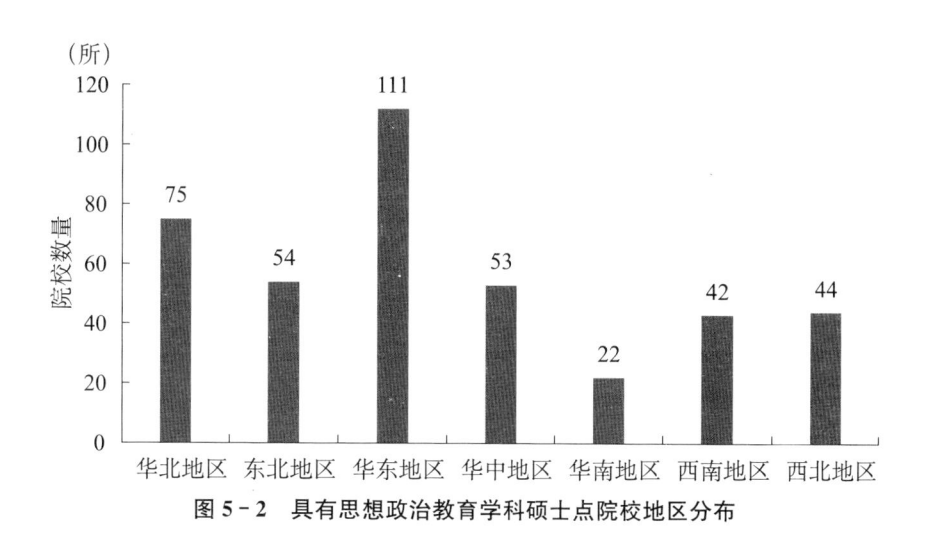

图 5-2 具有思想政治教育学科硕士点院校地区分布

二、具有思想政治教育学科硕士点院校层次与类型分布

(一) 具有思想政治教育学科硕士点院校层次分布

401 所具有思想政治教育学科硕士点的院校的院校层次分布情况如图 5-3 所示："985 工程"院校 39 所，占全部具有思想政治教育学科硕士点院校总数的 9.7%；"211 工程"院校（不含"985 工程"院校）74 所，占 18.5%；"双一流"院校（不含"985 工程""211 工程"院校）18 所，占 4.5%；非"985 工程""211 工程"院校的普通院校 270 所，占 67.3%。

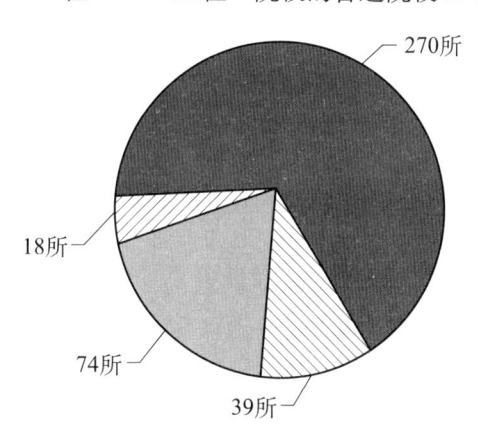

图 5-3 具有思想政治教育学科硕士点院校层次分布

(二) 具有思想政治教育学科硕士点院校类型分布

401 所具有思想政治教育学科硕士点的院校的院校类型分布如图 5-4 所示：理工类院校 116 所，占全部具有思想政治教育学科硕士点院校总数的 28.9%；综合类院校 104 所，占 25.9%；师范类院校 53 所，占 13.2%；财经类院校 30 所，占 7.5%；医药类院校 26 所，占 6.5%；农林类院校 25 所，占 6.2%；党校、研究所 16 所，占 4.0%；民族类院校 13 所，占 3.2%；其他类院校 18 所，占 4.5%①。

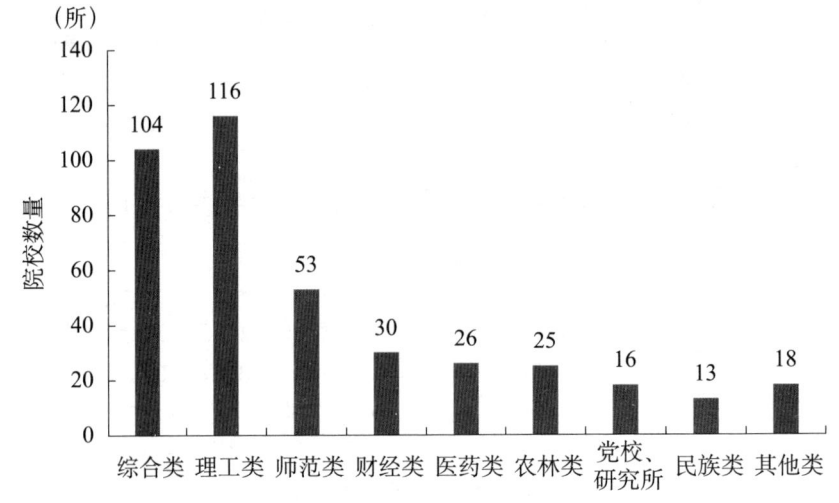

图 5-4 具有思想政治教育学科硕士点院校类型分布

三、思想政治教育学科与其他二级学科硕士点比较

思想政治教育学科是马克思主义理论一级学科目录下属七个二级学科之一。截至 2023 年，全国共有具有马克思主义理论一级学科硕士点院校 389 所。这些院校有马克思主义基本原理学科硕士点 384 个，马克思主义发展史学科硕士点 83 个，马克思主义中国化研究学科硕士点 374 个，国外马克思主义研究学科硕士点 74 个，思想政治教育学科硕士点 401 个，中国近现代史基本问题研究学科硕士点 222 个，党的建设

---

① 其他类的 18 所院校，包括：语言类院校 7 所，政法类院校 6 所，军事类、体育类院校各 2 所，艺术类院校 1 所。

学科硕士点 86 个（如表 5-2 所示）。可见，思想政治教育学科是马克思主义理论一级学科目录下硕士点最多的二级学科。

表 5-2 马克思主义理论学科硕士点总体分析

马克思主义理论一级学科硕士点		单独马克思主义理论二级学科硕士点		各二级学科硕士点
具有马克思主义理论一级学科博士点	108	马克思主义基本原理	3	381
		马克思主义发展史	0	83
		马克思主义中国化研究	2	372
不具有马克思主义理论一级学科博士点	281	国外马克思主义研究	0	74
		思想政治教育	12	389
		中国近现代史基本问题研究	0	222
		党的建设	0	86
合计	389		17	1 607

与具有马克思主义理论一级学科下属其他六个二级学科硕士点的院校类型和院校层次相比较，如表 5-3 和图 5-5 所示，在院校类型方面，具有思想政治教育学科硕士点的院校类型分布与其他六个二级学科硕士点院校类型分布均集中于理工类、综合类和师范类。

表 5-3 具有思想政治教育学科硕士点院校与具有其他二级学科硕士点院校基本情况对照（院校类型）

院校类型	马克思主义基本原理	马克思主义发展史	马克思主义中国化研究	国外马克思主义研究	思想政治教育	中国近现代史基本问题研究	党的建设
综合类	103	35	96	34	104	69	33
理工类	112	17	115	14	116	71	23
农林类	26	2	25	1	25	10	3
财经类	28	2	26	0	30	17	5
师范类	49	19	50	18	53	38	16
党校、研究所	18	3	17	2	16	3	2
其他类	48	5	45	0	57	14	4

续表

院校类型	马克思主义基本原理	马克思主义发展史	马克思主义中国化研究	国外马克思主义研究	思想政治教育	中国近现代史基本问题研究	党的建设
总计	384	83	374	74	401	222	86

在院校层次方面，具有思想政治教育学科硕士点的院校中"985工程"和"211工程"院校共113所，均高于其他六个二级学科。

	马克思主义基本原理	马克思主义发展史	马克思主义中国化研究	国外马克思主义研究	思想政治教育	中国近现代史基本问题研究	党的建设
"985工程"院校	39	21	39	22	39	33	21
"211工程"院校	73	23	69	20	74	51	23
"双一流"院校	13	0	11	2	18	7	2
普通院校	259	39	255	30	270	131	40
总计	384	83	374	74	401	222	86

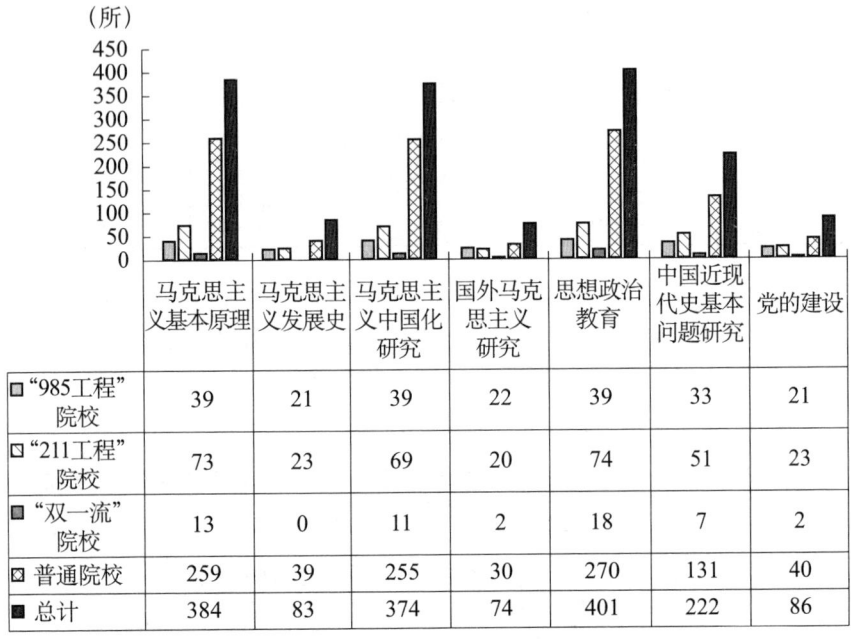

图 5-5　具有思想政治教育学科硕士点院校与具有其他二级学科硕士点院校基本情况对照（院校层次）

四、具有思想政治教育学科硕士点院校创办本科专业情况

对具有思想政治教育学科硕士点院校创办思想政治教育本科专业情况的分析如图 5-6 所示：在全部 401 所具有思想政治教育学科硕士点的院校中，具有思想政治教育本科专业的院校有 136 所，占所有具有思想政治教育硕士点院校总数的 33.9%；不具有思想政治教育本科专业的院校有 265 所，占所有具有思想政治教育硕士点院校总数的 66.1%。

第五章 思想政治教育学科硕士点发展

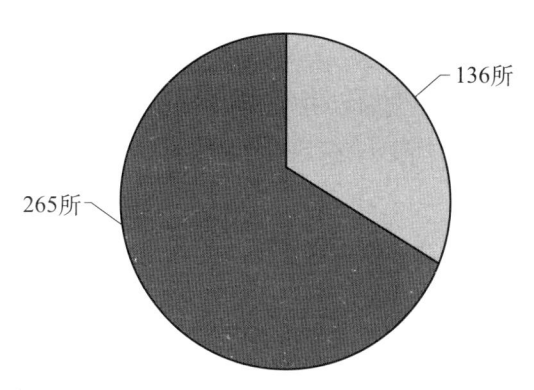

□ 具有思想政治教育本科专业的院校 ■ 不具有思想政治教育本科专业的院校

图 5-6 具有思想政治教育学科硕士点院校创办该学科本科专业情况

五、思想政治教育学科硕士点依托建设单位分析

对思想政治教育学科硕士点所在二级单位的归类分析如图 5-7 所示：思想政治教育学科硕士点以马克思主义学院为依托建设单位的院校共 365 所，占所有具有思想政治教育学科硕士点院校总数的 91.0%；以人文与艺术学院、政治学教研部、青少年工作系等为依托建设单位的院校 12 所，占 3.0%；以其他单位为依托建设单位的 24 所[①]，占 6.0%。

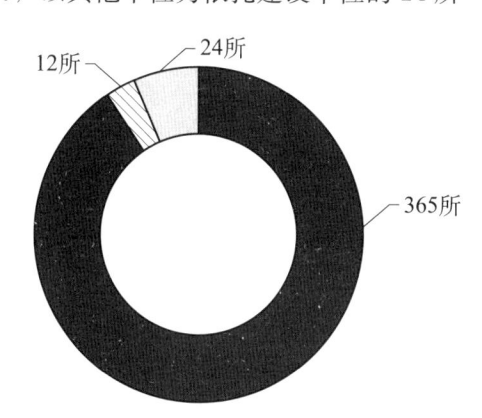

□ 人文与艺术学院、政治学教研部、青少年工作系等
■ 马克思主义学院 □ 其他单位

图 5-7 思想政治教育学科硕士点依托建设单位

---

① 党校和研究所的思想政治教育学科硕士点没有明确的依托建设单位，军事类院校多没有公布。

第二节 思想政治教育学科硕士点培养方案现状分析

为了进一步分析思想政治教育学科硕士人才培养状况,我们从401所具有思想政治教育学科硕士点的院校中选择50所院校作为样本院校,研究样本院校思想政治教育学科硕士培养方案①,分析各院校研究方向的设置情况,并对样本院校培养方案中必修学位课程设置情况进行专业性评估。

一、思想政治教育学科硕士点研究方向分析

50所不同类型层次的样本院校②的基本信息见表5-4。

表5-4 培养方案样本院校基本信息

院校类型		院校层次		学院层次		学位点	
类型	数量	百分比	层次	数量	百分比	层次	数量	百分比	学位点	数量	百分比
综合类	14	28%	"985工程"院校	13	26%	全国重点马院	12	24%	有博士点	21	42%
师范类	10	20%	"211工程"院校	10	20%	非全国重点马院	38	76%	无博士点	29	58%

---

① 本研究培养方案的来源为各院校研究生院、思想政治教育学科所在院系的官方网站或各院系教学办公室。

② 院校名称:武汉大学、西安交通大学、西南大学、延安大学、中南大学、重庆大学、北华大学、广州大学、河海大学、湖南大学、华中科技大学、南开大学、山西大学、天津大学、安徽师范大学、贵州师范大学、华东师范大学、华中师范大学、曲阜师范大学、天津师范大学、西北师范大学、西华师范大学、信阳师范大学、云南师范大学、北京工商大学、对外经济贸易大学、湖北民族大学、湖南工商大学、天津商业大学、西南政法大学、中国政法大学、中南民族大学、大连理工大学、东北石油大学、哈尔滨理工大学、黑龙江科技大学、湖南理工学院、华北电力大学、华南农业大学、华中农业大学、吉林农业大学、上海海事大学、武汉理工大学、西安电子科技大学、西北工业大学、西北农林科技大学、西南石油大学、长春工业大学、中国农业大学、佳木斯大学。

续表

院校类型			院校层次			学院层次			学位点		
类型	数量	百分比	层次	数量	百分比	层次	数量	百分比	学位点	数量	百分比
理工农医类	18	36%	"双一流"院校	4	8%	—	—	—	有本科点	29	58%
人文社科类	8	16%	普通院校	23	46%	—	—	—	无本科点	21	42%

(一)具有思想政治教育学科硕士点院校研究方向设置

对样本院校培养方案中列出的研究方向进行全部统计,50所样本院校总计设置不同的研究方向53个。其中设置院校数量在4所及以上的研究方向有13个(见图5-8),分别是:思想政治教育原理与方法研究设置院校17所,占样本院校总数的34%;思想政治教育理论与实践研究、传统文化与思想政治教育研究、高校思想政治教育各9所,各占18%;思想政治教育基本理论研究8所,占16%;网络思想政治教育研究7所,占14%;比较思想政治教育研究6所,占12%;思政课教学改革创新重大问题5所,占10%;心理健康教育研究、思想政治教育与当代社会思潮、思想政治教育史研究、大学生思想政治教育研究、思想政治教育创新与发展研究各4所,各占8%。

设置院校数量在3所及以下的研究方向有40个,分别为:学校思想政治教育理论与实践研究、新时代农村农民思想政治教育工作、思想政治教育心理研究、青年思想政治教育现实问题研究各3所,各占样本院校总数的6%;习近平思想政治教育思想研究、社会主义核心价值观研究、新时代思想政治教育前沿问题研究各2所,各占4%;中国化马克思主义教育研究、中国共产党思想教育理念与实践研究、延安精神与思想政治教育研究、新时代马克思主义理论传播与大学生意识形态建设、新时代大中小学思想政治教育特点与规律研究、思想政治教育社会学研究、社区思想政治教育研究、人生观理论与教育、人格教育与青年发展研究、人的文化教养与思想政治教育、企业文化与思想政治教育、民族地区干部与群众思想政治工作、马克思主义思想政治教育的基本理论、马克思主义伦理观与当代中国现实问题、伦理文化与思想政治教育研究、海洋意识与航运文化、革命传统与思想政治教育、边疆民族地区社会主义核心价值观培育与践行研究、大庆精神与高校思想政治教育研究、民族精神培育研究、农村精神文明建设研究、社会主义意识形态建设与文化安全研究、思政课程与课程思政关系研究、文化软实力研究、志愿服务在思想政治教育中地位和作用、筑牢中华民族共同体意识教育、思想道德教育与法治教育研究、伦理思想与道德教育、新时代高校意识形态工作面临的新情况和新问题、现代德育研究、中外政治思想与政治教育、法学思想与法治教育、当代青年国际交往研究各1所，各占2%。

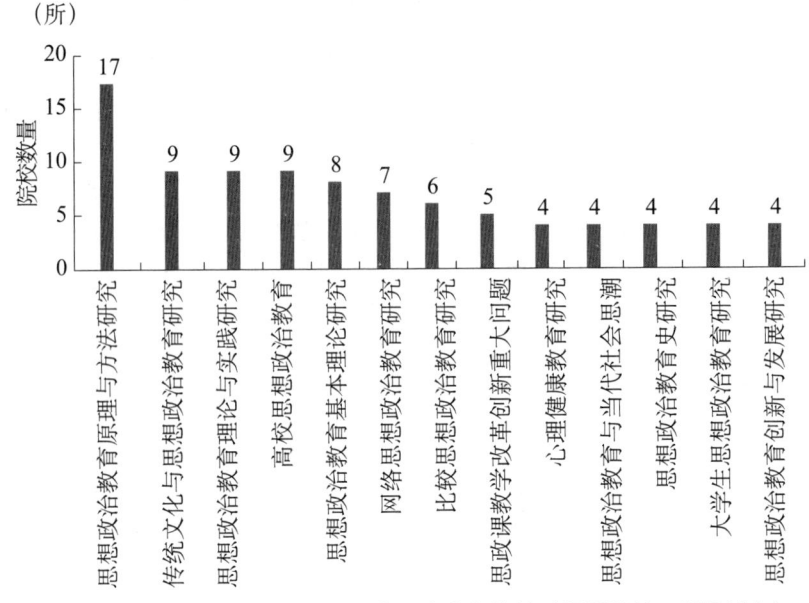

图5-8 思想政治教育学科硕士点研究方向统计（设置院校4所及以上）

对单个样本院校研究方向设置数量进行统计，如图5-9所示：设置7个研究方向的院校3所，占样本院校总数的6%；设置6个研究方向的4所，占8%；设置5个研究方向的5所，占10%；设置4个研究方向的17所，占34%；设置3个研究方向的14所，占28%；设置2个研究方向的6所，占12%；设置1个研究方向的1所，占2%。

第五章　思想政治教育学科硕士点发展

图 5-9　单个样本院校研究方向设置数量统计

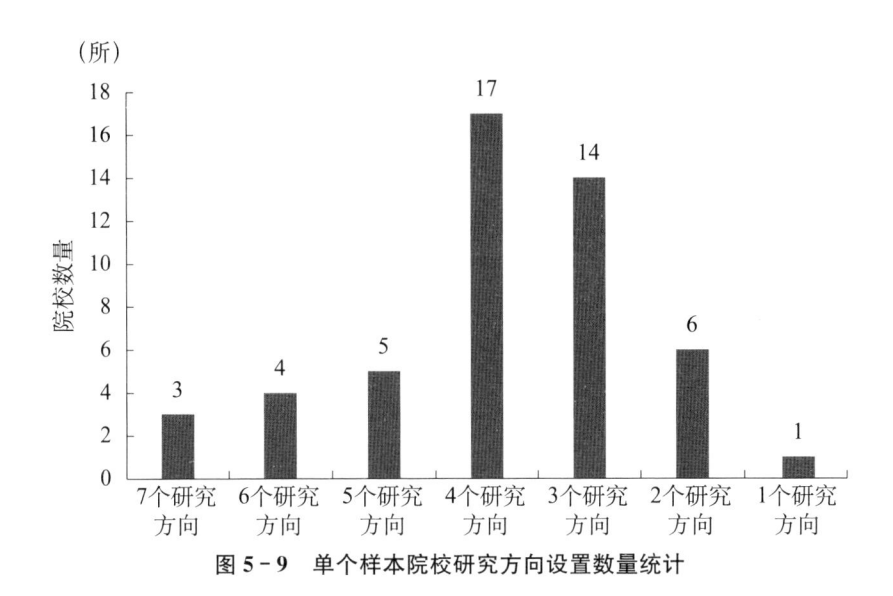

（二）各硕士点研究方向与本学科属性的相关度评估

依据国务院学位委员会于 2024 年 1 月制定的《研究生教育学科专业简介及其学位基本要求》中关于思想政治教育"学科研究方向"的规定，参考国务院学位委员会"马克思主义理论一级学科建设和人才培养方案研究"课题组的研究，我们确定了 8 个研究方向：思想政治教育理论与实践类、中国共产党思想政治教育史研究、比较思想政治教育研究、高校思想政治教育类、思想政治教育创新与发展、思想政治教育心理研究、干部与群众思想政治工作研究、思想政治工作实务（思想政治教育与社会工作、企业思想政治教育等）。对各硕士点研究方向与本学科属性的相关度进行评估，我们确定评估标准为：单个院校设定的研究方向中与本研究设定的 8 个研究方向吻合度达到 70% 以上的院校为"高度相关"，在 40%～70% 之间的为"中度相关"，在 40% 以下的为"低度相关"。

评估结果如图 5-10 所示，思想政治教育学科硕士点研究方向与本学科属性的相关度呈"高度相关"的 25 所，占样本院校总数的 50%；研究方向与本学科属性的相关度呈"中度相关"的 20 所，占 40%；研究方向与本学科属性的相关度呈"低度相关"的 5 所，占 10%。在对不同层次、类型、水平院校的培养方案中研究方向与学科属性相关度评估的基础上，我们进一步对其差异性进行分析，"单因素 ANOVA"分析结果显示，不同院校类型、院校层次，有无博士点之间没有显著差别。

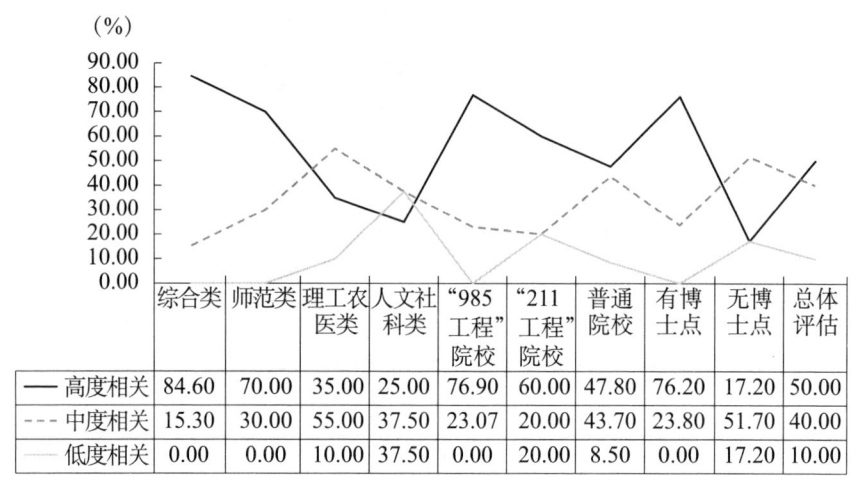

	综合类	师范类	理工农医类	人文社科类	"985工程"院校	"211工程"院校	普通院校	有博士点	无博士点	总体评估
高度相关	84.60	70.00	35.00	25.00	76.90	60.00	47.80	76.20	17.20	50.00
中度相关	15.30	30.00	55.00	37.50	23.07	20.00	43.70	23.80	51.70	40.00
低度相关	0.00	0.00	10.00	37.50	0.00	20.00	8.50	0.00	17.20	10.00

图 5-10　思想政治教育学科硕士点研究方向与本学科属性的相关度评估

二、思想政治教育学科硕士学位课程设置分析

对样本院校培养方案中列出的必修学位课程进行全部统计，50 所样本院校总计开设课程 54 门[①]。其中开课院校数量在 10 所及以上的课程有 11 门，如图 5-11 所示，分别是：思想政治教育理论与方法专题开课院校 31 所，占样本院校总数的 62%；中国共产党思想政治教育史 26 所，占 52%；思想政治教育基础理论专题研究 23 所，占 46%；比较思想政治教育专题研究 21 所，占 42%；习近平总书记关于教育的重要论述研究 18 所，占 36%；网络思想政治教育专题研究 16 所，占 32%；思想政治教育心理学专题研究 14 所，占 28%；思想政治教育理论与实践专题研究 13 所，占 26%；思想政治教育方法论

---

① 本研究课程统计不含马克思主义经典著作选读等一级学科共设课程。对相似课程进行归并，例如：思想政治教育统计研究方法论、社会调查与案例分析课程计入"社会科学研究方法"，思想政治教育学原理课程计入"思想政治教育原理与方法"。

专题研究 12 所，占 24%；传统文化与思想政治教育专题研究 12 所，占 24%；当代社会思潮专题研究 10 所，占 20%。

(所)

课程	院校数量
思想政治教育理论与方法专题	31
中国共产党思想政治教育史	26
思想政治教育基础理论专题研究	23
比较思想政治教育专题研究	21
习近平总书记关于教育的重要论述研究	18
网络思想政治教育专题研究	16
思想政治教育心理学专题研究	14
思想政治教育理论与实践专题研究	13
思想政治教育方法论专题研究	12
传统文化与思想政治教育专题研究	12
当代社会思潮专题研究	10

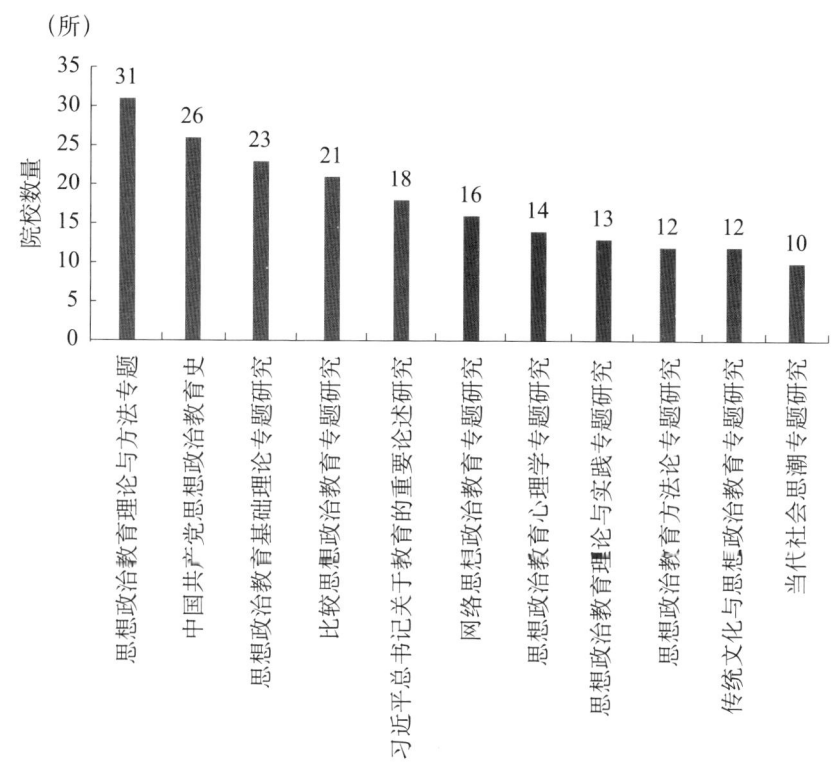

图 5-11　思想政治教育学科硕士点开设课程统计
（开课院校数量 10 所及以上的课程）

开课院校数量在 5～9 所的课程有 9 门，如图 5-12 所示，分别是：思想政治理论课教学与研究、伦理学前沿问题专题研究各 9 所，各占样本院校总数的 18%；比较德育学 8 所，占样本院校总数的 16%；心理健康教育 7 所，占样本院校总数的 14%；马克思主义思想政治教育经典著作选读、思想政治教育中外文文献研读各 6 所，各占样本院校总数的 12%；道德与法治教育研究、学校德育理论与实践专题、中国近现代思想道德教育史专题研究各 5 所，各占样本院校总数的 10%。

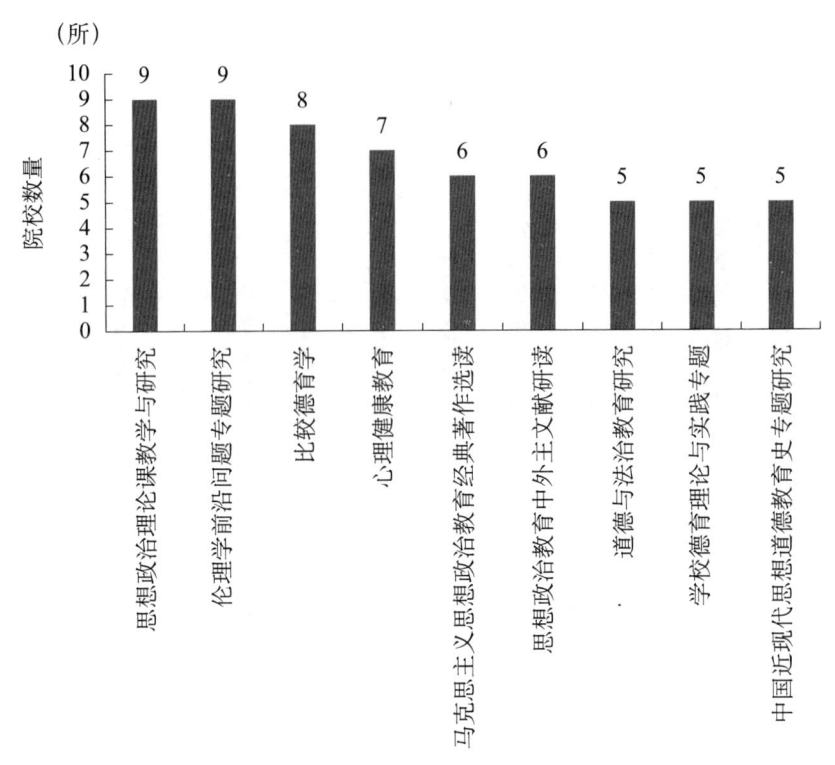

图 5-12 思想政治教育学科硕士点开设课程统计
（开课院校数量 5~9 所的课程）

开课院校数量在 3 所及以下的课程有 34 门。开课院校数量为 3 所的课程有 7 门，分别为：思想政治教育科学研究方法及实操、思想政治教育社会学专题研究、当代中国道德建设专题研究、高校思想政治工作专题研究、价值观教育专题、马克思主义伦理学专题研究、青年思想政治教育专题研究。开课院校数量为 2 所的课程有 10 门，分别为：大学生思想政治教育理论与实践专题研究、道德哲学专题、高校辅导员工作理论与实务、公民教育理论与实践、马克思主义文化理论、思想政治教育传播学、思想政治教育价值研究、思想政治教育接受论专题、思想政治教育哲学专题研究、思政工作与国家治理专题。开课院校数量为 1 所的课程有 17 门，分别为：延安时期党的青年工作研究、政治伦理与政治教育、中国传统思想政治教育研究、铸牢中华民族共同体意识教育研究、地方红色文化专题研究、国外思想史专题研究、海洋文化与海洋意识研究、教育学理论与方法、马克思主义传播学、民族思想政治教育理论与实践、农村思想政治教育专题研究、农业农村工作理论与实践、企业思想政治与企业文化专题研究、青年学与人才学专题、全球化理论与思想政治教育研究、生死哲学与智慧专题研究、石油企业党建与思想政治工作。

三、思想政治教育学科硕士点课程设置专业性评估

依据国务院学位委员会于 2024 年 1 月制定的《研究生教育学科专业简介及其学位基本要求》中关于思想政治教育学科的规定，综合考虑研究生人才培养的高层次性、马克思主义理论和相关学科的基础性、思想政治教育学科的专业性、各校的特色和优势领域的专题性等因素，就必修课程部分，我们确定 7 门硕士学位核心课程：思想政治教育理论与方法、中国共产党思想政治教育史、思想政治教育学科前沿问题、比较思想政治教育研究、思想政治教育心理学、思想政治教育研究方法、当代社会思潮及其影响研究。对各硕士点培养方案的学位课程设置质量进行专业性评估①，单个院校的课程设置与本研究设定的 7 门核心课程吻合度达到 70% 以上的院校为"优秀"，在 40%～70% 之间的为"合格"，在 40% 以下的为"不合格"。

如图 5-13 所示，思想政治教育学科各硕士培养方案课程设置专业性评估结果为"优秀"的院校共 10 所，占样本院校总数的 20%；专业性评估结果为"合格"的 35 所，占样本院校总数的 70%；专业性评估结果为"不合格"的 5 所，占样本院校总数的 10%。通过对不同层次、类型、水平院校的培养方案中课程设置专业性评估结果进行差异分析，方差分析结果显示，不同院校类型、院校层次，有无博士点之间没有显著差异。

---

① 为了更准确地分析思想政治教育学科硕士培养方案的课程设置质量，此处评估的 12 门核心课程的统计，包含样本院校的选修课。

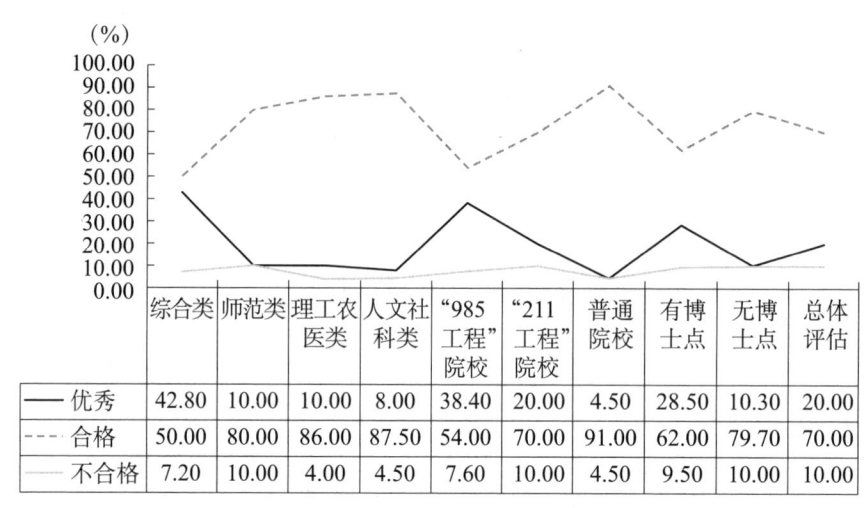

	综合类	师范类	理工农医类	人文社科类	"985工程"院校	"211工程"院校	普通院校	有博士点	无博士点	总体评估
优秀	42.80	10.00	10.00	8.00	38.40	20.00	4.50	28.50	10.30	20.00
合格	50.00	80.00	86.00	87.50	54.00	70.00	91.00	62.00	79.70	70.00
不合格	7.20	10.00	4.00	4.50	7.60	10.00	4.50	9.50	10.00	10.00

图 5-13 思想政治教育学科硕士点学位课程设置专业性评估

第三节 思想政治教育学科硕士点建设存在的问题

从1988年开始招收思想政治教育学科硕士生以来，尤其是2005年设立马克思主义理论一级学科以来，思想政治教育学科硕士点数量逐年增加，人才培养质量不断提升，思想政治教育学科的重要地位日益获得认可，思想政治教育学科建设获得了长足的发展和进步。2014年我们曾经对思想政治教育硕士点建设情况进行评估①，与2014年只有326个硕士点相比，2024年思想政治教育硕士点不仅数量上实现快速增长，而且学科布局也日益优化，学科依托单位结构趋于合理，学科研究方向和课程设置更加规范化，思想政治教育硕士点建设呈现出良性发展的态势。但调研同时发现，在思想政治教育学科硕士点建设过程中，仍然存在一些制约学科建设的问题。

---

① 邢鹏飞，余双好. 思想政治教育学科硕士点建设现状、问题及对策建议[J]. 思想理论教育，2014（12）.

第五章 思想政治教育学科硕士点发展

一、思想政治教育硕士点地域发展不平衡

从思想政治教育学科硕士点分布地域来看，具有思想政治教育硕士点的院校分布于全国 31 个省（自治区、直辖市）中，具有思想政治教育学科硕士点院校数量较多的省份有北京市 42 所，江苏省 24 所，辽宁省 23 所，陕西省 22 所，湖北省、上海市都是 21 所，山东省 19 所，四川省 18 所，这 8 个省份共有 190 所院校，占具有思想政治教育学科硕士点院校总数的 47.4%，亦即有将近半数院校分布于这 8 个省份。而具有思想政治教育学科硕士点院校数量较少的内蒙古自治区、福建省各 7 所，贵州省 4 所，青海省 3 所，西藏自治区、海南省、宁夏回族自治区各 2 所，这 7 个省份总共仅有 27 所，仅占总数的 6.7%。由此可见，具有思想政治教育学科硕士点院校较多集中于中东部地区，西北、西南边疆省份则较少，地域发展极为不平衡。具有思想政治教育学科硕士点院校地域分布与各地域院校层次有密切关联，高层次院校数量多的地区一般具有更多的思想政治教育学科硕士点，例如北京市有 42 个、上海市有 21 个，具有思想政治教育学科硕士点院校地域分布不平衡程度较高。

二、学科点与思想政治理论课教学机构仍然存在相分离的现象

自从 2005 年国务院学位委员会、教育部下发《关于调整增设马克思主义理论一级学科及所属二级学科的通知》以后，思想政治教育学科成为马克思主义理论一级学科目录下独立的二级学科，中宣部、教育部、国务院学位委员会多次明确要求，各高等学校应当建立独立的、直属学校领导的思想政治理论课教学科研二级机构，作为思想政治理论课教学部门、马克思主义理论研究机构和马克思主义理论学科点的依托单位。调研表明，样本院校中，已经有高达 91% 的院校实现了思想政治教育学科组织机构和思想政治理论课教学科研机构的一体化。但仍有 3% 的院校学科建设依托非马克思主义学院，部分院校思想政治教育学科硕士点同时分散于不同院系，依托不同学科建设，如青少年工作系、政治学教研部、人文与艺术学院等。学科点分散在不同院系，依托建设学科不同，研究方向也不同，导致培养方案难以统一，既造成学科建设力量和资源的重复投入，又偏离了马克思主义理论学科建设的基本要

求，更为其他学科人员挂靠思想政治教育学科"借鸡生蛋"现象的滋生提供了便利。思想政治教育学科硕士点建设依托学科逐渐规范的同时，有待发挥其对本科专业建设规范的辐射作用。

三、学科研究方向与本学科属性相关度有待进一步规范和提高

从研究方向的设置来看，50所样本院校总计设置研究方向53个，除思想政治教育理论与实践研究、思想政治教育原理与方法研究、传统文化与思想政治教育研究、高校思想政治教育研究方向外，各院校研究方向重合率较低，且有33个研究方向仅有一所院校设置，研究方向较为分散。从研究方向的设置涵盖的学科来看，研究方向涵盖哲学、法学、经济学、社会学、教育学、心理学、管理学等学科。开展多学科交叉研究与融合，对于推进思想政治教育学科发展具有重要意义，有些学校在制定研究方向的时候也考虑到各自的办学情况与地方特色，如某海事大学的"海洋意识与航运文化"，某民族大学的"边疆民族地区社会主义核心价值观培育与践行研究""民族地区干部与群众思想政治工作"，黑龙江省某院校的"大庆精神与高校思想政治教育研究"，某财经大学的"企业文化与思想政治教育"。然而，在学科交叉、融合发展的过程中，也明显存在学科边界模糊，脱离思想政治教育学科基础进行研究的情况，出现一些明显属于非思想政治教育学科的研究方向，例如法学思想与法治教育、当代青年国际交往研究、海洋意识与航运文化等。从思想政治教育学科硕士点研究方向与本学科属性的相关度的评估结果来看，呈"高度相关"的院校有25所，占样本院校总数的50%；研究方向与本学科属性的相关度呈"中度相关"的20所，占40%；研究方向与本学科属性的相关度呈"低度相关"的5所，占10%。可见，思想政治教育学科硕士点研究方向与本学科属性相关度有待进一步规范和提高。

四、培养方案课程设置的专业属性有待进一步完善和提高

从每所院校思想政治教育学科硕士学位课程设置的数量来看，各院校学位课程设置存在较大差别，最少的只设置了4门专业课，而多的则达到11门。从各门课程的开课率来看，开课率达到50%以上的仅2门课程，分别是思想政治教育理论与方法专题开课院校31所，开课率62%；中国共产党思想政治教育史开课院校26所，开课率52%。开课

院校数量在 3 所及以下的课程有 34 门,开课院校数量为 1 所的课程高达 17 门。从研究方法课程开设情况来看,仅 12 所院校开设具有明确学科研究方法性质的课程,包括思想政治教育研究方法专题、思想政治教育统计研究方法论、社会科学研究方法、马克思主义理论研究方法等课程,这说明科研技术和方法在硕士研究生专业水平提升中的作用目前并未得到充分重视。从思想政治教育学科硕士点培养方案课程设置质量的专业性评估结果来看,专业性评估结果达到"优秀"等级的院校仅 10 所,占样本院校总数的 20%,评估"合格"的 35 所,占 70%,评估"不合格"的 5 所,占 10%。因此,思想政治教育学科硕士培养方案课程设置的专业属性和质量有待进一步完善和提高。

五、学科硕士点建设与本科专业建设分离现象明显

从思想政治教育学科硕士点院校创办本科专业情况来看,401 所具有思想政治教育学科硕士点的院校中,具有该学科本科专业的院校有 136 所,占院校总数的 33.9%;不具有该学科本科专业的院校有 265 所,占院校总数的 66.1%。从开办思想政治教育本科专业院校的学科实力来看,18.9% 的院校具有思想政治教育学科博士点,81.1% 的院校不具有思想政治教育学科博士点;45.2% 的院校具有思想政治教育二级学科硕士点,54.8% 的院校不具有思想政治教育二级学科硕士点。大多数开办思想政治教育本科专业的院校缺乏思想政治教育学科实力。从思想政治教育学科硕士生源来看,生源所属院校的层次不高,跨专业报考现象也比较突出。因此,思想政治教育学科硕士点建设虽然取得了巨大的发展,但出现与本科专业建设分离的现象,长远来看又会制约思想政治教育学科建设和硕士点的发展。

第四节 进一步加强思想政治教育学科硕士点建设的建议

从思想政治教育本科专业建设 40 年和思想政治教育学科硕士点建设 36 年发展情况来看,经过广大思想政治教育学科专业工作者的共同努力,思想政治教育学科已成为硕士点数量最多的学科。但是,思想政治教育学科还不能称为实力最强的学科，在硕士点建设过程中存在着各种各样的问题。应进一步优化思想政治教育学科点布局，加强学科建设管理，完善思想政治教育学科硕士培养方案，推进思想政治教育学科与专业建设协调发展，拓展学科领域、丰富学科内涵、增强学科特色、提高学科水平。

一、进一步优化思想政治教育学科点布局

当前具有思想政治教育学科硕士点院校类型分布，涵盖了综合类、师范类、理工类、财经类、农林类、医药类、军事类、党校、研究所等各种类型院校，由此也带来了不同类型院校学科建设差距拉大的问题。思想政治教育学科点院校层次中，39所"985工程"院校具有硕士点，但是普通院校中有270所拥有硕士点，所占比例高达67.3%，思想政治教育学科硕士点院校主要为一般的二本院校。学科点地域分布方面，西北、西南边疆省份偏少。这不利于当地思想政治教育学科高层次人才的培养。因此，思想政治教育学科硕士点建设应优化学科点布局；在下一步的学科点审批中，应给予西北、西南边疆省份的高校更多政策支持。从规模而言，学科点的发展增长应审慎，严格控制学科点数量，集中精力建设好现有的思想政治教育学科硕士点，丰富学科内涵，实现由数量优势向质量提升的转变。

二、进一步加大政策支持和加强学科建设管理

回顾思想政治教育专业和学科建设的历程，思想政治教育学科发展离不开教育管理部门的强力支持。进一步推进思想政治教育学科建设，依然需要在招生政策、人才培养、队伍建设、保障机制和领导管理方面给予政策支持。在支持学科建设的同时，需要加强思想政治教育学科建设管理，以指导和规范思想政治教育学科深入发展。思想政治教育学科硕士点内部存在的一些问题，比如学科建设不依托马克思主义理论学科，导师在本学科招生却不研究思想政治教育领域的问题，硕士研究方向与本学科无关等，降低了思想政治教育学科规范性，一定程度上对思想政治教育学科形象造成不利影响。主管部门应加强对学科组织机构的管理，对依托单位不在思想政治理论课教学单位、不依托马克思主义理论学科的硕士点加强监督管理，限期整改；对研究专长不在思想政治教

育学科的硕士生导师、研究方向设置与思想政治教育学科无关的硕士点进行排查，规范思想政治教育研究领域；建立思想政治教育学科硕士点进出机制，甚至取缔不合格的硕士点。

三、进一步完善思想政治教育学科硕士培养方案

培养高质量的人才是思想政治教育学科硕士点建设的重要落脚点，制定并落实完善的人才培养方案是培养高质量人才的基础性工作。完善思想政治教育学科硕士培养方案，在研究方向设置方面，同一研究内容应统一名称，避免表述的杂乱，提高规范性；正确处理学科属性和研究特色的关系，在鼓励学科点根据社会发展要求、院校类型、地域资源、学科基础和学者自身研究专长形成研究方向的特色时，必须立足思想政治教育学科专业属性的要求，不得随意设置脱离本学科属性的研究方向；各学科点应正确处理整体培养方案和硕士生个性化人才培养的关系，鼓励硕士生导师根据整体性培养方案和硕士生的特点，制定个性化培养方案。在课程设置方面，应解决学位课程设置随意性、低水准和专业性差等不规范问题，妥善处理学位核心课程与研究方向特色课程的关系，特色多样化课程设置必须以本学科统一的核心课程为基础。在思想政治教育研究方面，"应大力倡导以解决实际工作中问题的行动取向研究"，"按照学科建设的规律，运用科学研究方法进行研究，是推动思想政治教育学科科学水平的重要杠杆，也是思想政治教育学科建设的基本选择"[①]。在教学方面，必须突出研究特色，培养研究生发现问题、研究问题、解决问题的能力，引导研究生掌握最新的研究成果和学科领域内研究的重点问题，重视科学的研究方法，使研究生的思维视野、研究意识和研究能力得以逐步提升。教育部学位委员会和思政司等相关领导部门应在广泛调研的基础上，制定思想政治教育学科硕士研究生培养指导方案，组织力量编写本学科核心课程的示范性教材，提高本学科科学化水平和人才培养质量。

四、进一步推进思想政治教育学科与专业建设协调发展

经过 40 年的发展，思想政治教育领域硕士点日益增多，思想政治

---

① 余双好. 思想政治教育学科发展的问题与走向[J]. 思想教育研究，2014（1）.

教育学科点建设逐渐得到重视,而思想政治教育本科专业却逐渐被忽视,导致出现具有思想政治教育本科专业院校没有学科硕士点支撑,而具有思想政治教育硕士点的院校却没有思想政治教育本科专业的问题。学科与专业既有区别又有联系,从二者区别来看,"构成学科的元素是知识单元,而构成专业的元素是课程;专业是学科与社会需求的结合点,专业设置以社会需求为导向,随着产业结构的调整和人才市场需求而变化,学科则相对稳定;专业是为人才培养活动而设置的教学单位,发展的核心是教学,遵循教学的规律,而学科的形成和发展遵循科学发展的规律"。学科与专业同时有着内在紧密的联系,"一方面,学科与专业都具有人才培养功能,与一定的知识相联系,且都以一定的组织机构为依托,是师生活动的主要领域;另一方面,学科是专业的基础,专业是多门学科知识的选择组合"[①]。可见,学科支撑专业,思想政治教育学科建设支撑并制约着思想政治教育专业建设的水平,专业组织课程来传播学科知识并培养学科人才,思想政治教育专业建设中专门人才的有效供给一旦出现问题,势必会严重影响思想政治教育学科的进展。思想政治教育本科专业目前依然是马克思主义理论一级学科目录下唯一的本科专业,不仅面临着为思想政治教育培养高级专门人才的任务,而且还承担着为整个马克思主义理论一级学科培养后备人才的重任。因此,应提升思想政治教育专业认识,调整设置思想政治教育本科专业的学校结构,鼓励高层次、学科实力强的高校积极参与,形成与思想政治教育学科发展相适应的布局,让学科发展与专业建设齐头并进,进一步优化思想政治教育专业生源结构和人才培养质量。

---

① 谢桂华. 高等学校学科建设论[M]. 北京:高等教育出版社,2011:59.

第六章 思想政治教育学科博士点发展

博士生培养是学科人才培养的最高阶段，博士点建设发展现状直接影响到人才培养的层次和发展竞争力。狭义的学科建设即学科点建设，特指博士点建设；广义的学科建设指本科专业建设和硕士点、博士点建设，包括人才培养、队伍建设、科学研究、社会服务、国际交流合作等方面建设内容。思想政治教育学科博士点的建设在学科建设中发挥着龙头作用。总结改革开放以来思想政治教育学科博士点发展历史和成就，分析博士点建设现状和存在的问题，探讨博士点建设的问题应对之策和发展方向，是思想政治教育学科建设的重要任务。

第一节 思想政治教育学科博士点建设现状

根据国务院学位委员会提供的资料，截止到2023年，全国共有109个思想政治教育学科博士点，这109个博士点单位基本情况见表6-1。

表6-1 思想政治教育学科博士点单位基本情况（截止到2023年12月）

项目	类别	数量	百分比
院校类型	综合类	43	39.4%
	师范类	26	23.9%
	理工农医类	29	26.6%

续表

项目	类别	数量	百分比
院校类型	人文社科类	7	6.4%
	军事类	2	1.8%
	党校、研究所	2	1.8%
院校层次	"985工程"院校	35	32.1%
	"211工程"院校（不含"985工程"院校）	40	36.7%
	"双一流"院校（不含"985工程""211工程"院校）	5	4.6%
	普通院校	29	26.6%
本科专业	具有思想政治教育本科专业的单位	57	52.3%
	不具有思想政治教育本科专业的单位	52	47.7%

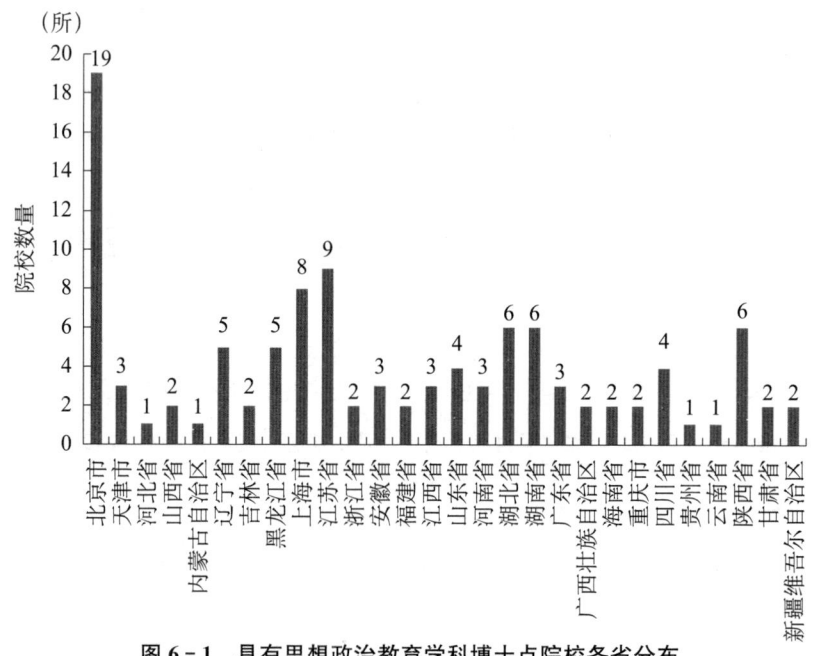

一、具有思想政治教育学科博士点院校各省分布

109个具有思想政治教育学科博士点的院校分布于全国28个省（自治区、直辖市），如图6-1所示：北京市19所，占全部具有思想政

图6-1 具有思想政治教育学科博士点院校各省分布

治教育学科博士点院校总数的17.4%；江苏省9所，占8.3%；上海市8所，占7.3%；湖北省、湖南省、陕西省各6所，各占5.5%；辽宁省、黑龙江省各5所，各占4.6%；山东省、四川省各4所，各占3.7%；天津市、安徽省、江西省、河南省、广东省各3所，各占2.8%；山西省、吉林省、浙江省、福建省、广西壮族自治区、海南省、重庆市、甘肃省、新疆维吾尔自治区各2所，各占1.8%；河北省、内蒙古自治区、贵州省、云南省各1所，各占0.9%。

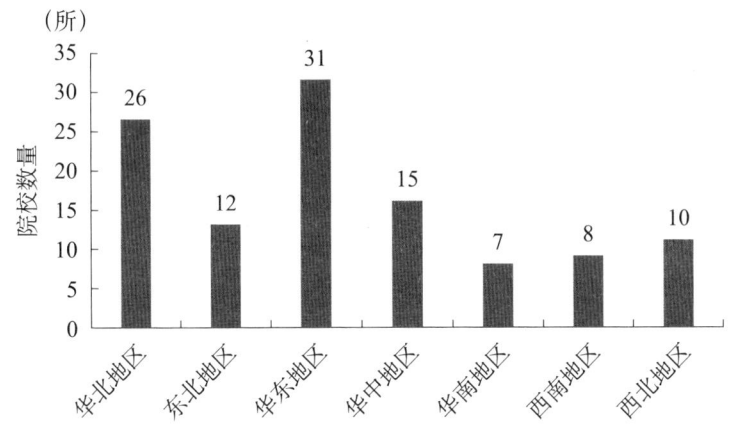

二、具有思想政治教育学科博士点院校地区分布

109所具有思想政治教育学科博士点的院校分布于7个地区，如图6-2所示：华北地区（包括北京市、天津市、河北省、山西省、内蒙古自治区）26所，占全部具有思想政治教育学科博士点院校总数的23.9%；东北地区（包括辽宁省、吉林省、黑龙江省）12所，占11.0%；华东地区（包括上海市、江苏省、浙江省、安徽省、福建省、江西省、山东省）31所，占28.4%；华中地区（包括河南省、湖北省、湖南省）15所，占13.8%；华南地区（包括广东省、广西壮族自治区、海南省）7所，占6.4%；西南地区（包括四川省、重庆市、云南省、贵州省、西藏自治区）8所，占7.3%；西北地区（包括宁夏回族自治区、新疆维吾尔自治区、青海省、陕西省、甘肃省）10所，占9.2%。港澳台地区（包括香港特别行政区、澳门特别行政区、台湾地区）本研究未做统计。

图6-2 具有思想政治教育学科博士点院校地区分布

三、具有思想政治教育学科博士点院校层次分布

109所具有思想政治教育学科博士点的院校层次分布情况如图6-3所示:"985工程"院校35所,占全部具有思想政治教育学科博士点院校总数的32.1%;"211工程"院校(不含"985工程"院校)40所,占36.7%;普通院校29所,占26.6%;"双一流"院校(不含"985工程""211工程"院校)5所,占4.6%。

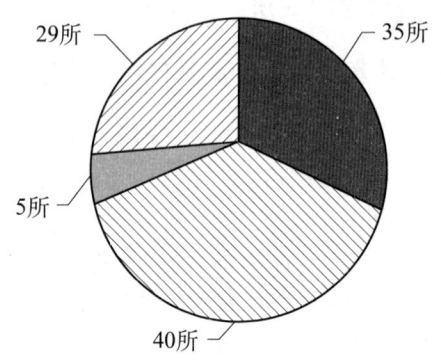

图6-3 具有思想政治教育学科博士点院校层次分布

四、具有思想政治教育学科博士点院校类型分布

109所具有思想政治教育学科博士点院校的类型分布如图6-4所示:

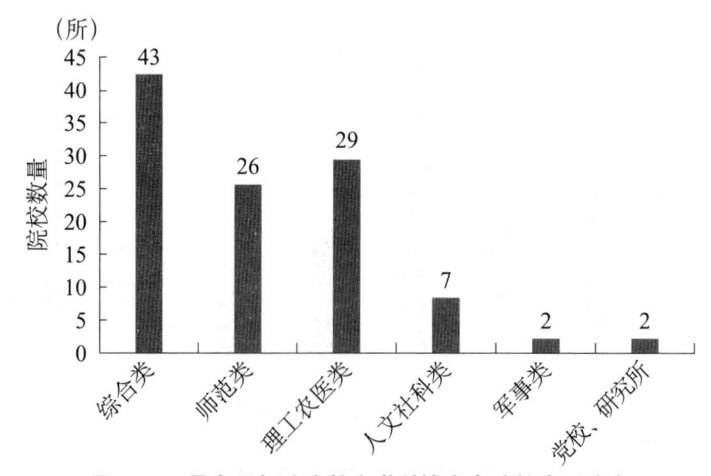

图6-4 具有思想政治教育学科博士点院校类型分布

综合类院校43所，占全部具有思想政治教育学科博士点院校总数的39.4%；师范类院校26所，占23.9%；理工农医类院校29所，占26.6%；人文社科类院校7所，占6.4%；军事类院校2所，占1.8%；党校、研究所2所，占1.8%。

五、具有思想政治教育学科博士点院校创办本科专业情况

对具有思想政治教育学科博士点院校创办思想政治教育本科专业情况进行分析，如图6-5所示，109所具有思想政治教育学科博士点的院校中，具有思想政治教育本科专业的院校有57所，占所有具有思想政治教育学科博士点院校总数的52.3%；不具有思想政治教育本科专业的院校有52所，占所有具有思想政治教育学科博士点院校总数的47.7%。

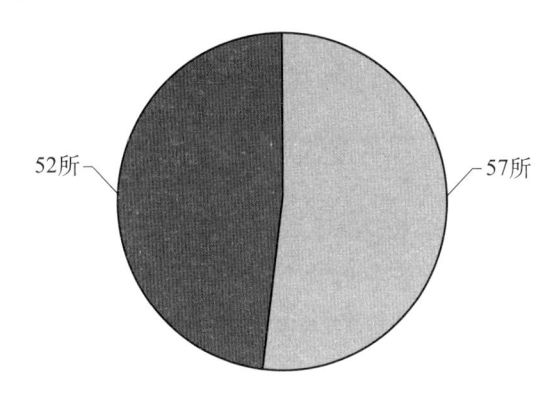

■ 不具有思想政治教育本科专业的院校　□ 具有思想政治教育本科专业的院校
图6-5　具有思想政治教育学科博士点院校创办该学科本科专业情况

六、思想政治教育学科博士点依托建设单位分析

对思想政治教育学科博士点所在二级单位进行归类分析，如图6-6所示，以马克思主义学院为依托建设单位的院校共104所，占所有思想政治教育学科博士点院校总数的95.4%；以思想政治理论课教研单位为依托建设单位的院校共有3所，占2.8%；以其他单位为依托建设单位的院校有2所，占1.8%。

```
      3所 2所
          ╲ ╱
           
           
                    104所
```

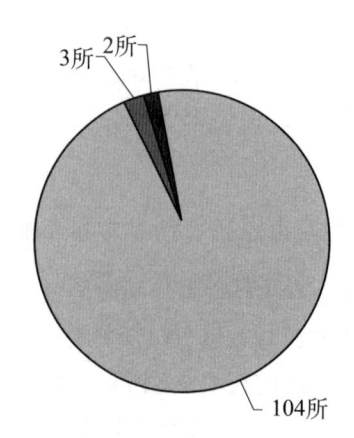

■ 马克思主义学院　■ 思想政治理论课教研单位　■ 其他单位

图6-6　思想政治教育学科博士点依托二级单位

第二节　思想政治教育学科博士点培养方案现状分析

本节对109所院校的思想政治教育学科博士培养方案进行抽样分析。考虑到某些院校的独特性和唯一性，以及军事类院校的相关培养方案未对外公开，为达到小样本理论最小值基本样本，故选择不同类型的院校36所作为样本①，样本院校的基本信息见表6-2。

表6-2　培养方案样本院校基本信息

院校类型			院校层次			学科点实力			本科专业		
类型	数量	百分比	层次	数量	百分比	博士点	数量	百分比	本科专业	数量	百分比
综合类	16	44.4%	"985工程"院校	15	41.7%	一级学科	36	100.0%	有	21	58.3%

---

① 院校名称：北京师范大学、大连理工大学、贵州师范大学、海南大学、河海大学、华东师范大学、华中科技大学、辽宁师范大学、南开大学、山西大学、中国社会科学院大学、武汉理工大学、西北师范大学、西安交通大学、西南大学、中国农业大学、中南大学、武汉大学、清华大学、陕西师范大学、东北师范大学、复旦大学、中国矿业大学、中央财经大学、中国政法大学、湖南大学、湘潭大学、湖南师范大学、西南财经大学、兰州大学、山东大学、南京理工大学、东北林业大学、电子科技大学、西安理工大学、江西师范大学。

续表

院校类型			院校层次			学科点实力			本科专业		
类型	数量	百分比	层次	数量	百分比	博士点	数量	百分比	本科专业	数量	百分比
师范类	9	25.0%	"211工程"院校	13	36.1%	二级学科	0	0.0%	无	15	41.7%
理工农医类	7	19.4%	"双一流"院校	1	2.8%						
人文社科类	4	11.1%	普通院校	7	19.4%						
军事类	0	0.0%									
党校、研究所	0	0.0%									

一、具有思想政治教育学科博士点院校研究方向设置

对样本院校培养方案中列出的研究方向进行全部统计，36所院校总共设置不同的研究方向109个。其中设置院校数量在2所及以上的研究方向有13个，如图6-7所示，分别是：思想政治教育基本理论与实践研究设置院校19所，占样本院校总数的52.8%；思想政治教育原理与方法研究设置院校15所，占41.7%；思想政治教育发展研究、道德与法治教育研究设置院校各7所，各占19.4%；思想政治教育心理研究、思想政治教育与中国传统文化、网络思想政治教育研究设置院校各5所，各占13.9%；高校学生思想政治教育与事务管理、新时期思想政治工作规律研究设置院校各4所，各占11.1%；比较思想政治教育研究、高校德育、中国共产党思想政治教育史研究设置院校各3所，各占8.3%；当代社会思潮与思想政治教育研究设置院校2所，占5.6%。

对单个院校研究方向设置数量进行统计，如图6-8所示：设置1个研究方向的院校有14所，占样本院校总数的38.9%；设置2个研究方向、4个研究方向、5个研究方向的院校各5所，各占13.9%；设置

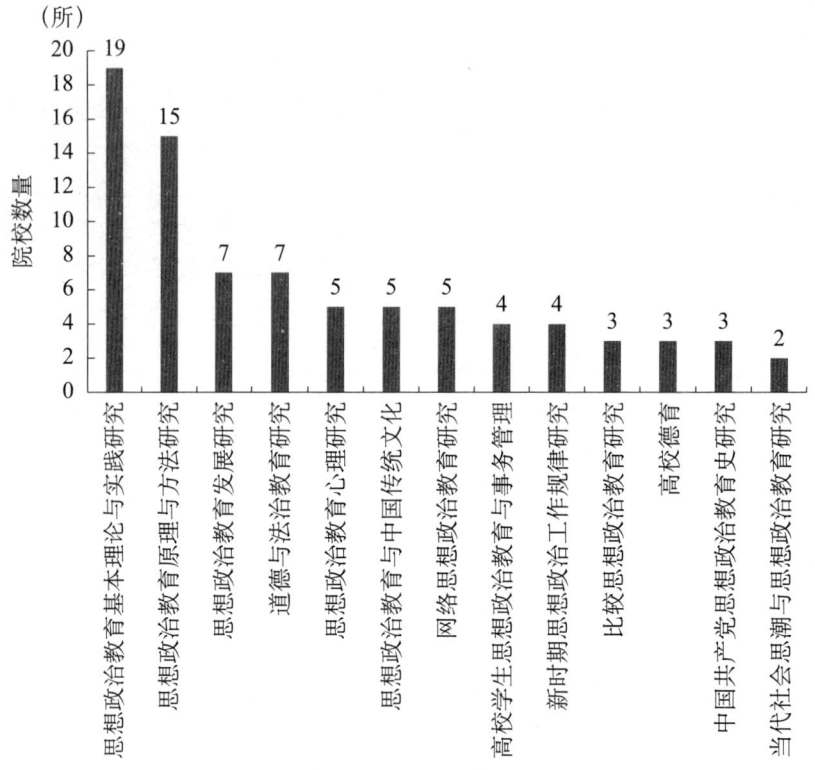

图 6-7 思想政治教育学科博士点研究方向统计（设置院校数量 2 所及以上）

柱状图数据（院校数量）：
- 思想政治教育基本理论与实践研究：19
- 思想政治教育原理与方法研究：15
- 思想政治教育发展研究：7
- 道德与法治教育研究：7
- 思想政治教育心理研究：5
- 思想政治教育与中国传统文化：5
- 网络思想政治教育研究：5
- 高校学生思想政治教育与事务管理：4
- 新时期思想政治工作规律研究：4
- 比较思想政治教育研究：3
- 高校德育：3
- 中国共产党思想政治教育史研究：3
- 当代社会思潮与思想政治教育研究：2

3个研究方向的院校 3 所，占 8.3%；设置 6 个研究方向、7 个研究方向、9 个研究方向、12 个研究方向的院校各 1 所，各占 2.8%。

对博士点研究方向与本学科属性的相关度进行评估。依据 2005 年国务院学位委员会、教育部下发的《关于调整增设马克思主义理论一级学科及所属二级学科的通知》中关于思想政治教育"学科研究范围"的规定，在前期关于硕士点研究方向评估的基础上，我们确定 6 个研究方向：思想政治教育理论与实践类、思想政治教育史研究类、比较思想政治教育研究、高校思想政治教育类、社会其他成员思想政治教育理论与实践研究（干部与群众思想政治工作、企业思想政治教育等）、思想政治教育学科交叉研究（思想政治教育心理学、思想政治教育社会学等）。对各博士点研究方向与本学科属性的相关度进行评估，我们确定评估标准为：单个院校设定的研究方向中与本研究设定的 6 个研究方向吻合度达到 70% 以上的院校为"高度相关"，在 40%~70% 之间的为"中度

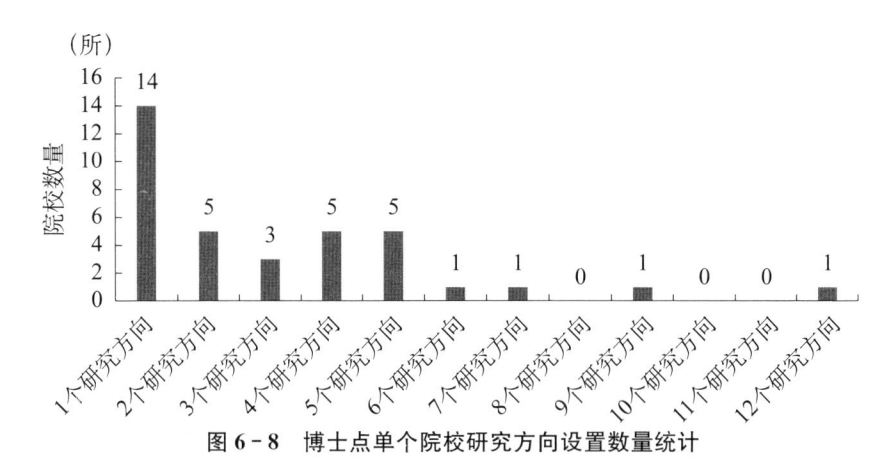

图 6-8 博士点单个院校研究方向设置数量统计

相关",在 40% 以下的为"低度相关"。

评估结果如图 6-9 所示,思想政治教育学科博士点研究方向与本学科属性的相关度呈"高度相关"的 26 所,占样本院校总数的 72.2%;呈"中度相关"的 10 所,占 27.8%;呈"低度相关"的 0 所。在对不同层次、类型、水平院校的培养方案中研究方向与学科属性相关度评估的基础上,我们进一步对其差异性进行分析,方差分析结果显示,不同院校类型、院校层次,以及是否为一级学科博士点之间没有显著差别。

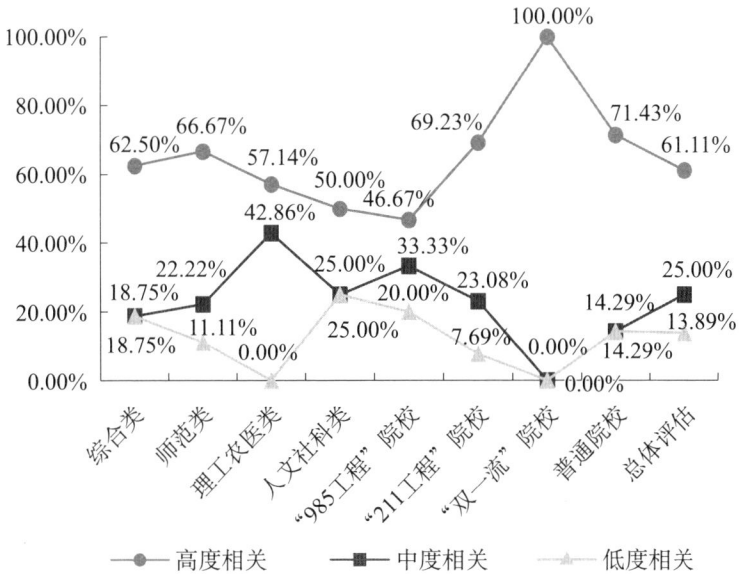

图 6-9 思想政治教育学科博士点研究方向与本学科属性的相关度评估

二、思想政治教育学科博士点院校开课情况

对各院校培养方案中课程设置数量进行统计，如图 6-10 所示，不含公共外语和思想政治理论课，培养方案中设置 6 门课程、13 门课程、14 门课程、15 门课程、20 门课程、24 门课程、30 门课程、34 门课程的院校各 1 所，各占样本院校总数的 2.8%；设置 4 门课程、8 门课程、12 门课程的院校各 2 所，各占 5.6%；设置 9 门课程、11 门课程的院校各 3 所，各占 8.3%；设置 7 门课程的院校 4 所，占 11.1%；设置 5 门课程、10 门课程的院校各 6 所，各占 16.7%。

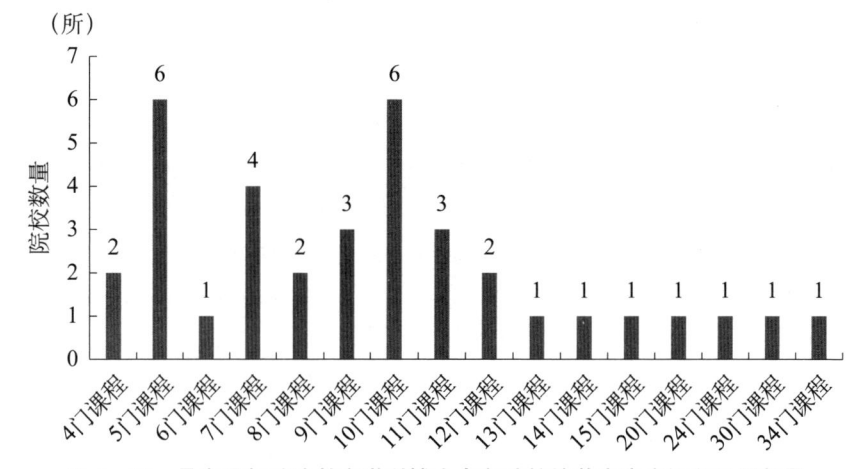

图 6-10 具有思想政治教育学科博士点各院校培养方案中课程设置数量

对样本院校培养方案中列出的所有课程进行全部统计，如图 6-11 所示，其中开课院校数量在 10 所及以上的课程有 12 门，分别是：马克思主义经典著作专题研究开课院校 29 所，占样本院校总数的 80.6%；中国马克思主义与当代 21 所，占 58.3%；思想政治教育理论前沿问题研究 18 所，占 50%；马克思主义中国化前沿问题研究 17 所，占 47.2%；马克思主义理论前沿问题专题研究、习近平新时代中国特色社会主义思想专题研究各 16 所，各占 44.4%；马克思主义基本原理及前沿问题研究、马克思主义发展史专题研究各 14 所，各占 38.9%；国外马克思主义前沿问题研究 13 所，占 36.1%；高校思想政治理论教学专题研究、马克思主义与社会思潮研究、马克思主义政治经济学专题研究各 10 所，各占 27.8%。开课院校数量在 2~9 所的课程有 16 门，

分别是：政治教育理论与方法、思想政治教育与党建研究、马克思社会发展理论专题研究、马克思主义研究方法各9所，各占25%；思想政治教育与中国传统文化8所，占22.2%；中国近现代史基本问题专题研究、马克思主义哲学专题研究各7所，各占19.4%；思想道德与法治教育专题研究5所，占13.9%；比较思想政治教育专题研究、现代德育理论研究各4所，各占11.1%；新时代思想政治教育理论与实践研究、科学社会主义理论与实践各3所，各占8.3%；《资本论》专题研究、马克思主义意识形态理论专题研究、马克思主义国际关系理论研究、习近平外交思想的理论与实践研究各2所，各占5.6%。

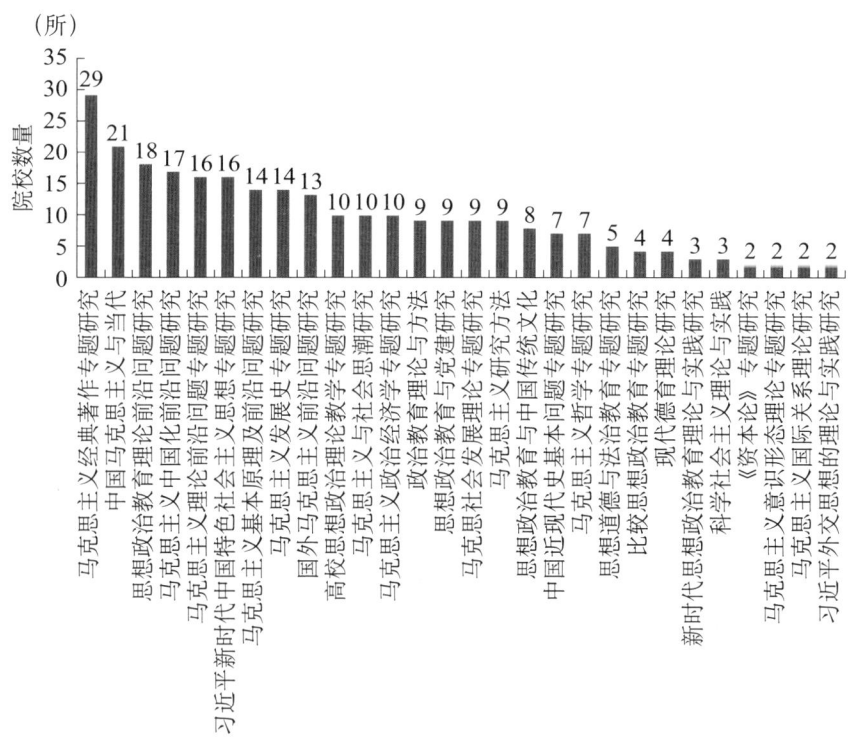

图6-11　思想政治教育学科博士点开设课程统计
（开课院校数量2所及以上的课程）

三、思想政治教育学科博士点课程设置专业性评估

依据2005年下发的《关于调整增设马克思主义理论一级学科及所

属二级学科的通知》关于思想政治教育学科"课程设置"的规定,在前期关于硕士点课程评估的基础上,综合考虑博士研究生人才培养的层次、学科属性和博士课程学分总量的限制等因素,我们确定9门博士学位核心课程:马克思主义经典著作专题研究、中国马克思主义与当代、思想政治教育理论前沿问题研究、马克思主义中国化前沿问题研究、马克思主义理论前沿问题专题研究、习近平新时代中国特色社会主义思想专题研究、马克思主义基本原理及前沿问题研究、马克思主义发展史专题研究、国外马克思主义前沿问题研究。对样本院校培养方案的学位课程设置质量进行专业性评估,单个院校的课程设置与本研究设定的9门核心课程吻合度达到70%以上为"优秀",在40%~70%之间的为"合格",在40%以下的为"不合格"。如图6-12所示,思想政治教育学科各博士培养方案课程设置专业性评估结果等级为"优秀"的院校共22所,占样本院校总数的61.1%;专业性评估结果等级为"合格"的9所,占25%;专业性评估结果等级为"不合格"的5所,占13.9%。对不同层次、类型、水平院校的培养方案中课程设置专业性评估结果进行差异分析,方差分析结果显示,不同院校类型、院校层次,以及是否为一级学科博士点之间没有显著差异。

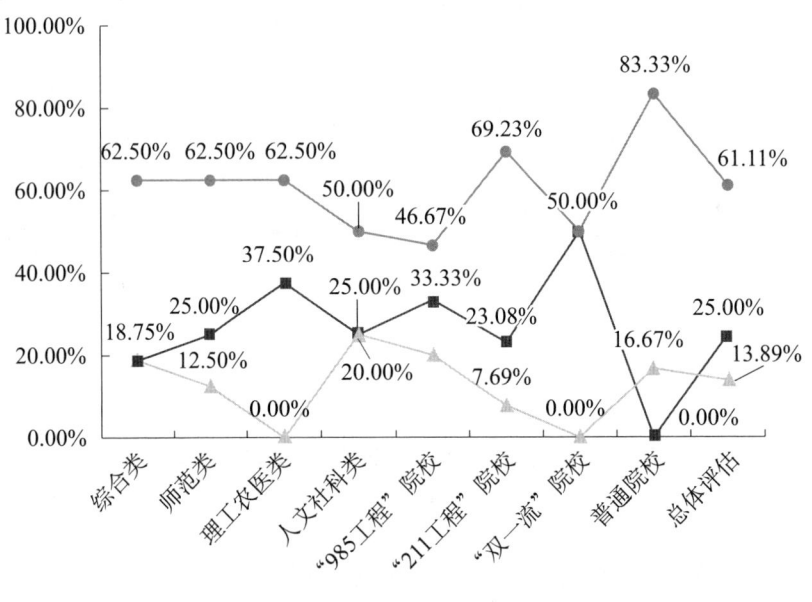

图6-12 思想政治教育学科博士点课程设置专业性评估

第三节　思想政治教育学科博士点建设存在的问题

从1996年开始招收马克思主义理论与思想政治教育学科博士生以来，尤其是2005年设立马克思主义理论一级学科以来，思想政治教育学科博士点数量逐年增加，已经成为我国博士点最多的学科，学科建设取得了长足的发展和进步。2014年，我们曾对思想政治教育学科博士点发展状况进行过分析①，与2013年相比，2023年思想政治教育学科博士点在依托单位、研究方向设置和课程设置方面有了明显进步，但是仍然存在着学科布局、专业研究方向设置和课程设置等方面的问题，主要体现在以下几个方面：

一、思想政治教育博士点存在着发展不均衡的问题

从具有思想政治教育学科博士点院校的地域分布来看，与2013年相比，虽然2023年思想政治教育学科博士点发展的均衡性有了一定的提升，但依然存在着院校地域分布不均衡、院校层次相差较大的问题。其一，博士点在各省分布上并没有较大改变。依旧是北京市、江苏省所有的博士点数量较多，各省近十年增加数量在1～3所不等，内蒙古自治区新增思想政治教育学科博士点1个。其二，具有思想政治教育学科博士点院校在地区分布上有了部分变化，但最多的地区依旧是华东地区，增加量呈现出多者更多、少者更少的现象，尤其是因为基数的改变，使得西南地区在数量增加的情况下，占比反而减少。具有思想政治教育学科博士点院校较多的省份集中于中东部地区，而具有思想政治教育学科博士点院校较少的省份主要集中于西北、西南和北部边疆地区，地域发展不平衡。其三，在具有思想政治教育学科博士点院校类型分布上，综合类院校依旧是数量最多的，理工农医类院校合并后数量超过了2014年排在第二位的师范类院校数量，军事类院校数量有所减少，党校、研究所数量没有变化。其四，从具有思想政治教育学科本科专业、硕士点和博士点院校分布情况来看，博士点与硕士点分布协

---

① 佘双好，邢鹏飞. 思想政治教育学科博士点建设现状与特点分析[J]. 思想政治课研究，2014（4）.

调性较高,而本科专业与硕士点分布协调性偏低、与博士点分布协调性更低,学科专业各层次地域分布分离现象明显,发展很不平衡,势必对本学科人才的培养带来不利影响,制约思想政治教育学科的健康发展。

二、思想政治教育博士点研究方向依然存在与本学科属性相关度不高的问题

从思想政治教育学科研究方向设置来看,2014年的调查结果表明,36所样本院校总计设置不同的研究方向72个,除思想政治教育理论与实践类、高校思想政治教育研究外,各院校研究方向重合率较低,且有52个研究方向仅有1所院校设置,研究方向较为分散。经过10年建设,思想政治教育学科博士点研究方向设置规范程度有了进一步提高,但依然存在着部分研究方向与思想政治教育学科博士点业务范围相偏离的现象。2024年的调查结果表明36所院校总计设置不同的研究方向109个,比2014年调查得出的研究方向更为广泛。从调查情况来看,设置1个研究方向的院校有14所,占样本院校总数的38.9%;设置2个研究方向、4个研究方向、5个研究方向的院校各5所,各占13.9%;设置3个研究方向的院校3所,占8.3%;设置6个研究方向、7个研究方向、9个研究方向、12个研究方向的院校各1所,各占2.8%。从思想政治教育学科博士点研究方向与本学科属性相关度的专业评估结果来看,呈"高度相关"的26所,占样本院校总数的72.2%;呈"中度相关"的10所,占27.8%,依然存在着思想政治教育学科博士点研究方向与本学科属性相关度不高的问题。思想政治教育学科博士点研究方向设置的多样性、分散性、随意性和缺乏规范性等问题反映了思想政治教育学科边界不清等问题,对思想政治教育学科的科学性和专业性产生不良影响。

三、课程体系的专业性和课程内容的前沿性有待提高

从2014年的调查结果来看,各院校在学位课程设置方面存在较大差异,最少的只开设了2门专业课,而多的则达到15门。从各门课程的开课率来看,开课率达到50%以上的仅3门课程,分别是思想政治教育学科前沿问题专题27所,开课率75.0%;马克思主义原著选读开

课院校 26 所，开课率 72.2%；思想政治教育原理与方法 24 所，开课率 66.7%。开课院校数量为 1 所的课程高达 50 门。经过 10 年建设，思想政治教育学科博士点课程设置的规范性有了进一步提高，但依然存在"少的只设置了 4 门专业课，而多的则达到 34 门"等现象。从研究方法课程开设情况来看，仅 9 所院校开设具有研究方法性质的课程，分别为：学术研究方法与学术规范、马克思主义理论研究方法、思想政治教育研究方法、政治教育理论与方法，且其中仅 1 所院校直接开设"思想政治教育研究方法"课程，学科研究方法课程在博士研究生培养中依旧未能得到充分重视。从思想政治教育学科博士点培养方案课程设置的专业性评估结果来看，专业性评估等级为"优秀"的院校共 22 所，占样本院校总数的 61.1%；"合格"的 9 所，占 25%；"不合格"的 5 所，占 13.9%。博士点课程设置的专业性需进一步提高。从思想政治教育学科博士点课程的设置科目和教学方式来看，课程内容、教学方式和课程考核要求都与本科专业课程、硕士课程差别不大，课程设置缺乏层级性，博士课程实施缺乏高深"学术性"。从课程体系的编制来看，因人设课的问题依然存在，课程设置存在随意性的问题依然没有杜绝。

第四节 进一步加强思想政治教育学科博士点建设的建议

从调查结果来看，思想政治教育专业建设 40 年、博士点建设近 20 年来，思想政治教育学科博士点建设取得了长足进步，在马克思主义理论一级学科各二级学科点中，思想政治教育专业是专业化程度最高的学科点，但思想政治教育学科博士点也存在着更进一步发展的问题，并且随着学科点建设从外延式发展进入内涵式发展和质量提升新的发展阶段，要求思想政治教育学科点按照"拓展学科领域、丰富学科内涵、增强学科特色、提高学科水平"总体要求，明确学科边界和研究范围，完善博士课程方案，强化博士生研究方法规训，加强学科建设管理，提高人才培养质量，推进思想政治教育科学化发展。

一、推进学科博士点协调发展

从调查结果来看，尽管思想政治教育学科博士点建设进入内涵式发展和质量提升发展阶段,但在学科布局和结构优化方面需要总体规划。目前思想政治教育学科博士点较少或没有学科点的情况主要存在于位于西北、西南和北部边疆等地区的省份,而这些省份恰恰对思想政治教育需求量较大,并且培养思想政治教育本科生、硕士生人数较多。因此,从思想政治教育专业整体协调发展的战略来看,在政策方面给予西南、西北和北部边疆省份的院校更多支持,是非常必要的。从整个思想政治教育学科点建设来看,都有一个协调博士点与硕士点、本科专业均衡发展,提升思想政治教育学科点建设质量和水平的问题,要进一步优化思想政治教育专业生源结构和人才培养质量,实现由数量优势到质量优势的提升。

二、进一步明确学科边界和研究方向

思想政治教育学科博士点研究方向的设置,必须明晰学科内涵,明确学科边界。思想政治教育学科是设在马克思主义理论一级学科下的二级学科,研究方向的设置应属于马克思主义理论学科和思想政治教育学科的领域。2005年下发的《关于调整增设马克思主义理论一级学科及所属二级学科的通知》对思想政治教育学科研究范围进行了界定:"思想政治教育的性质、规律、功能、内容、方法研究,中国共产党思想政治工作史与基本经验研究,马克思主义理论教育研究,中国化马克思主义教育研究,思想政治教育创新与发展研究,新时期世界观、人生观、价值观教育规律与特点研究,经济全球化条件下爱国主义教育与民族精神培养研究,思想政治教育案例研究,高校学生思想政治教育与管理工作研究,大学生职业道德教育研究,未成年人思想道德建设研究,干部与群众思想政治工作研究。"[①]

2024年国务院学位委员会马克思主义理论学科评议组编修的《研究生教育学科专业简介及其学位基本要求(试行版)》,确定思想政治教育学科的研究方向一般应包括:"经典作家关于思想政治教育主要论述研究;思想政治教育基本理论和方法论研究;中国共产党思想政治教育史与基本经验研究;思想政治教育创新与发展研究;党的意识形态理论和现实问题研究;新时代培育和践行社会主义核心价值观研究;新时代

---

① 教育部思想政治工作司. 加强和改进大学生思想政治教育重要文献选编(1978—2014)[M]. 北京:知识产权出版社,2015:334.

爱国主义教育研究；中国式现代化和中华民族伟大复兴精神动力形成发展研究；当代社会思潮的影响与引导研究；新时代大学生思想政治教育理论与实践研究；未成年人思想道德建设研究；中国式现代化与思想政治教育研究；网络思想政治教育研究等。"[①] 但是，从目前思想政治教育学科博士点研究方向设置来看，研究方向设置的随意性和偏离学科领域的现象依然存在。今后，思想政治教育学科应依据国家相关文件要求，围绕党的思想理论发展的重大需求，对思想政治教育学科核心研究方向进行深入开掘，形成符合思想政治教育学科属性的稳定的研究方向和领域。

三、进一步完善学科博士课程方案

从思想政治教育学科博士专业培养方案专业性评估来看，尽管在思想政治教育学科博士点建设中已经形成了相对稳定的课程方案，但课程设置规范性差、专业性不强和知识体系相对传统等问题依然存在，应立足学科属性，夯实学科核心知识、把握前沿发展趋势和研究方向特色，完善课程体系。课程体系的完善，要体现马克思主义理论学科的基础性、思想政治教育学科的专业性、各学科点优势领域的独特性与现代社会和时代发展的前沿性等特点。从目前思想政治教育课程方案的现状来看，在思想政治教育学科博士课程体系中，有一个比较突出的问题是研究方法的缺失，这直接影响人才培养的质量。从其他相关学科点课程设置来看，研究方法课程占据重要地位，如高等教育学硕士和博士培养方案开设相关研究方法课程的比例分别为 93.3%、70.0%，新闻学科硕士和博士培养方案开设相关研究方法课程的比例分别为 96.7%、80.0%，而思想政治教育学科硕士和博士培养方案开设相关研究方法课程的比例分别为 19.5%、2.2%[②]。因此，应鼓励思想政治教育学科点开设研究方法课程，加强博士生研究方法训练。

---

① 研究生教育学科专业简介及其学位基本要求 [EB/OL]. https://www.acge.org.cn/encyclopediaFront/enterEncyclopediaIndex.

② 高立伟，孙其昂. 思想政治教育学科研究生科研方法规训的实证分析：基于研究生培养方案的考察 [J]. 思想理论教育，2012 (11).

四、进一步完善学科博士点顶层设计和加强管理

进一步推进思想政治教育学科博士点建设，依然需要充分认识本学科的重要性，做好顶层设计，提供有力的政策支持并强化管理。首先，应进一步加强对学科博士点人才培养的规划与管理。思想政治教育学科已经成为我国学科点最多的学科，各院校应根据国家发展的需要和自身实际，确定本学科博士生适度发展规模，着重从生源质量、课程设置、教学内容和方法、人才培养等方面，加强对人才培养过程的管理和指导，提高博士生人才培养的质量和水平。其次，对于博士点和博士生导师，应采取切实政策进行规范管理。虽然国家有关部门多次出台文件进行规范，但是仍存在执行不力等问题，比如博士点不依托马克思主义理论学科建设、博士生导师在培养方案和招生目录中公开设立不属于本学科的研究方向等问题，应逐个进行排查，限期整改，甚至取缔不合格的博士点或导师招生资格，提高学科准入门槛，维护学科声誉。再次，加强博士学位论文的规范管理，在思想政治教育学科取得学位的博士研究生，毕业论文选题必须是研究思想政治教育学科领域的内容，增强博士生学科意识和学科规范。最后，出台学科博士培养指导方案。国务院学位委员会和教育部等相关领导部门应组织力量研究制定符合博士层次的培养指导方案，科学区分博士层次与硕士、本科各层次之间的人才培养规格。

第七章　思想政治教育专业就业问题

毕业生就业状况可以从一个侧面折射出专业人才培养情况，同时也为专业建设提供一个思考专业人才如何培养的角度。思想政治教育本科专业是马克思主义理论一级学科下最大的本科专业，根据阳光高考网站公布的院校信息，截至2023年底，共有301所院校开设思想政治教育本科专业。在新时代背景下，如何办好思想政治教育本科专业，不仅关乎思想政治教育专业人才培养，而且关系到马克思主义理论后备人才的培养。为此，本章主要从思想政治教育专业本科毕业生就业状况角度透视思想政治教育专业建设问题，以武汉大学思想政治教育专业本科毕业生30多年就业状况和全国部分高校思想政治教育专业2017届和2018届本科毕业生就业状况为研究资料，从纵、横两个维度分析思想政治教育专业本科毕业生的就业状况，从而为思想政治教育培养单位思考思想政治教育专业发展提供参照。

第一节　思想政治教育专业就业发生深刻变化

为了从一个较长的历史时段考察思想政治教育专业本科毕业生就业状况，我们对武汉大学思想政治教育专业本科毕业生就业状况进行追踪分析。武汉大学从1984年开始从大学一年级学生中招收思想政治教育专业学生，从1986年开始通过高考招收全日制本科生。从1987年第一届思想政治教育专业学生毕业开始，至今已经有 35 届学生毕业（由于 1986 年从大学一年级招生转为从高考直接招生，1989 年没有本科生毕业），共 1 988 人。由于 1983、1984 级学生采取定向招生方式，主要为高校培养辅导员，这里我们以直接通过高考招生的本科生毕业的 1990 年作为起点，1990—2023 年武汉大学思想政治教育专业本科毕业生就业状况如表 7-1 所示：

表 7-1　武汉大学思想政治教育专业本科毕业生就业状况（1990—2023 年）

时间段	高校	其他教学单位	行政单位	国有企业	非公企业	出国	事业单位	其他
1990—1996 年	23.5%	2.0%	18.4%	21.4%	12.2%	8.2%	11.2%	3.1%
1997—2004 年	34.2%	4.7%	12.6%	19.9%	9.1%	8.7%	6.6%	4.3%
2005—2011 年	33.2%	3.4%	13.0%	13.0%	17.8%	2.9%	10.1%	6.7%
2012—2018 年	36.8%	2.3%	8.8%	7.6%	24.6%	11.1%	0.6%	8.2%
2019—2023 年	62.5%	0.0%	2.7%	5.3%	4.5%	10.7%	4.5%	9.8%
总计	38.0%	2.5%	11.1%	13.4%	13.6%	8.3%	6.6%	6.4%

一、本科毕业生就业总体去向为高校、企业和行政单位

从总体来看，思想政治教育专业本科毕业生的就业去向主要集中于高校、企业和行政单位，到高校就业的人数最多（含升学），占全部人数的 38.0%；其次是企业，占 27.0%（其中非公企业占 13.6%，国有企业占 13.4%）；排在第 3 位的为行政单位，占 11.1%。以上几项占本科毕业生就业总人数的 76.1%。到中小学等其他教学单位、事业单位和出国的比例则相对较小，分别占 2.5%、6.6% 和 8.3%，其他就业去向的占 6.4%。从总体上看，武汉大学思想政治教育专业本科毕业生主要在高校、企业和行政单位就职，就业领域相对比较集中。

二、本科毕业生就业呈现出明显时间阶段性特点

我们将 1990—2023 年这 30 多年分为 5 个阶段：第一阶段为 1990—1996 年，本阶段本科毕业生就业主要集中在高校（23.5%）、国有企业（21.4%）、行政单位（18.4%）、非公企业（12.2%）和事业单位（11.2%），几个方面占本科毕业生就业总人数的 75.5%。第二阶段为 1997—2004 年，本阶段本科毕业生就业主要集中在高校（34.2%）、国

有企业（19.9%）、行政单位（12.6%）、非公企业（9.1%）和事业单位（6.6%），几个方面占本科毕业生就业总人数的82.4%。与第一阶段相比，思想政治教育专业本科毕业生就业于高校的比例有所提高，而国有企业、行政单位、非公企业、事业单位均存在不同程度的下降，说明这一阶段的就业重点主要在高校，升学的比例日渐提高。第三阶段为2005—2011年，本阶段本科毕业生就业主要集中在高校（33.2%）、非公企业（17.8%）、国有企业（13.0%）、行政单位（13.0%）和事业单位（10.1%），几个方面占本科毕业生就业总人数的87.1%，非公企业就业人数开始快速增长。第四阶段为2012—2018年，本阶段本科毕业生就业主要集中在高校（36.8%）、非公企业（24.6%）、出国（11.1%）、行政单位（8.8%）和其他（8.2%），几个方面占本科毕业生就业总人数的89.5%。就业方向日益集中，除高校升学人数提升明显以外，在非公企业就业人数明显增加。第五阶段为2019—2023年，本阶段本科毕业生就业主要集中在高校（62.5%）、出国（10.7%）、其他（9.8%）、国有企业（5.3%），非公企业和事业单位各占4.5%，几个方面占本科毕业生就业总人数的97.3%。从总体来看，本科毕业生就业更集中在高校，主要是升学，而就业去向主要为企业，其中非公企业占比较高（13.6%）。

从思想政治教育专业本科毕业生30多年的就业总体趋势来看（见表7-1），思想政治教育专业本科毕业生就业呈现出明显的阶段性特点，在高校直接就业的比例急剧下降，相应考取研究生的比例快速上升，成为本科毕业生主要毕业去向；在非公企业就业的本科毕业生呈现出波动上升趋势，而在行政单位就业的本科毕业生则大体呈现出下降趋势，从1990—1996年占比18.4%，下降到2012—2018年的8.8%，2019—2023年则下降到2.7%。在国有企业就业的本科毕业生比例也稳步下降，从1990—1996年占比21.4%，下降到2012—2018年的7.6%，2019—2023年则下降到5.3%。从以上数据可以看出，思想政治教育专业本科毕业生的就业单位呈现出由政治性、专业性要求较高的高校、行政单位和国有企业向政治性、专业性要求相对较低的非公企业单位转移的倾向。

三、毕业生就业出现明显分界点

2005年是思想政治教育专业发展的一个重要节点，2005年12月国务院学位委员会、教育部下发《关于调整增设马克思主义理论一级学科及所属二级学科的通知》，思想政治教育成为马克思主义理论一级学科目录下独立二级学科，思想政治教育专业成为马克思主义理论类本科专业，其服务于马克思主义理论类人才培养的功能更加明确，同时，对思想政治教育专业研究生的需求也更加迫切。从2005年前后毕业生就业的情况来看，2005年以前思想政治教育专业本科毕业生就业主要集中于企业、高校和行政单位，占比分别为30.6%、28.9%和16.5%；2005年之后，高校、企业和行政单位分别占44.2%、24.3%和8.2%，就业方向开始向高校和企业聚焦，两者总共占就业比例的68.5%。在企业就业的本科毕业生中，非公企业的比例由10.7%上升为15.6%；在高校就业的本科毕业生中，攻读研究生的比例日益提升，思想政治教育专业为马克思主义理论学科培养后备人才的功能突显。

第二节　思想政治教育专业就业状况

为了从横向角度了解当前思想政治教育专业本科毕业生就业现状，课题组收集了53所样本高校的2017届或2018届思想政治教育专业本科毕业生就业数据，样本总人数为2 735人。其中，2017届收集23所高校，学生样本总数为1 230人；2018届收集30所高校，学生样本总数为1 505人。学校层次分为"985工程"高校、"211工程"高校（不含"985工程"高校）和普通高校3类，高校类别分为师范类、综合类、理工类和其他。通过对阳光高考网站数据进行统计，获得开设思想政治教育本科专业高校的总体情况，将样本与之进行对比，具体情况如表7-2所示：

表7-2　53所样本高校基本情况

项目	类别	样本数量	样本比例	开设总数	总体比例
高校层次	"985工程"高校	9	17.0%	10	3.8%
	"211工程"高校	22	41.5%	24	9.2%
	普通高校	22	41.5%	228	87.0%

续表

项目	类别	样本数量	样本比例	开设总数	总体比例
高校类型	综合类	20	37.7%	89	34.0%
	师范类	24	45.3%	139	53.1%
	理工类	7	13.2%	22	8.4%
	其他	2	3.8%	12	4.6%
	总计	53	100%	262	100%

一、毕业生就业基本去向为升学和企业

2017—2018届思想政治教育专业本科毕业生就业样本总人数为2 735人，其中升学人数为1 258人，分为读研和出国留学两个方向，占样本总人数的46.0%。工作人数为1 199人，占样本总人数的43.8%。其中，其他教学单位任职有546人，占样本总人数的20.0%；非公企业任职有388人，占14.2%；行政单位任职有146人，占5.3%；国有企业任职有66人，占2.4%；事业单位任职有53人，占1.9%。其他（包括创业、待业等去向）人数为278人，占10.2%。如表7-3所示：

表7-3 不同层次与类别样本高校的思想政治教育专业本科毕业生就业情况

项目	类别	升学	国有企业	非公企业	事业单位	其他教学单位	行政单位
高校层次	"985工程"高校	67.1%	4.6%	13.9%	2.3%	3.7%	8.3%
	"211工程"高校	59.6%	5.0%	12.5%	2.6%	16.2%	4.0%
	普通高校	44.4%	1.3%	19.2%	1.4%	27.9%	5.9%
高校类型	师范类	48.0%	0.3%	10.6%	1.5%	33.3%	6.3%
	非师范类	58.3%	6.2%	19.2%	3.0%	7.6%	5.6%

从表7-3统计数据可以看出，"985工程"高校与"211工程"高校（不包括"985工程"高校）思想政治教育专业本科毕业生多集中于升学，而普通高校思想政治教育专业本科毕业生去向较为分散和多样，主要为升学、其他教学单位和非公企业。总体看来，升学比例随着高校层次的升高而升高，到其他教学单位和非公企业工作的比例

则随着高校层次升高而波动下降。从高校类别来看，不同类别高校的思想政治教育专业本科毕业生在主要就业去向上出现明显分化。师范类高校思想政治教育专业本科毕业生的就业去向主要为升学和其他教学单位；非师范类高校思想政治教育专业本科毕业生的就业去向主要集中于升学和非公企业，其中非师范类高校思想政治教育专业本科毕业生的升学比例要高于师范类高校。从表7-3可以看出，升学和企业已经成为思想政治教育的就业专业本科毕业生的基本去向。

二、毕业生升学主要集中在马克思主义理论学科

在53所样本高校的思想政治教育专业本科毕业生中，升学人数有1 258人，占样本总人数的46.0%。在30所高校的2018届读研群体中列出具体专业的人数有507人，专业属于马克思主义理论类的有404人，占列出具体专业人数的80.0%；其中攻读思想政治教育专业硕士研究生的有158人，占31.2%。这在一定程度上说明本科思想政治教育专业已成为马克思主义理论大学科人才供给的主要来源。

如表7-4所示，从高校层次来看，"985工程"高校、"211工程"高校（不包括"985工程"高校）和普通高校的思想政治教育专业本科毕业生，攻读马克思主义理论类专业硕士研究生的比例分别为90.1%、88.5%和65.0%，选择本专业读研的比例分别为43.2%、28.9%和22.7%。可以看出，高校层次越高，选择马克思主义理论类和思想政治教育本专业读研的比例越大。从高校类别来看，师范类高校和非师范类高校的思想政治教育专业本科毕业生，攻读马克思主义理论类专业硕士研究生的比例分别为87%和73.7%，选择本专业读研的比例分别为37.0%和27.7%。可以看出，非师范类高校尽管升学比例高于师范类高校，但在马克思主义理论人才培养和高层次思想政治教育专业人才培养中的基础性作用还有待提升。

表7-4　不同高校思想政治教育专业本科毕业生读研群体的专业分析

项目	层次/类别	马克思主义理论类	思想政治教育专业
高校层次	"985工程"高校	90.1%	43.2%
	"211工程"高校	88.5%	28.9%
	普通高校	65.0%	22.7%

续表

项目	层次/类别	马克思主义理论类	思想政治教育专业
高校类别	师范类	87.0%	37.0%
	非师范类	73.7%	27.7%

三、毕业生就业领域广泛

专业对口是指个体所从事的工作对各类知识、技能的实际需求与自己在学校等类似地方所学的专业知识、技能相匹配。专业对口率＝专业对口人数/毕业生总人数。根据麦可思研究院公布的统计数据，2008—2010届思想政治教育专业本科毕业生专业对口率分别为66.0%、61.0%和63.0%，总体水平不高，就业领域较为广泛。而在此期间全国本科毕业生专业对口率均值为68.7%，法学大类本科毕业生专业对口率均值为51.0%，思想政治教育专业本科毕业生专业对口率的均值为63.3%。思想政治教育专业本科毕业生专业对口率高于法学大类，但低于全国的本科专业，呈现出就业领域广泛且专业对口率不高的特征。

第三节 思想政治教育专业就业存在的问题

毕业生职业发展的方向和质量能够为专业建设提供自我评估、目标导向、策略优化等方面的重要参考信息。思想政治教育专业发展不仅关系到大学生职业选择与未来发展问题，更关系到专业人才的培养和学科的自我更新与完善，大学生职业发展与专业学科的发展是思考专业建设的两条主线。根据纵、横两个维度对思想政治教育专业本科毕业生就业状况的分析，不难发现思想政治教育专业建设还存在与专业发展要求不协调的问题，这些问题构成思想政治教育专业建设的新境遇。

一、"面向高校"还是"面向企业"的人才走向问题

1984年4月教育部印发《关于在十二所院校设置思想政治教育专业的意见》，决定在部分高等学校设置思想政治教育专业，主要为高等

学校培养思想政治工作人员，这是思想政治教育专业创立之初的首要任务。从武汉大学思想政治教育专业本科毕业生 30 多年的就业发展趋势来看，本科毕业生的就业去向已逐渐完成从高校工作向升学和企业工作的转移。从 53 所高校本科毕业生就业数据来看，就业去向主要集中于其他教学单位和非公企业，行政单位、国有企业、事业单位三者所占比例仅为 22.1%，就业单位呈现出由政治性、专业性要求较高的高校、行政单位和国有企业向政治性、专业性要求相对较低的非公企业单位转移的倾向。因此，社会需求导向下的人才走向表明，传统思想政治教育专业定位于"面向高校"的人才输出模式已不再有效，培养能够满足社会需求和"面向企业"的思想政治教育专业优秀人才应当成为专业建设的重点。但从思想政治教育专业建设进程来看，"面向企业"的复合型人才培养模式还未完全构建，依然较多停留在单一化、理论化的人才培养层面。

二、"专业化"还是"通识性"的知识结构问题

伴随当前就业重心的转移，培养人才具备"专业化"还是"通识性"的知识结构成为专业发展中不得不面对的问题。改革开放 40 多年来，社会对思想政治教育专业本科生的知识结构要求经历了由单一化向多元化的发展趋势。思想政治教育专业设立之初是为国家培养思想政治工作专门人才，一直到 20 世纪 90 年代，整体社会需求都较为集中和单一，较为重视专业化的知识结构要求。从 20 世纪 90 年代以来，随着改革开放的深入发展，社会需求由单纯强调政治素质的"专门人才"转向"一专多能"的"复合型人才"，通识性知识的重要性逐渐凸显。以往我们大多将专业对口作为衡量专业发展好坏的标准，而伴随着网络条件下人们生活方式的改变，职业的流动性使得"专业不对口"这一现象更加普遍，专业对口率这一指标逐渐完成由评估功能向调控功能的转换。近几年思想政治教育专业本科毕业生的专业对口率数据说明，思想政治教育专业本科毕业生的就业领域逐渐广泛，就业范围不断拓宽，以往单纯重视"专业化"知识结构的培养已不能满足大学生职业发展的迫切需要，通识性知识成为大学生知识结构中必不可少的组成部分。因此，如何有效地构建大学生"专业化"和"通识性"并存的知识结构，是思想政治教育专业建设应当重视的问题。

三、"直接就业"还是"升学准备"的问题

将培养目标定位于"直接就业"的应用型人才,还是定位于"升学准备"的理论型人才,关乎思想政治教育专业人才培养的各个环节。从当前思想政治教育培养目标来看,还存在着目标定位模糊与滞后的问题。2018 年《普通高等学校本科专业类教学质量国家标准》将马克思主义理论类专业培养目标规定为,"以'厚基础、宽口径、高素质、强能力'为指导原则和基本要求,使学生具有坚定的马克思主义信仰和中国特色社会主义信念,自觉践行社会主义核心价值观;具有较高的马克思主义理论素养、扎实的基础理论、系统的专业知识和合理的知识结构;能运用马克思主义立场、观点、方法分析和解决实际问题,具有较强的社会实践能力和一定的学术创新能力;能胜任与本专业相关的理论研究、宣传、教学工作,胜任学校学生管理以及党政群团、企事业单位的实际工作"[1],从知识、能力、素质三级目标上对思想政治教育专业理论型人才与应用型人才提出相应的培养要求。然而具体落实到各个高校,则凸显出培养目标的错位与滞后问题。通过对 40 所样本高校的培养目标分析[2],结果显示,以"既能在教育系统进行教学科研,又能在党政企事业部门开展思想理论工作"为培养目标的高校最多,占 50%,以"中学思想政治与品德类课程师资"为培养目标的高校次之,占 30%,以"党政企事业等部门思想政治工作人才"为培养目标的高校占 20%。可以看出,当前高校人才培养的目标主要聚焦于工作视域,设定在思想政治理论课教师、政工干部等应用型人才方向。但近几年本科毕业生升学比例已经超过工作比例,达到 40% 以上,说明仅仅将思想政治教育本科培养目标定位于"直接就业"的思想政治理论课教师和政工干部已不合时宜,为"升学准备"的高层次理论性人才的培养目标需要进一步明晰。

四、"本学科"还是"其他二级学科"后备人才的问题

思想政治教育本科专业在后备人才培养中承担着双重职能。一方面,作为思想政治教育学科建设的基础性环节,思想政治教育承担着为

---

[1] 教育部高等学校教学指导委员会. 普通高等学校本科专业类教学质量国家标准:上[M]. 北京:高等教育出版社,2018:56.

[2] 参见本书表 4-2。

本学科培养后备人才的使命；另一方面，思想政治教育作为马克思主义理论一级学科目录下的二级学科，还担负着马克思主义理论学科建设的重任。从当前人才培养现状来看，不同高校在培养"本学科后备人才"还是"马克思主义理论学科后备人才"上还存在着定位不清的问题。如表7-4所示，从高校层次来看，"985工程"高校思想政治教育专业本科毕业生选择马克思主义理论类专业读研的比例最高，占90.1%，普通高校选择马克思主义理论类专业读研的比例最低，占65.0%，高校层次越高，思想政治教育本科专业对马克思主义理论后备人才的培养功能也就越明显。从高校类别来看，师范类高校思想政治教育专业本科毕业生选择马克思主义理论类专业读研的比例较高，占87.0%，非师范类高校比例低于师范类高校，占73.7%。总体上本科毕业生选择马克思主义理论类读研比例较高，说明思想政治教育本科专业已成为马克思主义理论学科后备人才供给的主渠道，这就对思想政治教育本科专业建设提出了更高的要求，不仅要承担本学科理论后备人才培养的任务，还要从马克思主义理论学科后备人才培养上进行整体谋划。但从当前专业建设现状来看，思想政治教育本科专业依然停留在思想政治教育学科发展的小圈子内，在人才培养目标的设定以及基础课程的设置等方面还未充分体现出马克思主义理论的学科属性。

第四节　进一步促进思想政治教育专业发展的建议

思想政治教育专业人才就业走向既是社会需求导向下大学生就业状况的客观呈现，也折射出思想政治教育在专业建设和人才培养上存在的问题。思考人才就业走向能够为专业建设带来一定的启示，可以为今后专业发展提供新的方向和参考。

一、科学定位思想政治教育专业培养目标

培养目标规定着教育和人的发展方向，主要回答的是"为谁培养人""培养什么人"的问题。思想政治教育专业培养目标的设定关系到整体的专业结构布局，包括课程体系、人才队伍、教学内容和方法等各个环节，对思想政治教育专业建设至关重要。科学设定思想政治教育专

业培养目标,一方面要正确处理好人才素质培养"通"与"专"的关系问题。21世纪以来,思想政治教育专业培养目标经历了由"专门人才"到"复合型人才"再到"专业人才"的转变。2018年《普通高等学校本科专业类教学质量国家标准》规定:"思想政治教育本科专业培养全面、系统地掌握马克思主义基本理论、思想政治教育规律,以及相关基础知识的专业人才。"① 尽管从字面意思上看似乎与最初的培养目标相差无几,但二者在内涵上有着本质的区别,后者承载着对人才素质更高层面的培养要求,是一种综合素质全面发展基础之上的专业素质发展的培养目标。这就要求思想政治教育专业建设能够合理调整人才知识结构,摒弃以往仅重视专业知识培养的单一思维模式,夯实马克思主义理论学科基础,提升思想政治教育专业学生综合素质,培养以深厚马克思主义理论综合素质为底色的思想政治教育专业化人才。另一方面,要正确处理好理论型人才培养与应用型人才培养的关系问题。对思想政治教育专业来说,人才培养目标多局限于工作视域,对理论型人才培养关注不多,其结构性矛盾体现为理论型人才的大规模输出与应用型人才培养目标的现实定位之间的张力。因此,思想政治教育专业培养目标应当更加注重理论型人才培养的目标设定,增强对理论后备人才培养的重视力度。

二、提升思想政治教育专业人才知识结构的合理性

提高人才知识结构的合理性也是专业发展和人才培养需要承担的重要任务。目前思想政治教育专业本科毕业生就业领域已经呈现出多样化、离散化趋势,就业去向具有由政治性、专业性要求较高的高校、行政单位和国有企业向政治性、专业性要求相对较低的非公企业单位转移的倾向。从人才培养的知识结构上来看,这种去专业化的就业趋势既反映出思想政治教育专业在学生专业化知识结构培养上的缺陷,也反映出社会对具有通识性知识结构人才的强烈需求。因此,培养思想政治教育专业大学生"专业化"和"通识性"并存的知识结构,是新时代专业建设的应有之义。因此,在思想政治教育专业人才培养中,一方面,要有宏大的学科视野和敏锐的时代触角,在课程安排上加入心理学、法学、

---

① 教育部高等学校教学指导委员会.普通高等学校本科专业类教学质量国家标准:上[M].北京:高等教育出版社,2018:56.

新闻学等通识类选修课程，培养大学生在危机应对、心理疏导、网络素养等方面的综合素质和能力；另一方面，还要从思想政治教育学科本、硕、博各个层次的整体发展中宏观布局，优化本科专业人才培养的课程体系、教材体系、学科话语体系和人才培养体系，提高思想政治教育专业学生的专业知识水平，最终形成通识性知识与专业化知识相辅相成的人才知识结构。

三、加强马克思主义理论基础课程的建设

课程体系建设是思想政治教育专业建设的基础性任务，加强马克思主义理论基础课程建设既是马克思主义学科属性的要求，也是人才培养的客观需要。从学科属性来看，思想政治教育作为马克思主义理论一级学科目录下的独立二级学科，具有马克思主义理论的学科属性。相应地，思想政治教育专业也应当在课程建设中充分体现马克思主义的学科属性。从人才培养现状来看，思想政治教育本科专业在马克思主义理论后备人才培养上的基础性作用越来越明显。然而，当前思想政治教育本科专业马克思主义理论类课程开设不足。这就要求本科课程建设应当积极适应这一转变，加强马克思主义理论基础课程建设。根据《普通高等学校本科专业类教学质量国家标准》要求，应当积极开设"马克思主义哲学""马克思主义政治经济学""科学社会主义""马克思主义发展史""马克思主义经典文献导读"等马克思主义理论类课程，为输送具备马克思主义理论素养的高质量后备人才打下坚实基础。

四、促进不同层次高校思想政治教育专业的协调发展

思想政治教育专业建设作为一项整体工程，纵向上已形成本、硕、博不同层次相对完善的人才培养体系。然而横向上不同层次和类别的高校思想政治教育专业建设依然存在较大差距，因此构建系统化的思想政治教育培养格局显得尤为必要。全国开设思想政治教育本科专业的高校共有301所，综合实力较强的高校（包括"985工程"和"211工程"高校）有47所，占15.6%，普通高校有254所，占84.4%。由此可见，综合实力较强的高校的思想政治教育专业建设和马克思主义理论人才培养质量和水平较高，但开设专业数量较少，而综合实力较弱的普通高校开设思想政治教育专业数目较多，但人才培养质量相对较低。因

此，对于综合实力较强的高校来说，要继续在理论建设、师资队伍建设和课程建设等方面不断提升思想政治教育专业建设的深度；普通高校作为思想政治教育本科专业依托的主体院校，则更应当担负起专业建设的重任，优化专业建设的人才培养体系、教材体系、课程体系、师资体系等各个方面，积极借鉴高层次院校的专业建设经验。

五、充分发挥不同类别高校的特色和优势

从高校类别来看，师范类高校和非师范类高校的升学比例都比较高，因此，加大思想政治教育专业理论后备人才的培养力度、夯实本科阶段学生的理论基础是两类高校专业建设需要承担的共同任务。此外，两类高校思想政治教育专业本科毕业生工作群体在就业去向上的差异，也为二者在专业建设上指明了侧重点。师范类高校就业去向集中在其他教学单位，这就要求师范类高校思想政治教育人才培养要着重提高大学生在教学方面的基本知识和技能，使其能够达到中小学教师的职业要求；而非师范类高校就业去向集中在非公企业，这就要求非师范类高校应当采取"面向企业"的人才培养模式，培养能够满足多样化社会需求的复合型人才。

第八章 思想政治教育学科的内容与形式问题

内容和形式是一对基本的哲学范畴,内容是指构成事物的一切内在要素的总和,它包括事物的各种内在矛盾以及由这些矛盾所决定的事物的特征、运动的过程和发展的趋势等。形式是指把事物的内容诸要素统一起来的结构和表现内容的方式。在两者关系中,一般来说,内容决定形式,形式依赖于内容,并随着内容的发展而发展。正由于内容在事物特征揭示方面的重要性,长期以来,党的思想政治教育活动比较重视思想政治教育内容,而忽略思想政治教育的形式或方法。改革开放以来,随着思想政治教育科学化和学科化的发展,思想政治教育逐渐成为马克思主义理论一级学科目录下的独立二级学科,实现了由"工作"到"科学",到"专业",再到"学科"的跨越。思想政治教育的形式或方法问题受到重视,但如何体现与特定的思想政治教育内容结合的问题又成为新的问题,因此,有必要对思想政治教育学科内容与形式的关系进行探讨,警惕和避免思想政治教育学科的形式主义倾向。

第一节 思想政治教育学科内容与形式问题的产生

思想政治教育学科内容与形式的问题的产生,可以追溯到思想政治教育本科专业的建立。以1984年教育部下发《关于在十二所院校设置思想政治教育专业的意见》(以下简称《意见》)为标志,思想政治教育进入专业建设的发展阶段。《意见》不仅提出了思想政治教育培养目标、要求、课程设置、招生培养方式,而且对如何开展专业建设提出了明确规定,可以看成是思想政治教育专业化、规范化建设的起点。

由于思想政治教育专业建设是一项全新的任务,当时的紧迫任务是如何面向思想政治教育本科专业学生进行思想政治教育专业教育,教材的问题成为当时专业建设的迫切问题。因此教育部在《意见》中明确提出:"思想政治教育原理、思想政治教育方法论、高等学校思想政治工作史、党的建设、团的工作、共产主义思想品德教育等专业课教材,分别委托复旦大学、武汉大学、华东师范大学、南开大学、清华大学、上海交通大学主持编写。"[1] 开展思想政治教育教材的编写工作。1991年国家教委思想政治工作司组织有关高校的专家编写出版了思想政治教育专业系列教材12本,由高等教育出版社出版。1994年,国家教委组建了思想政治教育专业教材委员会,对思想政治教育教材体系进行了总体规划,启动了第二套思想政治教育专业统编教材。2001年人民出版社出版了《现代思想政治教育学》一书,这本书于2006年再版讲道."初衷是想对思想政治教育学科建设开展一次回顾与前瞻相结合、基础研究与应用研究相结合的学术探讨,既为硕士生、博士生提供一本参考书,又向学术界展示思想政治教育学科形象。"[2] 但在实际教学过程中,该书被广泛作为教材使用。从上述内容来看,在思想政治教育专业建设过程中,思想政治教育专业教材在学科建设过程中起着十分重要的作用,它既奠定了思想政治教育作为一门专业的知识基础,又为思想政治教育学科建设提供了可供讨论的学科话语体系,形成了思想政治教育专业人才特有的知识结构。

以思想政治教育专业人才培养为基础的思想政治教育专业教材在思想政治教育学科建设过程中,为思想政治教育学科建设做出了巨大贡献,但在建设过程中存在着特有的问题,构成思想政治教育研究中的一些隐忧。

---

[1] 教育部思想政治工作司. 加强和改进大学生思想政治教育重要文献选编(1978—2014)[M]. 北京:知识产权出版社,2015:23.

[2] 张耀灿,郑永廷,吴潜涛,等. 现代思想政治教育学[M]. 2版. 北京:人民出版社,2006:前言.

一、学科领域的相对局限

由于思想政治教育学科体系建设主要从思想政治教育本科专业建设发展而来,因而在建设过程中带有明显的本科专业建设的痕迹,而当时本科专业建设的主要任务是为高校培养"从事思想政治工作和思想政治教育的教学、科研工作"① 的专门人才。因此,在思想政治教育专业建设,特别是思想政治教育专业教材的编写过程中,其知识体系构建和教材的编写,主要针对的是思想政治教育专门人才的培养和教育。这种以专门人才培养和本科专业建设为主要任务的学科建设方式,对思想政治教育专门人才培养和专业核心知识体系构建是至关重要的,它奠定了思想政治教育作为一门科学和学科最核心的知识结构。但是,由于思想政治教育活动的特殊性和复杂性,思想政治教育活动既不局限于学校,也不局限于思想政治教育专门人才所开展的工作,因此,由本科专业发展起来的思想政治教育学科知识体系虽然把握了本门学科的核心知识,但是在探讨思想政治教育本质内涵、思想政治教育的适用领域、思想政治教育学科整体知识结构方面则存在着局限性。在思想政治教育专业建设后期,特别是思想政治教育专业硕士点、博士点建设以后,一些高校也曾把思想政治教育专业研究领域拓展到企业思想政治教育领域,并且出版过一些企业思想政治工作方面的教材和专著,一些教材也对企业管理理论给予足够的关注②,但是思想政治教育学科从总体上依然相对比较多地局限于教育领域,并且相对局限于思想政治教育专门人员所从事的工作,这使得思想政治教育学科在日益复杂的思想政治教育形势面前,显得缺乏必要的干预力和解释力。因此,国务院学位委员会、教育部下发的《关于调整增设马克思主义理论一级学科及所属二级学科的通知》对思想政治教育学科发展提的第一个要求就是要求思想政治教育学科"拓展学科领域",表明以本科专业建设和教材建设为基础的学科建设的局限性。

---

① 教育部思想政治工作司.加强和改进大学生思想政治教育重要文献选编(1978—2014)[M].北京:知识产权出版社,2015:23.
② 如张耀灿、郑永廷等人主编的《现代思想政治教育学》在谈到思想政治教育学的知识借鉴时,除了介绍了政治学、教育学、伦理学、心理学、社会学等学科知识以外,还特别用较大篇幅具体介绍了行为科学和企业文化理论的批判借鉴问题。

二、学科建设的路径依赖

由于思想政治教育本科专业是一个新专业，如何进行专业知识体系的构建，就成为当时专业的奠基者思考的重要问题。尽管教育部《关于在十二所院校设置思想政治教育专业的意见》并没有对思想政治教育的学科属性进行明确规定，只是宽泛地提出："思想政治教育专业的本科毕业生，凡符合《中华人民共和国学位条例》第四条规定的，授予学士学位。"[①] 但在实际专业建设中，鉴于开设思想政治教育专业的高校主要是综合类院校和师范类院校，因而在具体学位授予时可以授予法学学士学位或教育学学士学位。后来，由于思想政治教育硕士点、马克思主义理论与思想政治教育博士点列入政治学一级学科内，思想政治教育学科越来越偏向从政治学取向开展学科建设，在硕士和博士培养层面更多授予法学硕士和博士学位，但思想政治教育学科的教育学特点依然十分明显。在思想政治教育专业建设过程中，存在着明显的对教育学特别是教育学中德育专业人才培养路径的依赖。有学者在分析思想政治教育学科知识来源时，对思想政治教育学科在建设过程中对教育学路径依赖进行过细致梳理，认为思想政治教育学之所以形成微观的思维，与其在建设过程中对教育学的借鉴有关："当下思想政治教育学的'微观'色调，形成于其以教育学为底色的学术史。思想政治教育归根到底作为一种特殊教育形式的客观存在，与'思想政治教育'极其相近的'德育'在教育学领域中予以研究的悠久历史与丰厚积累，以及我国教育学的发展中对'思想政治教育'的相应关注，等等，使得作为学科或学术体系意义上的思想政治教育学，在其创建之初，更多地取向于对教育学的参照。"[②] 思想政治教育学科建设对教育学的路径依赖，不仅使得思想政治教育学科视域越来越"微观"，而且越来越偏向于思想政治教育过程的"形式"特征，而对思想政治教育内容日益忽视，构成思想政治教育学科的形式主义偏向。

---

① 教育部思想政治工作司. 加强和改进大学生思想政治教育重要文献选编（1978—2014）[M]. 北京：知识产权出版社，2015：23.

② 沈壮海. 宏观思想政治教育学初论[J]. 思想理论教育导刊，2011（12）.

三、学科建设与实践分离

随着思想政治教育逐渐成为一门本科专业,拥有了思想政治教育硕士点、博士点,在思想政治教育领域逐渐有了思想政治教育专业教师的概念,并且高校思想政治教育领域出现了数支专门的思想政治教育工作者队伍,即思想政治教育专业教师、思想政治理论课教师、学生工作辅导员和日常思想政治教育工作者。这几支队伍应该相互支持、取长补短,共同推进思想政治教育学科建设。然而,在思想政治教育学科建设过程中,由于思想政治教育专业可以相对独立地对思想政治教育专门人才培养的知识结构进行构建,因而,在建设过程中或多或少地出现把思想政治教育当成一种理论学科,而与思想政治教育实践日益脱离的倾向。正如有研究者分析:"长久以来,传统的思想政治教育研究与思想政治实际工作之间似乎隔着一道高墙而难以跨越,即使是在方法论研究方面,学术圈内的种种研究与富有前景的探索,似乎都无法跨越'学术研究'与'实务工作'之间的鸿沟。"① "伴随着思想政治教育专业化、专门化的发展,思想政治教育理论研究与日常思想政治教育并没有出现人们期望的相互融合、相互促进的现状,相反,在思想政治教育研究领域还似乎出现了另外一种偏向:一方面,理论工作者越来越埋头于理论体系的构建,缺乏对思想政治教育实务的观照;另一方面思想政治教育实际工作者又很少自觉运用理论成果指导实践工作,两者之间的鸿沟在日益加深。"② 这种倾向也使得思想政治教育学科建设对思想政治教育实践活动的忽略,使思想政治教育学科建设成为可以相对独立于思想政治教育实践的一种纯粹理论构建,造成思想政治教育学科的形式主义倾向。

第二节 思想政治教育学科形式主义的主要表现

思想政治教育学科内容与形式相脱离的问题主要表现在追求思想政

---

① 万美容. 思想政治教育方法发展研究 [M]. 北京:中国社会科学出版社,2007:254.
② 佘双好. 在思想政治教育研究中推动行动研究与学术研究结合 [J]. 思想政治教育研究,2011 (5).

治教育的学科化，把思想政治教育看成是一门纯粹的形式学科，淡化思想政治教育学科的意识形态的属性；把思想政治教育看成是人类社会普遍存在的现象，抹杀无产阶级思想政治教育与其他统治阶级形形色色类似思想政治教育的活动在内容上的根本区别；把思想政治教育看成是一门纯粹的理论学科，脱离当前我们正在做的思想政治教育而进行纯粹理论分析。这些都是思想政治教育学科内容与形式脱离的形式主义的表现。

一、过分关注思想政治教育的形式特征

思想政治教育是中国共产党在长期革命和斗争实践过程中形成起来的一门学科，思想政治教育的实质是作为无产阶级和广大人民思想武器的马克思主义理论与所代表的无产阶级和广大人民的思想的结合过程。因此，思想政治教育学科是一门特殊的意识形态性与科学性相统一的学科，要深入开展思想政治教育研究，既需要对思想政治教育内容即马克思主义理论包括党的创新理论进行深入研究，同时也需要对思想武装群众的形式进行研究，更应探讨马克思主义理论的内容同所代表的人民群众之间实现思想结合的内容和形式。然而，随着思想政治教育学科研究的深入，思想政治教育学科研究者越来越关注思想政治教育的形式特征，比如关于思想政治教育主体、客体、媒体、介体、环体的研究，关于思想政治教育过程、途径和方法的研究，关于人的思想品德发展的矛盾和实施教育的规律研究，等等。这些都是深化思想政治教育研究需要关注的问题和领域。但是，如果对这些问题的研究不与特定的马克思主义理论教育内容结合起来，探讨特定的马克思主义理论武装人民群众的规律和方法，就容易使思想政治教育的研究演变成缺乏内容的形式研究，甚至把思想政治教育演变成形式的科学，丧失思想政治教育鲜明的阶级特点。

二、忽视思想政治教育的特殊规律

与过分关注思想政治教育形式特征相适应，在思想政治教育研究领域也存在着把思想政治教育看成是人类社会普遍存在的现象的情况，其主要特点是把思想政治教育当成是人类社会普遍存在的一般的科学，而忽视党的思想政治教育的特殊性。党的思想政治教育活动既与历史上存

在的类似于党的思想政治教育的现象和国外资本主义所开展的类似的思想政治教育活动存在着共通之处,又同它们在内容和实质上存在着本质的差别。我们并不否认,在人类社会历史发展过程中,存在着类似于中国共产党思想政治教育的现象;在当今世界上的其他国家,也存在着类似于中国共产党思想政治教育的活动。任何一个统治阶级为了维护其阶级统治,都会努力采取各种方法使其统治阶级思想成为占统治地位的思想。"统治阶级的思想在每一时代都是占统治地位的思想。"① 但是,马克思主义理论和历史上的各种统治阶级学说、世界上的各种形形色色的意识形态理论存在着本质的区别,马克思主义理论武装其所代表的人民群众的过程的规律,也就是马克思主义思想政治教育过程与各种各样意识形态采取各种方法实现思想上的统治之间存在着本质的区别。因此,我们既要对人类社会普遍存在的类似的思想政治教育现象进行研究,更要对马克思主义思想政治教育、中国共产党的思想政治教育进行研究,并且研究历史上和国外的一切类似思想政治教育,是为了更好地进行我们正在进行的思想政治教育工作,只有这样才能做到内容与形式的结合。

三、忽视思想政治教育的实践本性

思想政治教育作为一门学科,对它的研究具有自身独特的理论和研究方法;思想政治教育作为一门在实践中逐渐形成和发展起来的学科,对它进行的理论研究不能仅仅局限于书斋里,而必须以我们正在做的思想政治教育为中心,回应党的思想政治教育重大理论现实问题。但是在思想政治教育研究过程中,随着思想政治教育专业化和学科化的推进,思想政治教育学科逐渐有了自己的话语体系,一些思想政治教育研究者开始逐渐退回书斋,开展思想政治教育纯理论研究。我们认为这种研究也是必要的,但如果仅仅把思想政治教育研究作为一种纯粹的理论研究,甚至把思想政治教育研究变成一种文字游戏和玄学,这样就越来越与形式主义为伍了。

总之,把思想政治教育视为一种人类社会普遍存在的客观的形式学科,片面关注思想政治教育现象的形式特征;过分强调探讨适用于整个

---

① 马克思,恩格斯. 马克思恩格斯文集:第1卷[M]. 北京:人民出版社,2009:550.

人类社会的思想政治教育规律,而忽视党的思想政治教育特殊规律研究;把思想政治教育现象与日常思想政治教育实践脱离开来,进行抽象的思想政治教育研究等,都具有形式主义的某种特征,都是思想政治教育研究过程中内容研究与形式研究相脱离的表现。

第三节 思想政治教育学科内容与形式脱节的思想根源

出现思想政治教育学科内容与形式相脱离现象的主要思想根源是形式主义的思维方式。形式主义是一种片面追求形式而忽视内容的形而上学的观点、方法和作风。"形式主义者割裂形式与内容的内在联系,夸大事物的表面形式,抹煞内容对形式的决定作用。形式主义在观察问题时,对现状、历史,对于任何事物都不作具体了解和分析,只根据事物的形式来判断事物的性质;不具体分析事物的矛盾和不顾及事物的本质,只是按照事物的外部标志分类,取代对事物本质的认识;满足于甲乙丙丁的现象罗列,而不考虑事情的本质;在工作中不讲实效,满足于追求形式。形式主义……在认识和实践活动中带有极大的主观性和盲目性。"[①] 形式主义是一种不良的思维方式和工作方法,在中国共产党的历史上曾经受到过严厉批评,但是,政治上的批判、思想上的清理并不意味着这种思想方式的灭绝,特别是 20 世纪五六十年代,这种思维方式还伴随着西方分析哲学、逻辑实证学、元伦理学等哲学思潮的兴起而死灰复燃,并且一度成为时髦,对我国思想政治教育学科建设产生了一定的影响。

西方道德教育中形式主义思潮的兴起是以对传统宗教教育、道德教育中过分重视"内容"或"知识"的灌输的反叛为起点的,其历史可以追溯到 19 世纪末 20 世纪初美国兴起的教育进步运动,杜威强烈反对近代德育中过分重视知识的传播和灌输的倾向,他认为,人们对道德教育的争论主要源于没有把"道德观念"(moral ideas)和"关于道德的观念"(ideas about morality)区分开来。他认为"道德观念"是品德的一部分,是行为的动机,是在参与合作的社会活动中形成的,能影响行

[①] 冯契. 哲学大辞典:上 [M]. 上海:上海辞书出版社,2007:108.

为，使行为变得更好的观念；而"关于道德的观念"是"关于诚实、纯洁或仁慈的见解，在性质上是不可能自动地使这些观念变好的品性或好的行为"的观念，"关于道德的观念"教育即直接的道德知识传授，即使进行了这种观念的教育，也只是进行道德伦理知识传授而已，并不能代替真正的道德教育。正是在这样的思潮的影响下，道德内容教育的价值受到质疑，道德教育的形式方面，如道德认知发展、道德思维发展、道德情感发展、道德行为发展等越来越受到重视，道德教育的形式主义倾向日益明显。"形式主义道德教育理论"就是伴随着这样的思潮在20世纪五六十年代的西方兴起的一种道德教育理论。这种理论重视对道德教育的基本范畴、结构、功能和语言进行分析，反对对现实道德问题的描述；坚持道德形式特质的培养，反对具体规则的教授；关心道德教育的过程，蔑视道德教育的具体内容①。它的哲学基础即西方分析哲学、元伦理学，这种形式主义哲学思想偏重于从语言、逻辑等形式特质上思考问题，而不对道德教育的具体内容进行阐述。有学者对形式主义道德教育理论的特征做过如下分析：一是主张从形式而非内容特征界定道德和道德判断；二是重视对道德教育基本概念的分析；三是重视学生对道德推理过程的理解，强调道德推理的技能、技巧等形式特质的培养，反对道德内容的教授；四是认为道德教育是中立的，也就是教育内容不应是特定社会和集团的特殊准则和规范，而应该是人类普遍的价值和道德原则②。

西方的这种道德教育理论如果说在当时条件下，针对西方社会普遍存在的过分注重道德规范和道德知识的说教灌输，而忽视个体道德发展的现象；针对西方把道德教育作为党派和统治集团利用工具的现实，而主张不以某一党派和统治集团的道德观念作为教授内容，主张道德教育关注形式特征具有一定的合理性和积极意义，那么在今天，它对我们开展道德教育、开展思想政治教育学科建设的消极意义则十分明显。它实质上是资产阶级教育观在道德教育上的一种表现：一是脱离道德内容的形式只能是抽象、孤立的形式，而缺乏实际内容；二是主张道德相对主

---

① 戚万学. 冲突与整合：20世纪西方道德教育理论［M］. 济南：山东教育出版社，1995：46-47.
② 戚万学. 冲突与整合：20世纪西方道德教育理论［M］. 济南：山东教育出版社，1995：48-53.

义，造成人们价值观念的混乱；三是把道德教育变成一种玄学和文字游戏。笔者曾经对西方德育课程中的形式主义倾向进行过批判，由于西方道德教育流派对内容的忽视，"因此，德育课程教学方法和德育方法研究就成了当代西方道德教育流派研究的重点，西方道德教育流派的很多理论实质是方法的理论：价值澄清理论是课堂教学法；麦克菲尔的体谅关心的理论'提供了把人生生活与德育教学结合起来的上课形式'，认知发展理论的'新苏格拉底法'，是课堂讨论的一种方法，而'公正团体法'是一种隐性课程的德育方法；贝克的价值德育理论实质是一种课程教学的伦理反省方法等等，这些方法就其本身来说具有巨大的理论和实践价值，但如果方法不与正确和特定道德教育内容结合起来，只能是一种形式主义的游戏，这也表明西方德育课程理论与实际相脱离的一面"①。

我国实行改革开放以后，西方各种形形色色的德育理论和流派以各种形式和途径流入我国，在我国的一些德育研究论文和著作中，频繁出现西方德育理论与方法。在思想政治教育研究和思想政治理论课程教学过程中，也存在不加批判地介绍和运用现代西方道德教育流派教学方法的现象，这对思想政治教育学科建设产生一定的负面影响，构成思想政治教育学科形式主义倾向的一种思想来源。

第四节　实现思想政治教育学科内容与形式的结合

如前所述，思想政治教育学科是一门意识形态性与科学性相统一的学科，在思想政治教育学科中应遵循内容研究与形式研究相结合的原则，实现思想政治教育学科内容与形式的结合。

一、探讨马克思主义思想政治教育的独特规律

关于马克思主义理论与其所代表的人民群众的结合过程，马克思主义经典作家曾对此进行过生动描述。马克思、恩格斯曾经把这种过程比喻为"闪电"，认为"思想的闪电一旦彻底击中这块素朴的人民园地，

---

① 余双好. 现代德育课程论 [M]. 北京：中国社会科学出版社，2010：57.

德国人就会解放成为人"①。列宁曾借用考茨基的"灌输"理论，提出"工人本来也不可能有社会民主主义的意识。这种意识只能从外面灌输进去"②，也就是"从经济斗争外面，从工人同厂主的关系范围外面灌输给工人"③。中国共产党在把马克思主义基本原理同中国具体实际相结合、同中华优秀传统文化相结合的过程中，在推进马克思主义中国化时代化的过程中形成了丰富的思想政治教育实践经验，这些都是马克思主义理论与人民群众实现思想结合过程的独特经验。探讨马克思主义理论与人民群众实现思想结合的过程是一种特定意义上的思想政治教育的过程，也就是探讨马克思主义理论内容与思想武装形式相结合的过程，它有利于实现内容与形式的结合。

二、以我们正在做的事情为中心开展思想政治教育研究

尽管人类社会历史上和当今世界范围内存在着类似于中国共产党思想政治教育的实践活动，但是中国共产党开展的思想政治教育实践活动与各种形形色色类似的思想政治教育现象之间存在着本质的区别，学习借鉴人类社会创造的一切优秀文明成果以武装自己，丰富中国共产党思想政治教育的视野，这是十分必要的。但是对人类历史上任何统治阶级和集团的类似思想政治教育活动经验的研究和借鉴都代替不了中国共产党思想政治教育实践活动，思想政治教育研究应以我们正在做的事情为中心，以广大思想政治教育实践工作者所从事的事情为中心开展研究，只有这样，才是有针对性地开展思想政治教育研究，才是把思想政治教育内容和形式结合起来开展的思想政治教育研究。

三、推动思想政治教育理论和实践的结合

思想政治教育是一种理论与实践相结合的学科，思想政治教育理论研究并不是一种脱离实际的纯粹书斋式理论研究，而是与思想政治教育实践活动密切相关的理论研究，思想政治教育理论研究的最终目的在于指导思想政治教育实践，在思想政治教育实践中运用，因此，围绕思想

---

① 马克思，恩格斯. 马克思恩格斯文集：第1卷［M］. 北京：人民出版社，2009：17-18.
② 列宁. 列宁选集：第1卷［M］. 3版修订版. 北京：人民出版社，2012：317.
③ 列宁. 列宁选集：第1卷［M］. 3版修订版. 北京：人民出版社，2012：363.

第八章 思想政治教育学科的内容与形式问题

政治教育实践研究是校正思想政治教育中理论与实践脱节的基本方式。证据为本（evidence-based）思潮是西方兴起的一股把科学研究、实务工作与研究对象的价值整合起来的思潮，首先发源于医学领域，它主张医生在治疗过程中不能仅仅从病理出发来进行医疗决策，还要通过从以往治疗的实际病例中寻找有利于疾病治疗的最佳证据来辅助决策，根据这种思想，在医学领域形成了一门新型的医学分支学科，即循证医学。后来，证据为本思潮又广泛影响心理咨询和精神疾病治疗的临床实践，主张治疗师将科学研究、临床证据和病人的价值观念进行有机整合，以代替过去治疗师仅仅通过自己的经验来进行治疗决策的经验为本的治疗倾向。目前，证据为本的思想已经广泛运用于教育和实务工作领域，在教育教学实践中主张把科学研究与现代科学技术的运用结合起来，实现精细教学、精确教学、个性教学。证据为本的思想可以作为把学术研究、理论研究与实务工作结合起来的一种尝试，通过科学研究来提高实务决策的科学性和精确性，同时，也通过实务工作的具体决策，使得科学研究更有针对性和适切性。它为我们在思想政治教育研究中把理论与实践、内容与形式结合起来提供了一种新的"以问题为中心""以我们正在做的事情为中心"，多元、多学科地进行系统深入探讨的研究范式，有助于思想政治教育学科实现内容与形式的结合。

第九章 思想政治教育的科学研究问题

科学研究方法既是思想政治教育科学研究的逻辑起点,也是我们分析总结思想政治教育研究现状的出发点。对思想政治教育科学研究方法现状的研究属于思想政治教育"元研究"范畴,是对思想政治教育研究的研究,也就是对思想政治教育研究者开展的思想政治教育研究进行科学研究。对思想政治教育科学研究方法现状的分析和评价,有助于了解和把握思想政治教育科学研究现状,认识思想政治教育学科发展水平。

第一节 思想政治教育研究的现状分析

改革开放以来,伴随着思想政治教育科学化和学科化的进程,思想政治教育研究得到了空前发展。从思想政治教育学术论文发表情况来看,基于中国学术期刊网以"思想政治教育"为关键词检索,1979年至2008年共收录有关思想政治教育的论文16 434篇,其中,1979年仅有10篇,而到2008年就达到2 828篇,到2023年,更是高达19.15万篇,呈现出急剧增长的态势。从思想政治教育类著作出版情况来看,据有关研究者不完全统计,从1984年至2008年,题名包含"思想政治教育"的各类著作,仅原理类著作就达115部,并且呈现出专题化和精细化的发展态势①,展现出思想政治教育研究的整体繁荣。为了进一步探寻思想政治教育研究现状,我们先后于 2008 年、2017 年两次对思想政治教育科学研究状况进行分析,这里我们主要以这两次研究为基础,主要从三个方面对思想政治教育科学研究状况展开论述。

一、思想政治教育第一批学者的个案研究

思想政治教育的第一批学者既是思想政治教育学科的创办者,也是思想政治教育学科的积极研究者,他们关于思想政治教育学科的研究方法和学科建构的方法,目前仍然主导着思想政治教育学科建设的基本取向。为此,我们从全国 10 所早期创办思想政治教育专业的高校选取了 10 名参与创办思想政治教育专业、目前仍然活跃在思想政治教育领域的专家进行了个案研究,发现以下特点:

(一) 经验和人生感悟是他们关于思想政治教育知识的重要来源

被研究的学者在从事思想政治教育科学研究之前,大多都有过宣传工作、学生工作或日常思想政治教育经验,其中大部分既从事思想政治教育学科建设,同时也从事思想政治教育实务工作。相对于新生代从事思想政治教育的学者而言,他们的经历比较复杂,人生阅历丰富。"经验"在他们的学术研究中曾经起着重要作用,这从他们早期所撰写的论文中可以看出,从某种程度上说,经验是其知识生产的一个重要来源,经验影响到他们知识的建构;同时,他们成长的独特政治环境以及所接受的教育也造就他们对意识形态的敏感性,在其早期的学术研究中,他们对政治现象有较多的关注,对国内外政治形势的变化有较快的反映,比较关注和强调思想政治教育学科的意识形态属性。

(二) 跨学科研究视角是他们思想政治教育研究的主要特色

被研究的学者大多数第一学历的专业主要来自思想政治教育学科之外的其他相关的人文社会学科,如政治、经济、历史、哲学、法学等,部分学者还具有理工科背景。这种知识背景的多样性必然影响到他们的学术研究,表现在以下几个方面:一是学术研究视域的广泛性。他们的

---

① 沈壮海. 改革开放以来思想政治教育研究的学术版图 [J]. 思想理论教育,2008 (11).

主要研究领域既有对思想政治教育自身的研究，也有对与思想政治教育相关领域的研究，如伦理学、人才学、领导学、女性主义等；既有对微观思想政治教育的研究，如对思想政治教育要素的研究，也有对宏观思想政治教育的关注，如对学科发展的研究。视域的广泛性给予研究以活力，但同时由于思想政治教育的外延过宽，也造成对思想政治教育研究领域认知的模糊。二是学术研究的跨学科性。被研究的学者从事学术研究之时，思想政治教育学科尚未诞生。由于时代发展的需要，他们承担起创建思想政治教育学科的历史使命，由于思想政治教育的研究还处于起步阶段，其内涵、基本理论、方法等还没有既成的观点，他们从其各自的学科出发去理解、解释思想政治教育的各种现象，从不同的角度去建构思想政治学科的知识结构，因而思想政治教育的许多概念、术语从其他学科借鉴而来，学术研究的跨学科性的特点比较鲜明。三是学科自主知识体系构建能力不足。由于前两个方面的原因，他们更多借鉴其他学科思维和知识进行思想政治教育学科知识体系构建，较少对思想政治教育进行自主知识体系构建。

（三）传统人文社会科学研究范式是他们进行研究的主要方式

被研究的学者主要采用思辨法、文献综述、经验总结法、历史研究法、比较法、跨学科研究等研究方式进行研究。只有个别学者在思想政治教育研究中使用过实证研究，通过问卷和访谈等方式来获取思想政治教育信息，几乎没有学者对思想政治教育现象进行规范的实验研究，也很少见到学者们采取多种不同的方法进行交叉研究，从总体上看，被研究的学者的研究方法总体为传统人文社会科学研究范式。

二、《思想教育研究》杂志文章的文献计量学分析

我们之所以选择《思想教育研究》杂志，是因为《思想教育研究》杂志是全国高等学校思想政治教育研究会的会刊，也是全国为数不多的专门以思想政治教育为研究对象的刊物。我们选取了《思想教育研究》杂志1994—2008年、2009—2016年所发表的文章作为研究对象，除去会议综述、新书评介、机构介绍外，据统计，1994—2008年15年间《思想教育研究》杂志共发表论文2 383篇；2009—2016年共发表论文2 750篇。

思想政治教育研究方法分三大类：一是传统研究方法，二是量化研

究方法，三是质性研究方法。传统研究方法即传统意义上获取知识的方法，是通过理论推理、逻辑思辨、经验感受得出结论的研究方法，包括思辨法、经验总结法、对比分析法、历史研究法、经典权威法、文献综述等方法；量化研究方法即通过数量研究来揭示事物数量特征的研究方法，秉承实证主义传统，包括问卷法、测量法、实验法；质性研究方法即揭示事物内在属性的研究方法，秉承解释主义传统，包括质性访谈、个案研究、民族志、扎根理论、叙事研究等方法。

按照以上分类，1994—2008年《思想教育研究》杂志发表论文所使用的研究方法情况如表9-1所示：

表9-1 1994—2008年《思想教育研究》杂志文章具体研究方法使用情况

研究方法类型	研究方法	1994—1999年	2000—2004年	2005—2008年	篇数	百分比
传统研究方法	经验总结法	660	338	345	1 343	56.36%
	经典权威法	23	55	36	114	4.78%
	思辨法	181	487	189	857	35.96%
量化研究方法	实验法	0	0	0	0	0.00%
	问卷法	26	12	20	58	2.43%
	测量法	1	0	1	2	0.08%
质性研究方法	个案法	6	0	1	7	0.29%
	访谈法	2	0	0	2	0.08%
合计（篇）		899	892	592	2 383	100.00%

2009—2016年《思想教育研究》杂志发表论文所使用的研究方法情况如表9-2所示：

表9-2 2009—2016年《思想教育研究》杂志文章具体研究方法使用情况

研究方法类型	研究方法	2009—2012年	2013—2016年	篇数	百分比
传统研究方法	思辨法	1 079	890	1 969	71.60%
	经验总结法	264	169	433	15.75%
	历史研究法	20	23	43	1.56%
	比较法	10	12	22	0.80%
	经典权威法	4	15	19	0.69%
	文献综述	10	25	35	1.27%

续表

研究方法类型	研究方法	2009—2012年	2013—2016年	篇数	百分比
量化研究方法	实验法	0	0	0	0.00%
	测量法	0	0	0	0.00%
	问卷法	87	101	188	6.84%
质性研究方法	访谈法	13	23	36	1.31%
	个案法	4	1	5	0.18%
合计（篇）		1 491	1 259	2 750	100.00%

1994—2008年与2009—2016年《思想教育研究》杂志所发文章研究方法使用情况的对比分析如表9-3所示：

表9-3　两个时段《思想教育研究》杂志文章具体研究方法使用情况的对比分析

研究方法类型	研究方法	1994—2008年	2009—2016年	变化情况
传统研究方法	思辨法	35.96%	71.60%	+35.64%
	经验总结法	56.36%	15.75%	−40.61%
	经典权威法	4.78%	0.69%	−4.09%
量化研究方法	实验法	0.00%	0.00%	—
	测量法	0.08%	0.00%	−0.08%
	问卷法	2.43%	6.84%	4.41%
质性研究方法	访谈法	0.08%	0.31%	0.23%
	个案法	0.29%	0.18%	−0.11%

如表9-1、表9-2、表9-3所示，传统研究方法的使用比例有所减少，1994—2008年占97.10%，而2009—2016年占91.67%，降幅为5.43%；在传统研究方法中，经验总结法使用比例下降最大，从56.36%下降到15.75%，降幅为40.61%；思辨法在迅速增加，从35.96%上升到71.60%，升幅为35.64%；量化研究方法有所增加，主要是问卷法使用比例的增加，从2.43%上升到6.84%；质性研究方法并未发生实质性变化。

三、中国学术期刊网思想政治教育研究方法的计量分析

为了从更大范围探讨思想政治教育领域研究方法现状，我们以中国

学术期刊网为工具，以"思想政治教育"和"研究"为主题词，对1979—2008年的中国学术期刊网收录论文进行文献检索，除去部分重复的文章和非学术类文章，符合条件的有765篇。2009—2016年中国学术期刊网所收录的文章，共检索到3 475篇。1979—2008年论文研究方法使用情况如表9-4所示：

表9-4　1979—2008年中国学术期刊网相关文章研究方法使用情况

研究方法类型	传统研究方法				量化研究方法		质性研究方法	
研究方法	文献综述	思辨法	经验总结法	比较法	实验法	调查法	个案法	访谈法
篇数	112	575	9	31	1	26	5	6
百分比	14.64%	75.16%	1.18%	4.05%	0.13%	3.40%	0.65%	0.78%
总计	95.03%				3.53%		1.43%	

2009—2016年论文研究方法使用情况如表9-5所示：

表9-5　2009—2016年中国学术期刊网相关文章研究方法使用情况

研究方法类型	传统研究方法						量化研究方法		质性研究方法	
研究方法	思辨法	经验总结法	历史研究法	比较法	经典权威法	文献综述	实验法	问卷法	个案法	访谈法
篇数	2 847	66	25	17	5	123	4	373	0	15
百分比	81.93%	1.90%	0.72%	0.49%	0.14%	3.54%	0.12%	10.73%	0.00%	0.43%
总计	88.72%						10.85%		0.43%	

1994—2008年与2009—2016年中国学术期刊网所发文章研究方法使用情况的对比分析如表9-6所示：

表 9-6　两次调查各研究方法使用情况对比分析

研究方法类型	传统研究方法	量化研究方法	质性研究方法
1994—2008 年	95.03%	3.53%	1.43%
2009—2016 年	88.72%	10.85%	0.43%
变化情况	-6.31%	+7.32%	-1.00%

如表 9-6 所示，传统研究方法的使用比例呈现出下降趋势，比例从 95.03%下降到 88.72%，降幅为 6.31%；量化研究方法呈现出上升趋势，从 3.53%上升到 10.85%，升幅为 7.32%；质性研究方法依然变化不大。

第二节　思想政治教育研究的总体特点

对思想政治教育学者的个案分析，以及对《思想教育研究》杂志和中国学术期刊网的文献计量分析虽然不能反映思想政治教育研究的全貌，但我们可以从上述三个方面的研究情况归纳出思想政治教育研究的一些特点。

一、经验研究在思想政治教育研究中占据着重要地位

思想政治教育学科是在总结和提炼党的思想政治工作实践的经验的基础上，在马克思主义理论的指导下，充分吸收借鉴现代人文社会科学理论成果而形成和发展起来的新型应用性学科。因此，经验在思想政治教育科学化的过程中发挥着重要的作用，通过对实践经验的提炼，不仅使党的思想政治工作实践智慧进一步提升，转化为指导人们日常思想政治教育实践的理论，而且突显了思想政治教育研究的应用性特色。这个特色无论是在思想政治教育第一代学者的研究中，还是在思想政治教育研究者的文章中都可以得到体现，在《思想教育研究》杂志 1994—2008 年间发表的论文中，经验研究的论文占据着重要的地位，这一方面反映了该刊物的实践取向，但从另外一个方面来说，重视经验研究恰恰反映了思想政治教育研究的应用性特色。在 2009—2016 年，思辨研

究提升迅速，表明思想政治教育研究的学理性增强。在中国学术期刊网1979—2016年所收录的论文中，虽然经验研究的论文并不占据重要的地位，但思辨研究的论文有诸多经验的成分。从思想政治教育研究的总体状况来说，我们可以得出这样的结论，一方面经验在思想政治教育研究中非常重要，是思想政治教育学科的应用性特色的基本体现，但另一个方面表明思想政治教育整体研究还处于经验状态，还没有把经验研究作为一种科学研究的基础进行探讨。

二、思辨研究依然是思想政治教育研究的主流

思辨研究是通过逻辑推理来获取知识的研究方式，是哲学和其他思维科学获取知识的基本方式。古代思辨哲学家认为，经验是不可靠的，它反映的只是事物的表象，而真理是超越感觉经验的，只有通过逻辑推理，才能获得比感性知识更可靠的知识。由于思辨所提供的知识是靠逻辑推理来证明的，只要"公理"是真实的，那么由它推论出的知识也是真实的。但思辨法的缺陷恰恰在于，它无法证明"公理"是超验的。正是为了克服上述缺陷，现代科学研究方法在实证的基础上发展起来，成为现代科学研究的主导性研究方法。但从思想政治教育研究现状来看，思想政治教育的第一批学者由于其知识背景的局限性和思想政治教育研究基础的缺乏，在进行思想政治教育学科知识体系的构建过程中，除了以思想政治教育经验和个人人生感悟作为理论构建的基础以外，更多采取思辨的方法进行思想政治教育学科知识体系的构建，在他们的创造性的工作下，经过系统的理论构建，他们基本上建立起了思想政治教育的基本概念和范畴，形成了较为完善的思想政治教育学科知识体系。从《思想教育研究》杂志2009—2016年发表的论文和中国学术期刊网1979—2016年收录的文章来看，70%以上的论文为思辨研究论文，如果我们进一步把经验总结的论文进行细分，在经验总结的论文中对经验进行提升的主要方式应为通过逻辑进行理性提升，具有思辨研究的成分，如此推论，在思想政治教育研究论文中，思辨研究论文的比重还会提升。从表9-3可以发现，思辨法是使用比例上升幅度最大的研究方法。从总体来看，思想政治教育研究中，思辨法占据着研究方法的主流。

三、实证研究开始逐渐进入思想政治教育研究领域

实证研究是科学研究的基础，科学研究特别是近代自然科学研究就是在实证研究的基础上发展起来的。当前虽然实证研究在社会科学研究领域运用中遇到越来越多的挑战，但实证主义研究范式依然是社会科学研究的一个主导性的研究范式。在我们开展的三个研究中，被研究的第一批思想政治教育学者较少使用实证的研究方法来进行思想政治教育研究；在《思想教育研究》杂志发表的论文中，总体有4.68%的论文采用实证的研究方法；在中国学术期刊网收录的文章中，有7.19%的论文采用实证的方式进行研究。这表明实证研究在思想政治教育领域并不占据主导。进一步从实证研究的论文来分析，思想政治教育领域的实证研究主要以问卷调查等方式开展，而主要从事思想政治教育对象研究，对思想政治教育活动的实证研究十分缺乏，则表明思想政治教育领域实证研究的不足。但是，毕竟实证研究已经开始进入思想政治教育研究领域，并且随着时间的推移，越来越多的思想政治教育论文采用实证研究的方式。从两次调查的情况可以看出，实证研究在《思想教育研究》杂志和中国学术期刊网上都呈现出上升趋势，说明实证研究已经进入思想政治教育研究领域，成为思想政治教育的一种研究方式。

四、多元研究方法成为思想政治教育研究方法的未来趋势

思想政治教育是一种十分复杂的社会实践活动，对于它，需要从各个不同角度进行研究，用单一的方法、从一个视点进行是十分片面的，只有在多元的基础上，充分发挥各学科研究的优势，才能形成思想政治教育特定学科的研究方法。但从思想政治教育研究现状来看，尽管被研究的第一批思想政治教育学者在研究思想政治教育的过程中较多使用了学科交叉的方法，从跨学科的视角对思想政治教育进行多方位透视，但无论是《思想教育研究》杂志发表的论文，还是中国学术期刊网收录的研究论文，运用多样化的方法、从多元视角对思想政治教育现象进行研究的论文还十分少见，单一研究方法在思想政治教育研究中依然占据着主导的位置，把各种研究方法结合起来的复合性研究相对较少。采用多元研究方法既是改变思想政治教育研究现状的迫切要求，同时也应成为

思想政治教育研究发展的基本趋向。

第三节 思想政治教育普遍使用的研究方法

针对思想政治教育的复杂性和特殊性，思想政治教育的研究者们以开拓创新的精神，在马克思主义理论的指导下，立足于思想政治教育实际，充分吸收借鉴其他学科的研究方法，形成了一系列行之有效的研究方法，这些研究方法对探索思想政治教育过程和规律，提升思想政治教育科学性和实效性起到了良好的促进作用，主要有以下研究方法：

一、经验总结提升方法

经验总结提升的方法指研究者立足思想政治教育实际，通过系统总结、归纳、分析，将思想政治教育实践过程中形成的经验进行提升，形成一些思想政治教育的典型经验，通过在更大范围介绍、推广，以发现思想政治教育典型经验的不足和局限，从而进一步提升思想政治教育经验，形成具有更大范围推广价值和应用价值的经验的方法。思想政治教育学科是在马克思主义理论的指导下，通过把马克思主义理论同中国革命具体实际相结合，逐渐提炼党的思想政治教育实践经验而不断成熟和发展起来的学科，在思想政治教育研究中，经验起着十分重要的作用，它是进行思想政治教育科学研究的思想基础和事实来源，因此，经验总结提升的方法依然是思想政治教育研究需要经常使用的方法。

二、逻辑思辨方法

逻辑思辨方法指通过对思想政治教育现象进行系统归纳、推理和哲理的思考来获取对思想政治教育的规律性认识的研究方法。逻辑思辨方法是哲学和其他思维科学比较普遍使用的研究方法，其主要特点是不依靠经验，或者在研究过程中尽管使用了科学证据，但研究重心不是为了获取科学证据，而是根据思维逻辑进行归纳判断和推理。在思想政治教育研究中，为了构建思想政治教育特定的话语体系，思想政治教育研究者经常使用逻辑思辨方法，来探讨思想政治教育本质、特征、价值、功能等一些思想政治教育的基本概念和范畴，在思想政治教育领域，关于思想政治教育主体、客体、介体、环体、载体等概念都是源自思辨研究。思辨研究有助于构建完整的思想政治教育的理论体系，是思想政治教育研究的有效武器。

三、历史分析方法

历史分析方法指把思想政治教育现象放在历史发展的脉络中，通过考察思想政治教育现象的产生、发展、变化的历史轨迹，从而揭示其变化发展特点和规律的研究方法。历史分析方法是科学研究的基本方法，列宁曾指出："在社会科学问题上有一种最可靠的方法，它是真正养成正确分析这个问题的本领而不致淹没在一大堆细节或大量争执意见之中所必需的，对于用科学眼光分析这个问题来说是最重要的，那就是不要忘记基本的历史联系，考察每个问题都要看某种现象在历史上怎样产生、在发展中经过了哪些主要阶段，并根据它的这种发展去考察这一事物现在是怎样的。"[①] 在思想政治教育中，历史分析方法是一种基本的分析方法。

四、比较研究方法

比较研究方法指把我国当前思想政治教育活动同不同国家、地区和意识形态相类似的思想政治教育活动进行比较，从而揭示我国当前思想政治教育的特点和规律，进行思想政治教育的批判借鉴的研究方法。比较研究方法为思想政治教育提供了开阔的视野，使得思想政治教育置身于一个多样化的思想政治教育发展平台，不仅可以使我国当前思想政治教育活动与当前不同国家、地区的思想政治教育现象进行比较分析，而且还可以使我国当前思想政治教育活动同历史上和现实中不同意识形态中的、处于不同阶级的思想政治教育活动进行对比，这样增加了理解我国当前思想政治教育活动的广度和深度。

五、权威经典研究方法

权威经典研究方法指对思想政治教育经典著作、文件法规、制度等进行系统研究的方法。我国思想政治教育活动是在马克思主义理论的指

---

① 列宁. 列宁选集：第4卷 [M]. 3版修订版. 北京：人民出版社，2012：26.

导下开展的思想政治教育实务活动,离不开马克思主义理论的指导,也离不开中国共产党的路线方针政策的引导,同时也应遵循高等教育以及思想政治教育方面的文件、法规和制度,因此对权威经典文献进行研究,对党的路线方针政策进行解读,是我国思想政治教育活动的基本要求。对权威经典的研究有助于更好地了解思想政治教育的基本要求,更好地从事思想政治教育实务工作。

六、学科交叉研究方法

学科交叉研究方法指通过学习和借鉴其他学科研究视角、研究框架、研究路径、研究方法等从不同角度、不同侧面对思想政治教育现象进行系统透视的方法。由于思想政治教育学科还是一门建立不久的新型学科,在思想政治教育研究中并没有固定成型的特殊研究方法,特别需要从不同的学科视角对思想政治教育现象进行系统透视,在此基础上汇聚各种研究方法的优点,形成具有思想政治教育学科特色的研究方法。关于学科交叉方法,有研究者进行归纳,主要表现为以下四种形式[①]:(1)学科移植套用类型。通过将某一门成熟学科的体系框架直接移植,或参考该学科现有逻辑体系预设思想政治教育的体系框架或逻辑建构。这种类型比较典型的是对于教育学的学科移植,其他还有伦理学、心理学、管理学等。(2)核心话语借用类型。即借用某一门学科的核心话语作为思想政治教育的基本概念、范畴等。这种类型比较典型的有对于政治学和社会学中,如政治社会化等概念的借用。(3)方法借用类型。以某一门学科的某个角度为介入点(如文学中的"文以载道",经济学中的效益原理),或以某一门学科的研究成果为解决思想政治教育现实问题的方法。(4)诠释或解读类型。运用某些西方最新的学说或理论,或新创立的边缘学科的研究成果去诠释或解读当前思想政治教育中存在的现象和问题。

上述所列举的几种思想政治教育研究方法,并不是目前思想政治教育研究方法的全部,除此以外,还有诸多研究方法在思想政治教育中被使用,比如定性分析方法,即通过确定思想政治教育现象性质来揭示其特点和规律的研究方法;比如品德测评方法,即通过一定评估指标体

---

① 刘晓哲.对10年来我国思想政治教育类论文的综合研究与分析[J].思想理论教育导刊,2005(1).

系来评估学生思想品德状况的研究方法；等等。并且，近 10 年来，在思想政治教育领域越来越多的研究者也开始探讨通过问卷调查、实验研究，通过个案、访谈等方法来对思想政治教育现象进行科学研究，并取得了可喜的成果。但是，从总体来看，思想政治教育科学研究的水平并不高，需要加强思想政治教育科学研究。

第四节　思想政治教育研究中的问题

思想政治教育学科建设 40 年，思想政治教育研究取得了令人瞩目的成就，这种成就在思想政治教育研究方法上呈现出明显的发展态势。但是，当我们反思思想政治教育学科发展时，应该清楚地看到，思想政治教育学科建设的基础依然十分薄弱，思想政治教育学科建设还远没有达到一个成熟学科应有的水平，学科建设过程中存在着一些发展的悖论和问题。

一、按照科学方式进行思想政治教育研究的水平不高

科学是人们获取知识的一种方式，通过科学研究来获取知识是伴随着自然科学的兴起和发展而产生的一种思维方式和意识形态。通过科学研究获取知识被大家广泛认可，如美国学者巴里·巴恩斯所描述：人们之所以越来越偏爱科学，"乃是因为人们把它当成了一种适当的知识和文化形式，认为它与工业化社会大量的利害关系和价值体系相关"。"他们把自然科学看得比神学、经典著作和其他形式的传统学问更为尊贵，他们为最终形成一种不可抗拒的压力作出了重大贡献，在这种压力下，科学在大学和类似的机构中被确立为公认的教育形式。"[①] 科学研究以实验实证为基础，伴随着人文社会科学的兴起，科学的思维方式有由自然科学向社会科学延伸的趋势。但是，从我们对思想政治教育研究方法的三方面研究来看，在思想政治教育研究领域很少有研究者采取科学的方式进行思想政治教育研究，大多采用文献的方法、经验的方法、思辨的方法、比较的方法等传统的人文社科方法，这表明目前思想政治教育

---

① 巴恩斯. 局外人看科学 [M]. 北京：东方出版社，2001：21.

学科科学研究的水平并不高，研究方法从总体上仍然处于传统人文社会科学研究状态。因此，尽管思想政治教育被认可为一门学科、一门科学，但从总体上看，其科学化水平并不高，还没有达到一门学科所应有的科学水平。

二、思想政治教育理论研究与实践活动之间的鸿沟日益加深

从思想政治教育学科的产生来看，思想政治教育是在党的思想政治工作实践基础上产生的一门专业和学科，思想政治教育学科虽然具有深刻的理论性，但它不应该是纯粹关在书斋里面去做思想政治教育学问的这样一个学科，而必须和思想政治教育实践经验结合起来。但是，伴随着思想政治教育科学化和学科化的进程，思想政治教育理论研究与日常思想政治教育并没有出现人们期望的相互融合、相互促进的现状，相反，在思想政治教育研究领域还似乎出现了另外一种偏向：一方面理论工作者越来越埋头于理论体系的构建，缺乏对思想政治教育实务的观照，另一方面思想政治教育实际工作者又很少自觉运用理论成果指导实践工作，两者之间的鸿沟在日益加深。仔细分析思想政治教育学科的第一代学者，他们为什么能够开创思想政治教育学科、建立较为完善的思想政治教育理论体系，其中一个重要原因是他们绝大多数人做过思想政治教育的实践工作，对思想政治教育实务运行过程非常熟悉，而第二代、第三代学者大多是通过思想政治教育专业系统学习成长起来的，虽然具有较为系统的理论积累，但也存在着把思想政治教育做成一种书斋式学问的倾向。然而对于思想政治教育这样一个实践性比较强的学科，它需要在实践中去做，一边做思想政治教育，一边对思想政治教育本身做研究，这才真正合乎思想政治教育这个学科的经验性和实践性特征，否则的话，尽管理论可以构建得非常完善，但是对思想政治教育工作的指导性是非常有局限的。因此，思想政治教育学科建设应努力弥合理论与实践之间的鸿沟，体现思想政治教育学科的实践特色。

三、忽视了对思想政治教育特殊规律的研究

思想政治教育学科作为人文社会科学的一门新型学科，需要借鉴其他相关学科和人类历史上的一切优秀成果，但是对成果的借鉴并不能代替对本学科的基础内容的研究，思想政治教育学科还是应该以我们正在

做的事情为中心来进行研究，研究当前条件下我们正在做的思想政治教育，即社会主义思想政治教育，或者是中国特色社会主义思想政治教育，中国特色社会主义思想政治教育的独特内容决定了思想政治教育的特殊形式。在人类社会发展历史上，各种意识形态、各个统治阶级为了满足其意识形态建设需要，维护其统治阶级利益，确实开展过与我们目前所开展的思想政治教育相类似的教育活动，这是我们开展思想政治教育史研究、思想政治教育比较研究的基础，但是，这里需要明确一个基本的界限，即各种意识形态、各个统治阶级所开展的类似于我们社会主义思想政治教育的活动，与我们所开展的思想政治教育活动之间有着本质的不同，不能混淆。关于这个方面的问题，在思想政治教育史研究和思想政治教育比较研究中，表现得较明显，我们并不否认思想政治教育现象是人类社会的普遍现象，但是，无论是历史上的类似思想政治教育的现象，还是目前其他国家和意识形态所开展的类似于我们思想政治教育活动的社会活动，它们本身不是思想政治教育，因为它们与马克思主义思想政治教育、中国共产党所开展的思想政治教育和中国特色社会主义思想政治教育具有内容和形式上的本质区别，因此我们不能把思想政治教育当成是一门形式的学科，认为所有的社会都有把统治阶级的观点上升到统治阶级意识形态的这样一个过程，都是进行思想政治教育活动，这样就没有抓住思想政治教育学科的本质特色，也没有确定思想政治教育学科应有的边界。这些都表明目前思想政治教育研究还没有到真正的学科建设内涵上来，也表明思想政治教育专业化程度仍有待提高。

四、运用马克思主义的研究方法进行思想政治教育研究的力度不够

思想政治教育成为马克思主义理论一级学科目录下的二级学科以后，对思想政治教育学科本身建设提出了更高的要求，我们的思想政治教育研究学者要用马克思主义的研究方法来进行思想政治教育研究。每一个一级学科都有共同的思考问题的基本观点和看法，马克思主义理论学科毫无疑问应该选择马克思主义的研究取向，思想政治教育成为马克思主义理论一级学科目录下的二级学科，那么思想政治教育研究也应以马克思主义为研究取向，但是从目前情况来看很少有学者按照马克思主义的研究取向来研究思想政治教育现象，这些在研究过程中存在的问题又恰恰涉及整个思想政治教育学科到底该怎么去发展、怎么去研究的问题。

第九章　思想政治教育的科学研究问题

第五节　思想政治教育研究的基本趋向

从思想政治教育研究现状来看，尽管思想政治教育第一批学者在研究思想政治教育的过程中较多使用了学科交叉的方法，从跨学科的视角对思想政治教育进行多方位透视，但是目前单一研究方法在思想政治教育中依然占据着主导的位置，把各种研究方法结合起来的复合性研究相对较少，多元研究方法应成为思想政治教育研究方法发展的基本趋向。

一、思辨研究与实证研究并重

思辨研究与实证研究是从研究方法论角度区分的。思辨研究是当前思想政治教育研究的主要特点和优势，通过对思想政治教育的基本概念、范畴、特点、规律等进行分析和探讨，揭示思想政治教育内在的规律性问题，形成思想政治教育的基本理论框架和思想政治教育的思维方式等都需要加强思辨研究的作用。但是，如果思想政治教育研究仅仅停留在思辨的层面，则容易使思想政治教育学科局限于哲学和观念层面，而与思想政治教育学科的针对性与应用性相背离。而加强实证研究不仅能够提升思想政治教育科学水平，而且也反映了思想政治教育学科建设的需要。实证研究是通过系统搜集整理思想政治教育过程中的有关材料和证据，对思想政治教育过程中的各种变量及内在关系进行调查、观察、访谈和实验等来获取对思想政治教育现象的认识的方法，实证研究是科学研究的基础。尽管在科学研究中存在着各种各样的研究范式，比如诠释与建构主义的研究范式、批判主义与行动研究范式等，但在研究方法论发展中，实证研究依然是占主导地位的科学研究范式。从思想政治教育研究现状来看，尽管实证研究已经逐渐受到思想政治教育研究者的重视，但是以实证研究作为方法论基础的研究依然十分薄弱，需要加强思想政治教育方面的实证研究，把思辨研究与实证研究结合起来。

二、传统研究、量化研究与质性研究的整合

传统研究、量化研究和质性研究是从具体研究方法的角度进行的划分。传统研究主要是指通过经验、思辨、历史、比较等方法对思想政治

教育现象进行分析，这种研究对确定思想政治教育的学科本质、特性、规律是十分有益的，因此依然可以作为思想政治教育的研究方法。但传统研究也存在局限性，所有研究成果没有办法通过其他方式进行验证，也缺乏一些基本的研究程序和规范，因而显得科学性不够。量化研究是伴随着近代科学技术的产生和发展而形成的一种思维方式和研究方式，它主要侧重从事物和社会现象的数量特征、数量关系与数量变化来进行分析，其功能在于揭示和描述事物和社会现象的相互作用和发展趋势。量化研究通过所谓逻辑实证主义来创建知识，侧重运用演绎（线性）逻辑来得出结论。在量化研究中，知识的获取过程强调的是，获得的结论要具有客观性以及不受研究者价值观的影响。严谨规范的指标测量、精心控制的条件以及复杂多样的统计分析通常是量化研究设计的内容。质性研究则是一批人文学者、社会科学研究者针对把科学方法运用在社会科学领域所产生的种种问题和局限，而发展出来的针对社会现象进行研究的方法，质性研究方法内涵十分丰富和多元，有学者把质性研究方法比喻成一把大伞或一棵大树，其下汇聚着多元的方法。我国学者陈向明曾尝试下过一个定义，她认为质性研究"是以研究者本人作为研究工具，在自然情境下采用多种资料收集方法对社会现象进行整体性探究，使用归纳法分析资料和形成理论，通过与研究对象互动对其行为和意义建构获得解释性理解的一种活动"[①]。

　　量化研究和质性研究各有其特点和优势，有研究者归纳为五点[②]：（1）量化研究比较适合在宏观层面对事物进行大规模的调查和预测；而质性研究比较适合在微观层面对个别事物进行细致、动态的描述和分析。（2）量化研究证实的是有关社会现象的平均情况，因而对抽样总体具有代表性；而质性研究擅长于探讨特殊现象，以此发现问题或提出新的看问题的角度。（3）量化研究将事物可以量化的部分在时间的一点上凝固起来，然后进行数量上的计算；而质性研究在时间的流动中追踪事件的发展过程，使用语言和图象作为表述手段。（4）量化研究从研究者自己先设定的假设出发，通过收集和分析数据来验证自己的假设；而质性研究强调从当事人的角度了解他们的看法，将他们的概念和语词作为分析的单位。（5）量化研究极力排除研究者本人对研究的影响，尽量做

---

① 陈向明．质的研究方法与社会科学研究［M］．北京：教育科学出版社，2000：12．
② 陈向明．教师如何作质的研究［M］．北京：教育科学出版社，2001：17－18．

到价值中立；质性研究十分重视研究者对研究过程和结果的影响，要求研究者对自己的行为以及自己与被研究者之间的关系进行反思。

从思想政治教育研究的总体状况来看，传统研究依然占据着研究的主导地位，量化研究严重不足，而质性研究更为缺乏。在思想政治教育研究中应把三者进行有效整合，使研究方法更为多样、平衡。

三、对象研究、实务研究和自身研究相统一

对象研究、实务研究和自身研究是从研究现象和领域角度进行的划分。对象研究是针对思想政治教育对象或受教育者开展的研究。教育对象既是思想政治教育过程积极活动的主体，也是思想政治教育的工作对象，思想政治教育工作人员要针对教育对象开展思想政治教育活动，首先要对教育对象的思想政治状况及其发展规律进行深入认识和了解，这有助于思想政治教育工作人员有针对性地开展工作。对象研究既可以是个体的，也可以是群体和团体的，既包含历史，也可以包含现实和未来，也就是凡是与教育对象相关的内容都属于对象研究领域。而实务研究是指对思想政治教育工作人员所开展的思想政治教育活动进行研究，它与思想政治教育工作人员所从事的方方面面工作存在着密切关系，思想政治教育工作人员在日常思想政治教育实践中所从事的各种显性的或隐性的、理论的或实践的、直接的或间接的思想政治教育工作，都可以纳入思想政治教育实务研究的范围。至于自身研究是指对思想政治教育工作人员自身的研究，既包括思想政治教育职业化和专业化、思想政治教育工作的技能和要求、思想政治教育队伍建设和发展等宏大的主题，也包含思想政治教育工作人员个人生命体会、反思与感悟、生命故事、职业看法和心理感受等微观主题。

从思想政治教育研究现状来看，传统思想政治教育研究方式偏重于实务的经验总结和思辨研究，少量的实证研究主要偏重于思想政治教育对象研究，对思想政治教育自身的研究则更为缺乏，这几种研究方式都存在局限性，只有把它们统一起来，才能从多元和多个层面对思想政治教育现象进行全方位透视，了解思想政治教育的全过程。

四、学术研究与行动研究相结合

学术性和行动性是针对思想政治教育研究者而言的。所谓学术研究

是指把思想政治教育作为一门专门的学科，从学理的角度进行科学化研究。学术研究的主要目的是获取思想政治教育方面的知识和经验，丰富和完善思想政治教育的科学体系。从思想政治教育研究的现状来看，虽然从改革开放初期开始，思想政治教育的第一批学者十分注重经验和实务活动在思想政治教育中的作用，能用理论研究指导实际工作，同时从实际工作中进行理论提升、形成理论观点，做到理论与实际的结合，但是伴随着思想政治教育科学化和学科化的进程，理论工作者与实务工作者之间的鸿沟却日益加深。正如有研究者分析："思想政治教育理论工作者和实际工作者因此归属于不同阵营，即不同的'科学共同体'。思想政治实际工作者面对学术研究只能敬而远之，或者为了某些功利目的做些供发表的论文文章，理论研究者面对实践发展中的问题坐而论道，只能隔靴搔痒，这种楚河汉界分明的状况显然不利于思想政治教育方法研究，必须加以改变。"① 而行动研究正是弥补理论工作者与实务工作者之间鸿沟的有效途径。

所谓行动性研究或行动研究是指"由实务工作者在实际工作情境当中，根据自己实务活动上所遭遇到的实际问题进行研究"②，"行动研究是实践者为提高新的行动的效果而对其进行的系统性研究"③。思想政治教育实践研究是指思想政治教育工作者为了改进思想政治教育工作，提高思想政治教育有效性而开展的研究工作。行动研究有助于把思想政治教育理论工作者、实务工作者和研究对象等思想政治教育基本力量整合起来，推动思想政治教育理论和实践的发展。

最近20年，在西方特别是美国，兴起了一股把科学研究、实务工作与研究对象的价值整合起来的思潮，即证据为本思潮。目前，证据为本的思想已经广泛运用在教育和实务工作领域，在教育教学实践中主张通过科学研究，把科学研究与现代科学技术的运用结合起来，实现精细教学。证据为本的思想可以作为把学术研究、理论研究与实务工作结合起来的一种尝试，通过科学研究来提高实务决策的科学性和精确性，同

---

① 万美容．思想政治教育方法发展研究［M］．北京：中国社会科学出版社，2007：254－255．
② 蔡清和．教育行动研究［M］．南京：南京师范大学出版社，2005：4－5．
③ 高尔 乔伊斯 P，高尔 M D，博格．教育研究方法：实用指南（第5版）［M］．北京：北京大学出版社，2007：466．

时，也通过实务工作的具体决策，使得科学研究更有针对性和适切性。证据为本的思想为辅导员把实务工作与科学研究结合起来提供了一个可资借鉴的工作范式。

把学术研究与行动研究结合起来，是促进理论工作者与实务工作者结合起来的有益尝试，能有效弥合学术研究与行动研究、理论工作者与实务工作者之间的鸿沟，是推进思想政治教育发展的内在必然。

第十章　思想政治教育学科的依托与自主问题

美国道德教育学者约翰·L. 埃利亚斯（John L. Elias）指出："道德教育是一个需要多学科共同研究的领域，仅仅通过一门学科来探讨这一领域既是有限的，也是危险的。"① 同样，对于思想政治教育这样一个复杂的领域来说，仅仅从一个角度或一门学科进行研究也是有限的和危险的。正是基于这样的思想，也由于思想政治教育是改革开放以来在我国逐渐兴起的一门人文社会科学新兴学科，在思想政治教育学科创建过程中，出现了一种独具特色的研究方法即学科交叉移植借鉴的研究方法，也就是借用其他学科的研究方法和研究成果来进行思想政治教育研究的研究范式，这形成了思想政治教育学科建设过程中的一种独特现象。纵观整个思想政治教育学科交叉移植借鉴研究领域，思想政治教育学者对其他学科的借用程度是不一样的，有的研究达到交叉的程度，有的研究仅仅进行了移植，有的研究主要是借鉴，有的甚至实现了整合创新，但不管如何，这种研究思路确实为新兴的思想政治教育学科注入了新鲜活力。如何处理思想政治教育学科交叉移植借鉴等问题，就构成思想政治教育的学科依托和自主问题。所谓学科依托是指依托其他学科的研究结果和研究方法来发展思想政治教育学科，而学科自主是指由本学科自主建构属于本学科特有的知识和研究方法。任何一门学科的建立，

---

① ELIAS J L. Moral Education: Secular and Religious. Malabar: Robert E. Krieger Publishing Co. Inc, 1989: 56.

第十章 思想政治教育学科的依托与自主问题

都离不开对其他学科知识的借鉴与运用,同样,任何一门学科,只要它成为一门学科,它都会有不同于其他学科的特殊规律。正如毛泽东所指出的:"科学研究的区分,就是根据科学对象所具有的特殊的矛盾性。因此,对于某一现象的领域所特有的某一种矛盾的研究,就构成某一门科学的对象。"① 从这个意义上说,学科建设中的依托与自主构成学科发展的一对基本矛盾。

在思想政治教育学科发展过程中,有两门学科深深影响着思想政治教育学科的依托与自主:一是伦理学,或者叫道德教育哲学;二是心理学,或者叫思想政治教育心理学。把伦理学研究成果运用到思想政治教育领域或运用伦理学研究方法对思想政治教育进行研究是思想政治教育领域的一种较为传统的研究视角,这是由思想政治教育本身的学科属性决定的。思想政治教育学科,按照与之相近学科的专家,美国道德教育专家科尔伯格的观点,是一门把"是"与"应该"结合起来的学科,它需要道德教育哲学即伦理学的支持,也需要道德教育心理学的支持:在道德教育中如果没有伦理学的支持,道德教育就失去了方向;而缺乏心理学的支持,道德教育就成了"灌输",而不是一种真正的教育活动。因此,真正的教育活动应该把"是"与"应该"结合起来。

把心理学研究成果运用于思想政治教育领域或者运用心理学研究方法研究思想政治教育,在思想政治教育领域形成了一门新的综合交叉学科,即思想政治教育心理学,它是运用心理学的理论和方法透视思想政治教育现象和运用思想政治教育理论和方法透视心理现象而产生的交叉学科。由于思想政治教育过程中的心理现象及其发展特点和规律在整个思想政治教育活动中的基础性地位,思想政治教育心理学课程在思想政治教育专业建设中长期居于核心地位。从1984年标志着思想政治教育专业诞生的《关于在十二所院校设置思想政治教育专业的意见》下发始,心理学就被列为专业基础课;1991年国家教委思想政治工作司组织编写思想政治教育本科专业教材,第一批教材就涉及思想政治教育心理学;1993年国家教委下发的《关于高等学校思想政治教育专业办学意见》,明确把思想政治教育心理学列入基础课;2005年国务院学位委员会、教育部下发的《关于调整增设马克思主义理论一级学科及所属二

---

① 毛泽东选集:第1卷[M].2版.北京:人民出版社,1991:309.

级学科的通知》，明确规定了思想政治教育心理学的课程设置。

但是，2018年发布的《普通高等学校本科专业类质量国家标准》并没有将思想政治教育心理学等课程列入思想政治教育专业课程。并且，思想政治教育研究者在学科交叉研究的过程中，较多地把伦理学研究成果、心理学研究成果运用于思想政治教育领域，甚至运用伦理学、心理学的话语直接进行思想政治教育学科建设，使思想政治教育学成了伦理学或心理学的分支，变成伦理思想政治教育或思想政治教育伦理运用学、心理思想政治教育或思想政治教育应用心理学，没有很好地实现充分利用其他学科研究成果来建设思想政治教育学科的任务目标。鉴于心理学已经在思想政治教育领域形成一门特殊的思想政治教育心理学，本章主要以思想政治教育心理学为例，探讨思想政治教育学科的依托与自主关系。

第一节　思想政治教育的心理学发展审视

思想政治教育专业建设40年来，思想政治教育心理学因思想政治教育专业建设的需要而发展，伴随着思想政治教育学科定位的调整而改变，伴随着思想政治教育心理学研究者认识的变化而深化，经历了一个复杂的历史发展过程，大致可以划分为以下几个时期：

一、学科理论内容吸收借鉴期（1984—1995年）

这一时期的主要特点是学习和借鉴心理学理论和方法，把心理学理论和方法运用于思想政治教育领域，并在此基础上尝试把思想政治教育与心理学结合起来，对思想政治教育心理学的研究对象、目的和意义、基本原理内容等方面进行初步探究。其主要代表作有王树茂的《思想政治工作心理学》（辽宁人民出版社，1986）、郁景祖的《思想政治工作心理学》（山西人民出版社，1987）、武怀堂的《思想教育心理学》（华夏出版社，1987）、邱伟光的《思想政治教育心理学》（武汉工业大学出版社，1989）、陈沛霖和刘华山的《思想政治工作心理学》（青海人民出版社，1992）、吴焕荣和周湘斌的《思想政治工作心理学》（航空工业出版社，1993）、郭崇岳的《思想政治教育心理学》（大连理工大学出版社，

第十章　思想政治教育学科的依托与自主问题

1993）等。

这一时期总体的贡献在于提出了思想政治教育心理学的命题，并且从不同学科角度对思想政治教育心理学的学科属性进行了探讨，介绍了心理学的基本理论和方法，对思想政治教育过程中的心理现象进行了分析。具体体现在：一是从思想政治工作与心理学结合的角度对思想政治教育学科属性进行了界定，具有代表性的定义有："思想政治工作心理学是研究思想政治工作过程中心理活动发生、发展及其变化规律的科学，它是一门专门为思想政治工作服务的新兴学科"①；"它以思想政治工作过程中人的心理现象和心理规律为研究对象，着重探讨有效地进行思想政治工作的心理条件、原理、原则和方法"，"是一门新兴的应用心理学"②；"思想政治教育心理学是研究思想政治教育过程中人们心理活动规律及如何遵循人们心理活动规律去实施思想政治教育的一门科学"③。二是介绍了一些心理学理论和方法。学者们在自己的著作中，纷纷结合思想政治教育的特点和实践需要，介绍了一大批心理学理论与方法。较多被提到的理论有心理过程理论、人格（个性）理论、动机理论、激励理论、群体心理学理论、社会认知理论、心理健康与心理咨询理论等。三是对心理、思想、行为以及思想政治教育过程中的心理现象进行了初步分析。如吴焕荣等编的教材中，对心理、思想、行为的内在过程和规律，个体心理和群体心理现象，以及思想政治教育过程心理现象进行了系统分析。四是尝试探讨思想政治教育与心理学的结合点。这期间大多数学者还是把心理学与思想政治教育看成两个不同的学科，既有研究者"以思想政治工作原理为基础，吸取心理学原理"④，也有研究者以心理学为背景探讨两者的结合，目的是面向"思想政治工作者或准备从事思想政治工作的人员扼要介绍如何科学认识人和人的心理活动，认识人的心理发展规律和如何激发人的积极性等心理学知识"⑤。

本时期虽然对思想政治教育与心理学的学科基础、学科知识和学科结构进行了有益探讨，但是从总体上看依然处于把心理学研究成果和方

---

① 郁景祖. 思想政治工作心理学 [M]. 太原：山西人民出版社，1987：7.
② 陈沛霖，刘华山. 思想政治工作心理学 [M]. 西宁：青海人民出版社，1992：22-23.
③ 郭崇岳. 思想政治教育心理学 [M]. 大连：大连理工大学出版社，1993：3.
④ 吴焕荣，周湘斌. 思想政治工作心理学 [M]. 北京：航空工业出版社，1993：13.
⑤ 陈沛霖，刘华山. 思想政治工作心理学 [M]. 西宁：青海人民出版社，1992：2.

法运用于思想政治教育过程的发展阶段,在研究活动中虽然有尝试开始研究思想政治教育心理现象,寻找思想政治教育与心理学的结合点,但还没有从思想政治教育学科本体论角度来构建思想政治教育心理学学科框架,从整体上属于学科借鉴移植时期。

二、学科理论体系建构期（1996—2005年）

这一时期以研究者开始从思想政治教育本体论的角度探讨思想政治教育心理学的理论体系为总体特征,尝试着运用思想政治教育视角来透视思想政治教育中的心理现象。以国家教委思想政治工作司组编的思想政治教育专业教材《思想政治教育心理学》为标志,思想政治教育心理学研究进入学科专业的自主构建阶段。这一时期的代表性成果有：童彭庆的《思想政治教育心理学》（高等教育出版社,1996）、王新山《思想政治工作心理学概论》（武汉测绘科技大学出版社,1998）、杨芷英和王希永的《思想政治教育心理学》（首都师范大学出版社,1999）、姜相志的《思想政治教育心理学》（哈尔滨工程大学出版社,2000）、张云的《思想政治教育心理学》（上海人民出版社,2001）、胡凯和荣复康的《思想政治教育心理学》（湖南科学技术出版社,2005）等。

与前一时期思想政治教育心理学研究领域汇聚着思想政治教育学、心理学等不同领域学科专家不一样,这个时期的研究成果基本上是由思想政治教育学科领域的学者们完成的。思想政治教育学科一批有较好心理学训练的学者怀着学科自觉意识,对思想政治教育心理学理论体系进行了较为系统的构建,初步形成了相对独立、区别于应用心理学的内容体系。具体表现在以下几个方面：

一是开始系统地对思想政治教育心理学的研究对象、任务、内容和方法进行探讨。在这个时期,研究者们并不立足于心理学在思想政治教育的应用,而是开始系统探讨思想政治教育心理学的内在知识结构。如有学者提出思想政治教育心理学的研究对象和领域应包括个体环境、社会环境、教育内容和教育者等四个方面[1]。还有学者对思想政治教育心理学的学科归属、研究对象、学科性质、学科体系等问题进行了探

---

[1] 施春华.论思想政治教育心理学[J].唯实,1998(1).

讨①。还有研究者进一步建构和完善了思想政治教育心理学的意义，分析了思想政治教育心理学的学科性质和学科特点，并探讨了该学科的研究对象和内容②。这些都表明思想政治教育心理学作为一个独立的领域开始引人关注。

二是开始尝试用思想政治教育学科术语构建知识体系。如果说前一时期思想政治教育心理学研究的重点主要放在思想政治教育与心理学的结合上，那么在本阶段研究者们越来越多地用思想政治教育的话语体系来对心理学进行改造，形成思想政治教育视域或话语体系的知识体系。如童彭庆的《思想政治教育心理学》，从思想政治教育中的认识心理、情感心理、意志心理、个性心理、需要和动机心理、态度心理群体心理、人际交往心理、挫折和逆反心理、嫉妒和攀比心理、表现和批评心理、心理学原则及思想政治教育工作者心理素质等角度，构建了较为完整的知识性与专题性相结合的思想政治教育心理学体系。在知识体系的构建中，虽然遵循着普通心理学的发展脉络，但已经经过了思想政治教育的学科转化，与前一个时期对两者结合的论述相比，有了一个显著的变化。

三是开始尝试从思想政治教育本体论的角度进行学科定位。与前一时期研究者们主要借鉴吸收心理学知识进行思想政治教育心理学知识体系构建相比，本时期研究者们已经有了相对明确的自主意识，比如有学者在教材中明确提出："我们研究思想政治教育心理学，不是为了完善和发展心理学，而是为了完善和发展我们党的思想政治教育，为了深化思想政治教育学的研究。因此，思想政治教育心理学的立足点和倾向性是十分明显的。立足于思想政治教育、以思想政治教育为本是思想政治教育心理学研究的一个原则，借鉴和吸收心理学研究的成果来为思想政治教育研究服务是思想政治教育心理学这门学科的特色。"③

四是思想政治教育心理学开始形成一门课程。在这一时期，思想政治教育心理学才开始明确成为思想政治教育专业的基础课程，开始有组织地系统编写相应教材，在2000年前后出版了一批以思想政治教育心

---

① 王希永，杨芷英. 思想政治教育心理学的几个基本问题 [J]. 思想教育研究，1998 (4).

② 胡凯. 建构和完善"思想政治教育心理学"的思考 [J]. 思想政治教育研究，2005 (6).

③ 张云. 思想政治教育心理学 [M]. 上海：上海人民出版社，2001：11.

理学为主题的专著或教材，作为思想政治教育专业的专业课程教材或参考书使用，其中有些著作还获得政府优秀研究成果奖。这些都表明思想政治教育心理学作为一门课程的形成。

本时期思想政治教育心理学研究的总体特点是开始以思想政治教育学科建设为需要，从整体上对思想政治教育心理学的学科特点进行探讨，初步形成了一套较为系统的思想政治教育心理学体系。但是，这种体系的形成也是初步和脆弱的，在很大程度上依然保留着借鉴吸收心理学成果和应用心理学理论和方法的痕迹。

三、学科研究领域细化深化期（2005—　）

2005年国务院学位委员会、教育部下发《关于调整增设马克思主义理论一级学科及所属二级学科的通知》，明确规定思想政治教育心理学是思想政治教育学科课程的重要组成部分，标志着思想政治教育心理学的发展进入一个新的历史时期。

这一时期思想政治教育心理学研究的总体特点是领域细化深化，虽然这一时期在思想政治教育心理学整体研究方面也出现了一些以"思想政治教育心理学"为题名的教材或专著，如胡凯的《现代思想政治教育心理研究》（湖南人民出版社，2009）、杨芷英的《思想政治教育心理学》（中国人民大学出版社，2014）、王仕民的《思想政治教育心理学概论》（中山大学出版社，2015）等，在整体上对思想政治教育心理现象进行系统研究，如思想政治教育心理机制研究、思想政治教育心理功能研究、思想政治教育心理规律研究、思想政治教育心理品质研究等，使思想政治教育研究更具理论性、系统性和规范性，但是这些研究并没有在理论框架和知识体系上颠覆前一时期形成的成果，表现出在原有基础上的深化和细化的特征。

与这一特点相适应，在思想政治教育心理学研究中也呈现出另一个鲜明的特点，即思想政治教育心理学研究实现领域的分化，也就是在思想政治教育心理学研究中出现了许多值得关注的新的领域，这些领域从思想政治教育学本体论出发，开始自主探讨思想政治教育的心理活动，提出新的思想政治教育心理学研究范式。比如思想政治教育与心理健康教育相结合的思想政治教育心理咨询模式，把心理咨询引入思想政治教育，运用心理咨询来拓展思想政治教育渠道。党的十六届六中全会提出构建社会主义和谐社会，特别是党的十七大提出"加强和改进思想政治工作，注重人文关怀和心理疏导"以后，中国本土的基于思想政治教育的心理咨询模式突现并持续发展，如有学者连续发表《思想政治教育工作者何以能够从事心理咨询》《思想政治教育工作者如何从事心理咨询》《心理健康教育何以成为思想政治教育的研究领域》《探索基于思想政治教育的大学生心理健康教育模式》等系列论文和《心理咨询与心理健康教育》著作，还有学者长期探讨思想政治教育与心理健康教育的结合，并形成博士论文和国家社会科学研究基金成果等，都使得心理咨询和心理健康教育日益成为思想政治教育研究的重要领域①。

再比如关于个体思想品德发展规律的研究，关于品德心理或德育心理的研究在教育学和心理学领域一直是一个特定研究领域，20世纪80年代以李伯黍、顾海根、岑国桢等为代表的学者围绕个体品德发展，特别是中小学生思想品德发展进行了大量本土化研究和实验，使德育心理学成为一个独立研究领域。进入21世纪，德育心理研究日益系统和深化，出版了一大批重要成果，比如欧阳华珍的《品德心理学》（安徽大学出版社，2005）、朱仁宝的《德育心理学》（浙江大学出版社，2005）、陈会昌的《德育心理学》（安徽人民出版社，2006）、杨韶刚的《道德教育心理学》（上海教育出版社，2007）等。这些成果的创造者中虽然以心理学为学术背景的研究者居多，但由于领域的相近性，使得这些成果与思想政治教育心理学的相关度越来越高，很多思想政治教育研究者也把德育心理学研究成果纳入思想政治教育领域。

除此以外，思想政治教育心理学的研究在诸多领域也实现了深化，比如关于人的思想行为的研究、关于传播心理和接受心理的研究、关于态度转变的研究、关于志愿服务心理机制的研究、关于网络心理的研究等，都取得了大量研究成果。这些成果为思想政治教育心理学的本土化、思想政治教育的本体化提供了丰富的思想资源和理论素材，需要在新的历史条件下进行新的整合。

---

① 余双好. 思想政治教育工作者何以能够从事心理咨询[J]. 学校党建与思想教育，2004（10）；余双好. 思想政治教育工作者如何从事心理咨询[J]. 学校党建与思想教育，2006（6）；余双好. 心理健康教育何以成为思想政治教育的研究领域[J]. 马克思主义研究，2007（3）；余双好. 心理咨询与心理健康教育[M]. 北京：中国人民大学出版社，2007；余双好. 探索基于思想政治教育的大学生心理健康教育模式[J]. 学校党建与思想教育，2008（5）；马建青. 大学生心理健康[M]. 北京：人民出版社，2011.

第二节　思想政治教育心理学建设存在的主要问题

与思想政治教育学科发展历史一样，思想政治教育心理学发展也呈现出发展迅速且不断深化的过程，并取得了巨大成绩，但思想政治教育心理学的研究基础还非常薄弱，还远没有达到一个成熟学科应有的水平，在学科建设过程中还存在一些问题。

一、学科定位问题

由于思想政治教育心理学是心理学与思想政治教育学的交叉学科，如何确立思想政治教育心理学的学科定位问题，就成为思想政治教育心理学学科发展的基本问题，直接影响到学科知识结构的构建和学科归属。

在思想政治教育心理学发展初期，不同学科学者汇聚在思想政治教育心理学的旗帜下，虽然对思想政治教育心理学的定位和理解各不相同，但把思想政治教育心理学看成是心理学在思想政治教育中的运用，运用心理学的基本理论和方法，对思想政治教育过程中的心理现象和规律进行研究是其共同的思想主脉，思想政治教育研究主要停留在把心理学理论"简单移植""理论拼接"到思想政治教育领域，思想政治教育心理学自身的学科体系特色并不鲜明和突出。到思想政治教育心理学发展中期，一批思想政治教育学者雄心勃勃地从思想政治教育本体论的角度出发，讨论思想政治教育心理学的问题，初步形成了基于思想政治教育学科视角的思想政治教育心理学知识体系。但是，从已经形成的绝大多数思想政治教育心理学教材和论文来看，思想政治教育心理学从总体上并没有脱离应用心理学或者说心理学在思想政治教育中的应用的框架，正如有研究者指出："对于思想政治教育心理学自身的学科体系和内容体系，仍处在探索之中，学者们尚有不同见解，且缺乏权威性的论证。"[1] 在思想政治教育心理学发展晚期，虽然思想政治教育心理学的各应用领域有了深入发展，但对思想政治教育心理学作为一个整体的学

---

[1] 杨芷英. 思想政治教育心理学的发展构想 [J]. 思想教育研究，2008 (1).

第十章　思想政治教育学科的依托与自主问题

科课程体系的探讨则越来越少，思想政治教育心理学研究领域的核心作者队伍也没有很好地建立起来，思想政治教育心理学作为一个独立学科的地位受到挑战。2012年在教育部公布的《普通高等学校本科专业目录和专业介绍》中，思想政治教育专业核心课程为：思想政治教育学原理与方法、科学社会主义、政治经济学、马克思主义哲学、中国哲学史、西方哲学史、心理学、伦理学、教育学、中国共产党思想政治教育史等[①]。2018年《普通高等学校本科专业类教学质量国家标准》所列思想政治教育专业类课程为马克思主义经典文献导读、思想政治教育学原理、思想政治教育方法论、比较思想政治教育、伦理学、中国共产党历史、中国共产党思想政治教育史[②]。同样，思想政治教育心理学并没有列为专业核心课程，表明思想政治教育心理学作为一门学科课程的稳定性存在着疑问。

其实，思想政治教育心理学的学科问题看似是学科归属的问题，但实质上是学科发展取向的问题。思想政治教育心理学到底是属于心理学，还是属于思想政治教育，问题并不重要，事实上，学科仅仅是一种研究的视角，而学科建设的关键在于以问题为中心解决问题。然而，在思想政治教育心理学学科建设中，研究者们过多地纠缠于思想政治教育学科属性问题，而忽视了思想政治教育心理学在思想政治教育学科中的真正的功能定位，使得学科定位问题一直成为思想政治教育心理学学科建设中的问题。

二、学科知识结构问题

与思想政治教育心理学学科定位相适应，思想政治教育心理学学科知识结构的构建也是制约学科发展的重要因素。心理学是一门以自然科学研究方法为基础的自然科学、社会科学和思维科学相结合的综合性学科，经过100多年的发展，已经形成了庞大的学科体系、系统的研究方法和多样的研究视角。思想政治教育过程中的心理现象和心理规律虽然涉及心理学研究的方方面面，但作为一门课程的知识体系设计，在宏大

---

① 中华人民共和国教育部高等教育司. 普通高等学校本科专业目录和专业介绍2012[M]. 北京：高等教育出版社，2012：74.

② 教育部高等学校教学指导委员会. 普通高等学校本科专业类教学质量国家标准：上[M]. 北京：高等教育出版社，2018：58.

的心理学体系面前仍显得十分不对称。因此，在思想政治教育心理学知识体系的构建过程中，尽管思想政治教育学科的学者们想努力摆脱心理学的束缚，注入更多的思想政治教育内涵，但从学科知识水平来看，仍处于心理学应用层面。从目前思想政治教育与心理学的结合来看，思想政治教育心理学的学科知识主要源于基础心理学、发展心理学、教育心理学、社会心理学、人格心理学、咨询心理学等领域。由于庞大的心理学研究成果要在一门思想政治教育心理学课程中体现，使得思想政治教育心理学在体系构建过程中存在着难度，造成学科结构的不完整或以偏概全的倾向。

三、学科知识来源问题

任何学科的知识均应源自科学研究，思想政治教育心理学也不例外，也就是说，思想政治教育心理学学科的知识应来源于对思想政治教育过程的心理现象的研究，但在思想政治教育心理学研究领域，思想政治教育心理学的知识主要来源于心理学研究成果，并且更多来源于对西方心理学理论的介绍和引进，缺乏自主研究，缺乏立足于我国思想政治教育实际和以我们正在做的事情为中心的思想政治教育心理现象和心理规律的研究，是思想政治教育心理学难以得到可持续发展的重要原因。也正因为这样，思想政治教育心理学学科难以形成核心作者队伍。比如有研究者利用文献计量学的方法，对1980—2008年期间中国知网数据库，以"思想政治教育心理学"为关键词检索，结果发现，发表关于思想政治教育心理学论文的分布情况是：发表论文仅1篇的作者有444人，占作者总数的97.8%，而发表论文在2篇及2篇以上的作者仅占作者总数的2.20%，仅有6人。这说明思想政治教育心理学研究队伍正在形成过程中，但是并不稳定，尤其是核心作者并未形成，缺乏长程、持续、深入的研究①。知识来源的缺乏，核心作者的缺乏，使思想政治教育心理学研究处于低水平的重复状态。

四、研究方法问题

如前所述，心理学是一门以自然科学研究方法为基础的综合性应用

---

① 刘海燕.1980—2008年间中国思想政治教育心理学研究回顾与思考［J］.河北大学学报（哲学社会科学版），2011（6）.

学科，虽然心理学研究并不排斥对其他研究方法的运用，但总体上看心理学是以自然科学研究方法为基础的学科。但是从思想政治教育心理学领域研究方法的现状来看，目前主要采取的是文献研究、理论构建研究、历史研究、比较研究等研究方法，其研究的总体思维方式仍处于传统思辨研究范式。在思想政治教育心理学教材的编写过程中，较普遍的编写方式是对心理学的理论和方法的介绍与应用，对思想政治教育过程中的心理现象进行理论分析，将心理学与思想政治教育融合起来进行基础理论体系构建，较缺乏对思想政治教育心理过程进行实验、实证研究的积极成果。这表明思想政治教育心理学整体研究的科学性还比较缺乏。

第三节　思想政治教育心理学发展趋势

经过 40 年思想政治教育专业化建设，思想政治教育心理学又处于一个新的历史发展起点。思想政治教育心理学应充分明确学科定位，以我们正在做的事情为中心，务实地开展本土化研究，逐渐积累经验，形成专业队伍，促进思想政治教育心理学的持续健康发展，为思想政治教育学科发展提供坚实的心理学基础。

一、进一步明确思想政治教育心理学的基础性地位

思想政治教育心理学在思想政治教育学科的基础性地位，是由思想政治教育学科研究对象确定的，思想政治教育是以人的思想品德形成发展规律及实施教育规律作为研究对象的学科。在思想政治教育学科研究过程中，无论是把思想政治教育研究对象看成是一个规律，即思想政治教育规律，还是两个规律，即人的思想品德形成发展规律和思想政治教育规律，"把人们思想品德形成发展的规律和对人们进行思想政治教育的规律作为自己研究对象"①，人的思想品德形成发展规律都是思想政治教育学科的基本研究对象。人的思想品德形成发展规律既是思想政治教育研究的对象，同时也是开展思想政治教育活动的基础。人的思想品

---

① 张耀灿，郑永廷，吴潜涛，等．现代思想政治教育学［M］．2 版．北京：人民出版社，2006：7.

德形成发展规律是思想政治教育心理学研究的主要领域，它为思想政治教育提供了基础。从这个意义上看，思想政治教育心理学并不是简单地运用心理学知识来提高思想政治教育效果，也不仅仅包括对思想政治教育过程的心理现象的研究，而是在整个思想政治教育学科中居于基础和核心地位的知识结构。

然而，在以往的思想政治教育研究中，我们仅仅把思想政治教育过程中的心理现象作为思想政治教育心理学的主要研究领域，把思想政治教育心理学作为心理学的应用领域，应用心理学的理论和方法来解决思想政治教育过程中的问题。这样的学科定位，使得思想政治教育心理学总是处于应用心理学的范围。因此，应进一步明确思想政治教育心理学在思想政治教育学科中的基础和核心地位，以思想政治教育心理学为基础形成科学的思想政治教育学科。

在思想政治教育科学化发展过程中，美国学者科尔伯格的道德教育思想值得我们学习借鉴，科尔伯格认为道德教育是一门"应该"的科学，即按照一定的道德观念对教育对象施加影响，但是道德教育要以"是"作为基础，如果缺乏教育对象"是"什么的基础，道德教育活动就是一种"灌输"，但是如果我们从道德"是"直接提出道德教育的目标，就会犯"自然主义"的错误，因此，在道德教育中要把"是"与"应该"结合起来①。科尔伯格所说的"是"的研究即心理学研究，"应该"是道德哲学观念，从这个意义上，科尔伯格走出了一条把道德教育哲学与心理学相结合的道德教育科学化的路径。虽然我们的思想政治教育学科建设与道德教育科学化具有不同路径，但科尔伯格重视道德心理学研究的思路值得重视。如果我们能更好地处理思想政治教育心理学在思想政治教育学科中的定位，充分发挥思想政治教育心理学在思想政治教育学科中的基础性作用，思想政治教育心理学也就能够走出一条有别于普通心理学的发展路径，为思想政治教育科学发展提供可靠的保障。

二、重视实践经验总结和本土化理论构建

思想政治教育活动是中国本土化的实践活动，虽然人类历史上和当前世界上一些国家和地区有过类似于我们思想政治教育的实践活动，但

---

① 郭本禹. 道德认知发展与道德教育[M]. 福州：福建教育出版社，1999：78-81.

是从其本质上来看,与我们当前所从事的思想政治教育活动具有根本的区别。因此,中国思想政治教育活动过程的心理特点和规律的探索只能以中国实践为基础,以中国当前正在做的事情为中心展开,在总结实践经验的基础上形成本土化的理论,这才是思想政治教育心理学发展的基本方向。以往思想政治教育心理学主要吸收借鉴心理学现有理论知识(主要来自西方心理学理论)进行"理论移植",这在思想政治教育心理学作为一门学科、课程的初步建立阶段是必要的,但是从学科长远发展来看,仅仅停留在学习借鉴阶段是不够的,而应在马克思主义理论的指导下,在吸收借鉴西方心理学知识的基础上,立足中国思想政治教育实际和本土化经验,形成本土化思想政治教育心理研究,努力进行进一步的理论提升,形成具有中国国情特点和中国话语特色的自主创新、本土化理论成果。

三、加强思想政治教育心理学的科学研究

科学研究是思想政治教育心理学发展的有效推动力量。思想政治教育心理学是以思想政治教育过程中的心理现象和心理规律为研究对象的学科。在思想政治教育心理学的知识构建中,虽然科学研究方法并不是唯一的方法,在心理学的研究中也存在着"从最精密的科学家到最玄乎的非科学的思想财富"(赫根汉语)的说法,但是,由于在思想政治教育心理学学科建设中,存在大量学科交叉移植现象,大量吸收借鉴心理学积极成果,并对思想政治教育过程中的心理现象进行理论分析、逻辑推论、思辨研究,因此,在思想政治教育心理学研究中倡导使用科学研究方法是非常必要的。强调思想政治教育心理学研究方法的科学性,并不是排斥其他人文社会研究方法,对于思想政治教育心理学这样复杂的学科,运用多元方法,在多元方法的基础上进行整合,是思想政治教育心理学研究方法发展的必然趋势。因为每一种研究方法都是我们透视思想政治教育过程中心理现象的一种视角,只有从多个不同研究视角出发,才能透视思想政治教育过程中心理现象的复杂多样性。但是,多元研究方法的基础和条件是对思想政治教育现象进行科学研究。

四、培育稳定的思想政治教育心理学专业队伍

学科发展建设的关键是人才队伍建设。思想政治教育心理学发展根

据自身作为交叉学科的特点,针对跨学科人才培养周期较长的问题,从跨学科人才培养规律出发,重视拓展学科资源,培养了稳定且规模较大的后备人才队伍。目前,思想政治教育心理学研究队伍基本处于个体研究阶段,缺乏深入的协作和沟通机制,缺乏资源整合和整体协作。在思想政治教育心理学初步发展阶段,有一批心理学领域学者曾参与编写教材或著作,但是近些年,思想政治教育心理学研究基本上是思想政治教育领域的学者独立出版专著,存在学科封闭问题,缺乏学科之间的深度合作研究。从目前思想政治教育心理学人才培养的角度来看,最大的阻碍源自思想政治教育专业人才培养模式与心理学专业人才培养模式的差异性,使得在思想政治教育领域和心理学领域都很难产生既熟悉思想政治教育,又了解心理学理论和方法的复合型人才。今后应突破这些瓶颈,既加强对本学科队伍的专业培训,加强学术规范基础训练,也加强思想政治教育与心理学之间、学校之间的交流与合作,协同攻关,联合培养,形成复合型人才培养的有效机制,从而促进思想政治教育心理学的学科创新和可持续发展。

从思想政治教育心理学发展来看,在思想政治教育专业建设初期,思想政治教育专业建设主要采取依托式发展模式进行专业知识构建,这种建设模式依然存在着一定的合理性,但经过思想政治教育专业40年发展,思想政治教育已经初步积累了丰富的知识和独立的话语体系,应逐步实现由依托式发展向自主发展的转变。

第十一章　新时代新征程思想政治教育学科创新发展

中国特色社会主义新时代，以习近平同志为核心的党中央把思想政治教育提升到治党治国的重要方式，国家治理体系和治理能力现代化的重要内容，全面从严治党的重要手段的战略地位，全面推进思想政治教育创新发展，思想政治教育取得历史性成就和历史性变化，发生系统性重构、革命性变革。党的二十大指出："从现在起，中国共产党的中心任务就是团结带领全国各族人民全面建成社会主义现代化强国、实现第二个百年奋斗目标，以中国式现代化全面推进中华民族伟大复兴。"[①] 思想政治教育学科建设要在习近平新时代中国特色社会主义思想的指导下，实现学科建设发展的新跨越。

第一节　新时代新征程对思想政治教育提出新要求

党的二十大报告既对思想政治教育提出更高更明确的要求，也赋予了新征程思想政治教育新的使命任务，整个报告贯穿了对思想政治教育的期待。

---

① 习近平.习近平著作选读：第1卷[M].北京：人民出版社，2023：18.

一、强化新时代新征程的精神力量作用

党的二十大是在全党全国各族人民迈上全面建设社会主义现代化国家新征程、向第二个百年奋斗目标进军的关键时刻召开的一次十分重要的大会。大会报告洋溢着对中国特色社会主义现代化建设的自豪、对中国式社会主义现代化道路的自信和对社会主义建设新征程的历史主动精神和高度自觉，也贯穿着对思想政治教育的期待：一是从大会主题来看，大会主题明确提出"弘扬伟大建党精神，自信自强、守正创新，踔厉奋发、勇毅前行"①，体现了全面建设社会主义现代化国家新征程对精神力量的渴求。二是从对全党总要求来看，对全党同志提出"三个务必"的要求：务必不忘初心、牢记使命，务必谦虚谨慎、艰苦奋斗，务必敢于斗争、善于斗争。这"三个务必"是对全党精神状态的要求，其中敢于斗争、善于斗争更体现了新征程对斗争精神的呼唤。三是大会报告在"开辟马克思主义中国化时代化新境界"中，提出"继续推进实践基础上的理论创新，首先要把握好新时代中国特色社会主义思想的世界观和方法论，坚持好、运用好贯穿其中的立场观点方法"②。对推进马克思主义中国化时代化，用习近平新时代中国特色社会主义思想铸魂育人提出明确要求，构筑了全面建设社会主义现代化国家新征程的思想基础和精神灵魂。四是大会报告在对中国式现代化特征的概括中，明确提出"加强理想信念教育，传承中华文明，促进物的全面丰富和人的全面发展"③。这就对新征程中人的精神结构提出明确要求。五是大会报告对社会主义文化建设提出总要求，提出"增强实现中华民族伟大复兴的精神力量"④。这就对新征程思想政治教育提出为实现中华民族伟大复兴提供精神力量的功能定位和目标要求。

二、对新征程思想政治教育提出更高要求

党的十八大以来，党中央不仅从整体上对思想政治教育提出根本要求，而且对思想政治教育各方面内容从程度上提出更高要求。通过对比

---

① 习近平．习近平著作选读：第1卷［M］．北京：人民出版社，2023：1.
② 习近平．习近平著作选读：第1卷［M］．北京：人民出版社，2023：16.
③ 习近平．习近平著作选读：第1卷［M］．北京：人民出版社，2023：19.
④ 习近平．习近平著作选读：第1卷［M］．北京：人民出版社，2023：35.

第十一章　新时代新征程思想政治教育学科创新发展

党的十八大报告、十九大报告和二十大报告，可以明显发现党的三次代表大会报告中对思想政治教育的要求持续跟进，不断在前一阶段的基础上提高：一是从三次党代会报告中对意识形态建设的要求来看，党的十八大报告提出的要求是"加强社会主义核心价值体系建设"，党的十九大报告提出的要求是"牢牢掌握意识形态工作领导权"，党的二十大报告提出的要求是"建设具有强大凝聚力和引领力的社会主义意识形态"。二是从对思想道德建设和精神文明建设的要求来看，党的十八大报告对公民建设提出的总体要求是"全面提高公民道德素质"，党的十九大报告明确提出"培育和践行社会主义核心价值观"，而党的二十大报告提出"广泛践行社会主义核心价值观"；党的十八大报告对精神文化生活提出的要求是"丰富人民精神文化生活"，党的十九大报告提出"加强思想道德建设"，党的二十大报告提出"提高全社会文明程度"。三是从文化和文艺建设来看，党的十八大报告提出"增强文化整体实力和竞争力"，党的十九大报告提出"繁荣发展社会主义文艺"，"推动文化事业和文化产业发展"，而党的二十大报告提出"繁荣发展文化事业和文化产业"。四是从对外宣传和国际传播来看，党的十八大报告提出"扩大文化领域对外开放，积极吸收借鉴国外优秀文化成果"，党的十九大报告提出"推进国际传播能力建设"，党的二十大报告专门开辟一节，明确提出"增强中华文明传播力影响力"，要求"加快构建中国话语和中国叙事体系，讲好中国故事、传播好中国声音，展现可信、可爱、可敬的中国形象。加强国际传播能力建设，全面提升国际传播效能，形成同我国综合国力和国际地位相匹配的国际话语权"[①] 等。从上述对比分析来看，从党的十八大报告到二十大报告，党的宣传思想文化建设，无论是从内容、范围还是程度上，都呈现出不断延伸、拓展和提高的发展过程，表明对思想政治教育的要求不断提高。

三、赋予新征程思想政治教育明确使命

党的二十大报告对思想政治教育赋予明确的使命和任务。该报告中有两处直接使用思想政治工作、思想政治教育等概念：第一次是在"发展全过程人民民主，保障人民当家作主"部分，明确提出"加强党外知

---

① 习近平．习近平著作选读：第1卷［M］．北京：人民出版社，2023：38.

识分子思想政治工作，做好新的社会阶层人士工作，强化共同奋斗的政治引领"①。第二次是在"推进文化自信自强，铸就社会主义文化新辉煌"部分，明确提出"完善思想政治工作体系，推进大中小学思想政治教育一体化建设"②。这不仅拓展了思想政治教育领域，而且对新征程思想政治教育的任务也进行了强化和深化。

除了明确提出对思想政治工作、思想政治教育的要求以外，党的二十大报告还直接阐述了思想政治教育的任务：一是用习近平新时代中国特色社会主义思想铸魂育人的任务，提出"健全用党的创新理论武装全党、教育人民、指导实践工作体系"③；二是关于中国共产党人精神、革命传统教育和社会主义核心价值观教育的任务，提出"弘扬以伟大建党精神为源头的中国共产党人精神谱系，用好红色资源，深入开展社会主义核心价值观宣传教育，深化爱国主义、集体主义、社会主义教育"④；三是关于理想信念教育的任务，提出"推动理想信念教育常态化制度化，……不断坚定中国特色社会主义共同理想"⑤；四是关于道德教育的任务，提出"实施公民道德建设工程，……提高人民道德水准和文明素养"，"弘扬诚信文化，健全诚信建设长效机制"⑥；五是关于奋斗精神、奉献精神教育的任务，提出在全社会弘扬"劳动精神、奋斗精神、奉献精神、创造精神、勤俭节约精神"⑦等五种精神，培育时代新风貌，完善志愿服务制度和工作体系；六是关于典型榜样教育的任务，提出"发挥党和国家功勋荣誉表彰的精神引领、典型示范作用"⑧等，这些都是党的思想政治教育的直接领域，是党的思想政治教育的直接任务。

此外，党的二十大报告的其他相应部分，还间接论述了需要思想政治教育参与的内容：一是在"实施科教兴国战略，强化现代化建设人才支撑"部分，在对教育的总体要求中提出"育人的根本在于立德，……

---

① 习近平. 习近平著作选读：第1卷[M]. 北京：人民出版社，2023：33.
② 习近平. 习近平著作选读：第1卷[M]. 北京：人民出版社，2023：36.
③ 习近平. 习近平著作选读：第1卷[M]. 北京：人民出版社，2023：36.
④ 习近平. 习近平著作选读：第1卷[M]. 北京：人民出版社，2023：36.
⑤ 习近平. 习近平著作选读：第1卷[M]. 北京：人民出版社，2023：36.
⑥ 习近平. 习近平著作选读：第1卷[M]. 北京：人民出版社，2023：37.
⑦ 习近平. 习近平著作选读：第1卷[M]. 北京：人民出版社，2023：37.
⑧ 习近平. 习近平著作选读：第1卷[M]. 北京：人民出版社，2023：37.

第十一章　新时代新征程思想政治教育学科创新发展

落实立德树人根本任务","加强师德师风建设，培养高素质教师队伍，弘扬尊师重教社会风尚"①。对完善科技创新体系提出"培育创新文化，弘扬科学家精神，涵养优良学风，营造创新氛围"②。对深入实施人才强国战略提出"引导广大人才爱党报国、敬业奉献、服务人民"③。二是在"发展全过程人民民主，保障人民当家作主"部分，提出"以铸牢中华民族共同体意识为主线，……全面推进民族团结进步事业"，"坚持我国宗教中国化方向，积极引导宗教与社会主义社会相适应"④。三是在"坚持全面依法治国，推进法治中国建设"部分，提出"弘扬社会主义法治精神，传承中华优秀传统法律文化，引导全体人民做社会主义法治的忠实崇尚者、自觉遵守者、坚定捍卫者"，"深入开展法治宣传教育，增强全民法治观念"⑤。四是在"增进民生福祉，提高人民生活品质"部分，提出"重视心理健康和精神卫生。……倡导文明健康生活方式"⑥。五是在"推进国家安全体系和能力现代化，坚决维护国家安全和社会稳定"部分，提出"全面加强国家安全教育，提高各级领导干部统筹发展和安全能力，增强全民国家安全意识和素养，筑牢国家安全人民防线"⑦。六是在"实现建军一百年奋斗目标，开创国防和军队现代化新局面"部分，提出"深化党的创新理论武装，开展'学习强军思想、建功强军事业'教育实践活动。加强军史学习教育，繁荣发展强军文化，强化战斗精神培育"⑧。七是在"促进世界和平与发展，推动构建人类命运共同体"部分，提出"弘扬和平、发展、公平、正义、民主、自由的全人类共同价值"⑨。八是在"坚定不移全面从严治党，深入推进新时代党的建设新的伟大工程"部分，提出"坚持不懈用新时代中国特色社会主义思想凝心铸魂。……组织实施党的创新理论学习教育计划"，"加强理想信念教育"，"坚持理论武装同常态化长效化开展党史

---

① 习近平．习近平著作选读：第1卷［M］．北京：人民出版社，2023：28.
② 习近平．习近平著作选读：第1卷［M］．北京：人民出版社，2023：29.
③ 习近平．习近平著作选读：第1卷［M］．北京：人民出版社，2023：30.
④ 习近平．习近平著作选读：第1卷［M］．北京：人民出版社，2023：33.
⑤ 习近平．习近平著作选读：第1卷［M］．北京：人民出版社，2023：35.
⑥ 习近平．习近平著作选读：第1卷［M］．北京：人民出版社，2023：40-41.
⑦ 习近平．习近平著作选读：第1卷［M］．北京：人民出版社，2023：44.
⑧ 习近平．习近平著作选读：第1卷［M］．北京：人民出版社，2023：45.
⑨ 习近平．习近平著作选读：第1卷［M］．北京：人民出版社，2023：51.

学习教育相结合，引导党员、干部……传承红色基因，赓续红色血脉"① 等。这些重要论述既是推进党的事业发展的必然要求，也指出了思想政治教育发挥作用的重要领域。

第二节　新时代新征程对思想政治教育理论提出的挑战

党的二十大报告开辟的思想政治教育新领域、提出的新要求和赋予的新使命，既是党对思想政治教育优良传统的继承和发扬，也是党的思想政治教育实践的理论升华，同时，党的二十大报告也提出了一些思想政治教育的理论问题，对思想政治教育理论创新发展提出新的挑战。

一、关于思想政治教育的功能定位

在中国共产党百余年发展历史上，思想政治教育一直发挥着"一切工作的生命线"的重要作用。把思想政治教育作为生命线的"隐喻"源自革命战争年代，在革命军队政治工作实践中，相比于军事工作，政治工作既发挥导向作用，是党指挥枪的重要体现，同时，又发挥着维持整个部队系统精神营养的保障作用。在社会主义革命和建设时期，毛泽东进一步提升思想政治工作的地位和作用："思想工作和政治工作，是完成经济工作和技术工作的保证，它们是为经济基础服务的。思想和政治又是统帅，是灵魂。只要我们的思想工作和政治工作稍为一放松，经济工作和技术工作就一定会走到邪路上去。"② 在改革开放和社会主义现代化建设新时期，思想政治工作作为一切工作的生命线的地位日益强化，《中共中央关于加强和改进思想政治工作的若干意见》明确："思想政治工作，是经济工作和其他一切工作的生命线。"③ 进入中国特色社会主义新时代，《中共中央关于新时代加强和改进思想政治工作的意见》进一步明确："思想政治工作是党的优良传统、鲜明特色和突出政治优势，是一切工作的生命线。"党的二十大报告把思想政治工作作为一切工作生命线的

---

①　习近平.习近平著作选读：第1卷[M].北京：人民出版社，2023：53，53-54.
②　中共中央文献研究室.毛泽东文集：第7卷[M].北京：人民出版社，1999：351.
③　中共中央文献研究室.十五大以来重要文献选编：中[M].北京：人民出版社，2001：1036.

第十一章　新时代新征程思想政治教育学科创新发展

思想贯穿于全面建设社会主义现代化国家新征程的各个方面，强化思想政治工作作为生命线的保障作用；同时，对精神激励提出了更为迫切的要求，思想政治教育要在新征程中提供更为主动的精神力量，在提供导向作用、保障作用的同时，进一步提升精神力量的作用。从这个意义上看，全面建设社会主义现代化国家新征程对思想政治教育作用的要求更为积极主动。

二、关于思想政治教育的场域范围

思想政治工作是中国共产党的传统和优势，正如邓小平所说："我们党从起根发芽时就是从宣传工作做起"[1]。社会主义革命和建设时期，党的思想政治工作活动得以在全国范围内面向全体人民展开，场域范围覆盖党的宣传、思想、教育、文化建设的各个领域，是中国共产党实现思想引领、思想保障、思想教育和思想改造的重要方式。改革开放和社会主义现代化建设新时期，伴随着思想政治工作科学化、专业化和学科化进程，思想政治工作在专业学科视角的介入下，被逐渐纳入教育活动的场域，思想政治工作日益打下教育活动的底色。中国特色社会主义新时代，以习近平同志为核心的党中央把意识形态、精神文明建设、思想政治工作作为全局性重要的工作，极大地提升了思想政治工作地位，拓展了思想政治工作场域范围，思想政治工作成为以中国共产党为主体实施的宣传思想文化活动，是党对宣传思想文化建设领导的具体体现，是党治国理政的重要方式。党的二十大报告进一步从坚持马克思主义在意识形态领域指导地位的根本制度的内在要求出发，提出建设具有强大凝聚力和引领力的社会主义意识形态，广泛践行社会主义核心价值观，提高全社会文明程度，繁荣发展文化事业和文化产业，增强中华文明传播力影响力等方面重大任务，重置了思想政治教育的场域范围，使思想政治教育活动跨出传统的教育领域，在中国特色社会主义事业的核心任务和领域发挥作用，实现思想政治教育场域范围的突破和发展。

三、关于思想政治教育的内容体系

从中国共产党思想政治教育发展历史来看，思想政治教育内容体系不断拓展。新民主主义革命时期，党的思想政治教育内容体系主要围绕

---

[1] 中共中央文献研究室. 邓小平文集（一九四九——一九七四年）：上卷[M]. 北京：人民出版社，2014：190.

马克思主义理论宣传教育展开；社会主义革命和建设时期，思想政治教育内容体系逐渐拓展到形势政策教育等日常思想政治教育内容，刘少奇在中国共产党第一次全国宣传工作会议上明确了思想政治教育任务："宣传工作可以分作两项：一项是当前中心工作、时事政策的宣传，一项是马列主义基本理论的宣传。宣传部要设专门的机构来管理理论教育。"① 改革开放和社会主义现代化建设新时期，思想道德教育、精神文明建设内容进入思想政治教育内容体系，比如《中共中央关于加强和改进思想政治工作的若干意见》列举的思想政治教育内容就包括用邓小平理论武装全党、教育干部和人民，加强马克思主义唯物论和无神论教育，加强形势政策、民主法制和维护社会稳定的教育，加强以为人民服务为核心、以集体主义为原则的社会主义道德建设等内容②。中国特色社会主义新时代，思想政治教育内容进一步拓展，《中共中央关于新时代加强和改进思想政治工作的意见》列举的思想政治教育内容，包括坚持用习近平新时代中国特色社会主义思想武装全党、教育人民，推动理想信念教育常态化制度化，培育和践行社会主义核心价值观，加强党史、新中国史、改革开放史、社会主义发展史和形势政策教育，加强社会主义法治教育，增强忧患意识、发扬斗争精神等。党的二十大报告进一步丰富了思想政治教育内容，涉及意识形态、核心价值、思想道德、历史教育、法治教育、斗争精神、文化文艺、文明风尚、心理健康等方面。我们需要根据党的二十大报告精神，进一步完善思想政治教育内容体系。

四、关于思想政治教育的作用领域

中国共产党思想政治工作的场域范围决定了其作用领域，随着思想政治工作场域范围的不断拓展，思想政治工作的作用领域也日益拓展。从党的二十大报告来看，思想政治工作的作用领域不仅仅局限于中国特色社会主义文化建设等直接领域，而是广泛渗透于社会主义现代化建设全部领域、所有过程和全体人员，实现思想政治工作的全域全息发展。全域是指思想政治工作贯穿于社会主义现代化建设的所有领域。全息是

---

① 刘少奇选集：下卷[M]．北京：人民出版社，1985：87．
② 中共中央文献研究室．十五大以来重要文献选编：中[M]．北京：人民出版社，2001：1040-1042．

指思想政治工作作用领域处于"像空气一样无所不在、无时不有"① 的状态。党的二十大报告除了对其直接领域进行重点阐述以外,还着重阐述了以下几个领域:一是党外领域,直接提出"加强党外知识分子思想政治工作,做好新的社会阶层人士工作,强化共同奋斗的政治引领",把思想政治教育活动从党内教育拓展到党外思想政治工作,特别是对党外知识分子以及新的社会阶层人士,从思想政治教育内容的阐述来看,突出共同奋斗的政治引领。二是国外领域,党的二十大报告对面向国外讲好中国故事、传播好中国声音给予特别重视,专门增加一节论述中华文明的传播力影响力问题,这实际上提出的是思想政治教育拓展到国外的问题。习近平也明确指出:"党的十八大以来这两年,我每次出访,不论是会谈、交流还是演讲,都要讲中国道路的历史渊源和现实基础,讲中国梦的背景和内涵,讲中国和平发展的理念和主张,还在不少国家主流媒体发表署名文章。这就是做思想舆论工作,就是到国外去做思想政治工作。"② 三是业务领域,党的二十大报告提出对各个领域贯通思想政治教育,融入思想政治因素,增强各个领域的精神力量等要求。思想政治教育活动只有与各领域的具体活动相结合才能发挥引领作用和保障作用,也只有在参与社会主义现代化建设的各项具体活动中才能更好地发挥精神动力作用。

五、关于思想政治教育的制度建设

中国共产党历来高度重视思想政治教育制度建设,在革命、建设和改革实践中形成和发展了一系列行之有效的思想政治教育工作制度。比如新民主主义革命时期,党的大部分会议都有《关于宣传工作决议案》;抗日战争时期,中共中央宣传部还专门出台《关于党的宣传鼓动工作提纲》,对宣传思想工作进行规定;社会主义革命和建设时期,党中央先后下发《中国人民解放军政治工作条例(草案)》等,对社会主义条件下的思想政治教育进行总结;改革开放和社会主义现代化建设新时期,思想政治教育制度建设得到高度重视,党中央先后下发一系列覆盖全国的思想政治工作制度,思想政治教育建设向制度化规范化迈出坚实的步

---

① 习近平. 习近平谈治国理政:第1卷 [M]. 2版. 北京:外文出版社,2018:165.
② 中共中央文献研究室. 习近平关于社会主义文化建设论述摘编 [M]. 北京:中央文献出版社,2017:210.

伐；中国特色社会主义新时代，党中央把制度建设纳入全面依法治国的轨道，思想政治教育制度建设在党中央文件、国家法律和党内法规等各个领域齐头并进。党的二十大报告进一步对思想政治教育制度建设提出更明确的要求，比如"坚持马克思主义在意识形态领域指导地位的根本制度""健全用党的创新理论武装全党、教育人民、指导实践工作体系""推动理想信念教育常态化制度化""把社会主义核心价值观融入法治建设""健全诚信建设长效机制""坚持理论武装同常态化长效化开展党史学习教育相结合"等，都蕴含着制度建设的要求。

六、关于思想政治教育的学科知识构建

思想政治教育是中国共产党在长期革命、建设和改革实践中积累起来的系列理论和方法。改革开放以后，伴随着思想政治教育科学化、专业化和规范化的步伐，思想政治教育被确立为一门科学，创办思想政治教育专业，成为马克思主义理论一级学科目录下的独立二级学科，完成从工作到理论到科学到专业和学科的跨越，成为我国哲学社会科学学科建设的一支重要力量，形成了包含思想政治教育基本原理、思想政治教育方法论、思想政治教育发展史、比较思想政治教育、思想政治教育发展创新等在内的相对比较完善的知识体系。党的二十大报告对思想政治教育提出了新的更高的要求，思想政治教育学科专业发展应根据党的二十大报告对思想政治教育的新要求，面向全面建设社会主义现代化国家新征程，不断拓展学科领域、丰富学科内涵、增强学科特色、提高学科水平，为加快构建中国特色哲学社会科学学科体系、学术体系、话语体系做出新的贡献。

第三节 新时代新征程思想政治教育的创新发展

党的二十大报告重置思想政治教育的场域范围、工作定位、目标要求以及使命担当，对思想政治教育理论提出新的挑战。2023年召开的全国宣传思想文化工作会议明确提出习近平文化思想，提出新时代文化建设要围绕"在新的历史起点上继续推动文化繁荣、建设文化强国、建设中华民族现代文明"的文化使命，新时代新征程思想政治教育要以习

第十一章 新时代新征程思想政治教育学科创新发展

近平新时代中国特色社会主义思想特别是习近平文化思想为指导，按照党的二十大精神、党的创新理论要求和新时代文化建设的使命任务，提质增效，实现整体全局、主导引领、全域全息、协同合力、长效常态、全员专业创新发展。

一、实现思想政治教育的整体全局发展

新时代思想政治教育已经提升到全局性、整体性、根本性、核心战略地位，党的二十大报告进一步从党和国家整体发展、中华民族伟大复兴的战略全局来定位和思考思想政治教育。踏上新征程，思想政治教育要跳出局部领域、具体部门、专业性工作的局限，从党和国家事业发展的战略全局，从一代一代社会主义建设者和接班人的培养和发展，从全面建设社会主义现代化国家新征程需要更积极主动的精神力量的角度，来定位自身的战略地位；要把思想政治教育作为推进全面建设社会主义现代化国家事业的整体，融入党的事业发展全过程，实现思想政治教育的整体发展；要把思想政治教育作为治党治国的重要方式，作为全面加强党的领导的重要抓手，从宏观整体的战略层面设计思想政治教育的内容范围和领域，实现思想政治教育的整体全局发展；要把思想政治教育作为全面从严治党的重要手段，在推动党的自我革命的过程中实现伟大社会革命的目标。

二、实现思想政治教育的主导引领发展

从思想政治教育直接作用领域来看，思想政治教育是党的宣传思想文化工作的重要方面，是思想文化建设的重要内容，也是党领导的宣传思想文化工作的重要方式。中国特色社会主义新时代，文化建设在社会主义现代化建设全局中的地位日益突出，正如习近平所指出："统筹推进'五位一体'总体布局、协调推进'四个全面'战略布局，文化是重要内容；推动高质量发展，文化是重要支点；满足人民日益增长的美好生活需要，文化是重要因素；战胜前进道路上各种风险挑战，文化是重要力量源泉。"[①] 党的二十大报告进一步强化了新征程中文化建设在社会主义现代化建设中的地位和作用，对中国特色社会主义文化建设提出

---

① 习近平. 习近平谈治国理政：第4卷[M]. 北京：外文出版社，2022：309-310.

更明确的精神引领和提供更主动精神力量的要求。新时代新征程思想政治教育要以习近平文化思想为指导，提升思想政治教育在文化建设中的作用，提升引领文化建设的能力，实现思想政治教育的主导性发展。

三、实现思想政治教育的全域全息发展

从中国共产党思想政治教育发展历史来看，思想政治教育领域总是根据党的中心工作和党的事业发展不断实现拓展。从党的二十大报告来看，思想政治教育领域也呈现出不断拓展的态势，思想政治教育不仅在其直接领域发挥重要功能，而且在其他领域也间接发挥其作用和功能，思想政治教育贯通于党和国家事业全局的各个方面和领域，渗透于社会主义现代化建设的全过程，处于一种无时不有、无所不在的全息状态。因此，新征程思想政治教育要根据党的二十大报告对思想政治教育领域不断深化拓展的要求，实现全域全息化，使思想政治教育领域不断在理论实践、直接间接、现实虚拟、党内党外、国内国外、显性隐性等领域实现深化发展。

四、实现思想政治教育的协同合力发展

思想政治教育活动需要从各个方面展开，需要调动各种力量、各方面资源、各种手段以及各方面的积极因素，形成综合合力才能达到其效果。党的二十大报告对思想政治教育合力和协同发展提出进一步要求，对思想政治教育的论述不仅出现在文化建设等直接领域，而且广泛存在于社会主义现代化建设的各个方面和各个领域。新征程思想政治教育既需要专门部门的直接建设，同时也需要思想政治教育领域的间接建设，最重要的是形成立德树人的协同效应。在学校思想政治教育中，实现大中小学思想政治教育一体化发展，学校社会家庭思想政治教育协同发展。在社会主义现代化建设的其他领域，呈现出各种力量相互支持、相互联合、相互促进的良性局面，这样才能为全面建设社会主义现代化国家提供更为强大的精神力量。

五、实现思想政治教育的长效常态发展

长效和常态涉及思想政治教育的体制、机制和制度建设等问题，只有通过有效制度建设，才能确保思想政治教育的长期稳定和形成持久的

效果。党的二十大报告明确提出一些重要的思想政治教育长效常态化的制度和机制，比如党的创新理论武装全党、教育人民、指导工作的工作体系，这既包括党的创新理论武装全党的制度，同时也包括一整套行之有效的工作体系；比如推动理想信念教育常态化，这就要求建立制度化的体系，使理想信念教育在制度保障下持续稳定建设；比如社会主义核心价值观融入法治建设，就是通过法治的方式，确保社会主义核心价值观引领法治建设，使社会主义核心价值观的要求落实于具体的法律规范之中，成为对社会所有公民的常态化的法律约束。新征程思想政治教育应加强制度化法治化建设，促进思想政治教育活动的长效常态化。

六、实现思想政治教育的全员专业发展

思想政治教育是全员的，踏上全面建设社会主义现代化国家新征程，社会的所有成员既是思想政治教育的对象，同时也是思想政治教育的主体，社会主义思想政治教育活动的本质是无产阶级和广大劳动人民自己接受自己的思想政治观念，实现"物质武器"与"精神武器"相结合的过程，因此，不能把思想政治教育的教育者作为思想政治教育的主体，而把接受思想政治教育的教育对象看成是客体。新征程是广大人民群众在中国共产党领导下实现自身幸福和发展的过程，是全员参与的主体实践活动，"共同富裕是中国特色社会主义的本质要求"，因此，新征程对"物的全面丰富和人的全面发展"要求是全员的。同时，思想政治教育活动需要专业引领，这体现了中国共产党思想政治教育活动与其他自发的活动以及资产阶级民粹主义政党等进行的教育实践活动的本质的区别。党的二十大报告对思想政治教育内容和品质提出更高的要求，这就对思想政治教育的科学性和专业性提出更高的要求，突显新征程思想政治教育专业化的重要性。专业引领的思想政治教育才有可能是高质量的思想政治教育，全员主体的思想政治教育才是真正的社会主义思想政治教育，新征程思想政治教育要推动思想政治教育实现专业引领下的全员发展。

新时代新征程思想政治教育创新发展既为思想政治教育学科发展提出了现实要求，也为思想政治教育学科发展指明了方向。新时代新征程思想政治教育学科发展要回应新时代新征程对思想政治教育提出的挑战

和任务，坚守马克思主义理论学科属性，扎根中国共产党思想政治工作伟大实践，以我们正在从事的思想政治教育活动为中心，构建起符合新时代新征程要求的学科自主知识体系，为中国特色、中国风格、中国气派哲学社会科学学术体系、学科体系、话语体系做出应有的贡献。

参考文献

[1] 马克思,恩格斯. 马克思恩格斯选集：第1—4卷[M]. 3版. 北京：人民出版社,2012.

[2] 马克思,恩格斯. 马克思恩格斯文集：第1—10卷[M]. 北京：人民出版社,2009.

[3] 列宁. 列宁选集：第1—4卷[M]. 3版修订版. 北京：人民出版社,2012.

[4] 毛泽东选集：第1—4卷[M]. 2版. 北京：人民出版社,1991.

[5] 中共中央文献研究室. 毛泽东文集：第1—8卷[M]. 北京：人民出版社,1993—1999.

[6] 邓小平. 邓小平文选：第1—2卷[M]. 2版. 北京：人民出版社,1994.

[7] 邓小平. 邓小平文选：第3卷[M]. 北京：人民出版社,1993.

[8] 江泽民. 江泽民文选：第1—3卷[M]. 北京：人民出版社,2006.

[9] 胡锦涛. 胡锦涛文选：第1—3卷[M]. 北京：人民出版社,2016.

[10] 习近平. 习近平著作选读：第1—2卷[M]. 北京：人民出版社,2023.

[11] 习近平. 习近平谈治国理政：第1—4卷［M］. 北京：外文出版社，2017—2022.

[12] 习近平. 在全国党校工作会议上的讲话［M］. 北京：人民出版社，2016.

[13] 习近平. 在哲学社会科学工作座谈会上的讲话［M］. 北京：人民出版社，2016.

[14] 习近平. 在庆祝中国共产党成立95周年大会上的讲话［M］. 北京：人民出版社，2016.

[15] 习近平. 在北京大学师生座谈会上的讲话［M］. 北京：人民出版社，2018.

[16] 习近平. 在纪念马克思诞辰200周年大会上的讲话［M］. 北京：人民出版社，2018.

[17] 习近平. 思政课是落实立德树人根本任务的关键课程［M］. 北京：人民出版社，2020.

[18] 习近平. 论党的宣传思想工作［M］. 北京：中央文献出版社，2020.

[19] 习近平. 在庆祝中国共产党成立100周年大会上的讲话［M］. 北京：人民出版社，2021.

[20] 习近平. 论中国共产党历史［M］. 北京：中央文献出版社，2021.

[21] 中共中央宣传部. 习近平总书记系列重要讲话读本（2016年版）［M］. 北京：学习出版社，2016.

[22] 中共中央文献研究室. 习近平关于社会主义文化建设论述摘编［M］. 北京：中央文献出版社，2017.

[23] 中共中央文献研究室. 习近平关于社会主义政治建设论述摘编［M］. 北京：中央文献出版社，2017.

[24] 中共中央文献研究室. 习近平关于青少年和共青团工作论述摘编［M］. 北京：中央文献出版社，2017.

[25] 中共中央国家机关工作委员会. 学习习近平同志关于机关党建重要论述［M］. 北京：党建读物出版社，2016.

[26] 中共中央文献研究室. 习近平关于实现中华民族伟大复兴的中国梦论述摘编［M］. 北京：中央文献出版社，2013.

[27] 中共中央文献研究室，中央党的群众路线教育实践活动领导小组办公室．习近平关于党的群众路线教育实践活动论述摘编［M］．北京：中央文献出版社，2014．

[28] 中共中央纪律检查委员会，中共中央文献研究室．习近平关于党风廉政建设和反腐败斗争论述摘编［M］．北京：中央文献出版社，2015．

[29] 中共中央文献研究室．习近平关于全面依法治国论述摘编［M］．北京：中央文献出版社，2015．

[30] 中共中央文献研究室．习近平关于全面建成小康社会论述摘编［M］．北京：中央文献出版社，2016．

[31] 中共中央文献研究室．习近平关于全面从严治党论述摘编［M］．北京：中央文献出版社，2016．

[32] 中共中央文献研究室．习近平关于协调推进"四个全面"战略布局论述摘编［M］．北京：中央文献出版社，2015．

[33] 中共中央文献研究室．习近平关于社会主义生态文明建设论述摘编［M］．北京：中央文献出版社，2017．

[34] 中共中央党史和文献研究院．习近平关于总体国家安全观论述摘编［M］．北京：中央文献出版社，2018．

[35] 中共中央文献研究室．改革开放三十年重要文献选编：上、下［M］．北京：中央文献出版社，2008．

[36] 中共中央文献研究室．三中全会以来重要文献选编：上、下［M］．北京：中央文献出版社，2011．

[37] 中共中央文献研究室．十二大以来重要文献选编：上、中、下［M］．北京：中央文献出版社，2011．

[38] 中共中央文献研究室．十三大以来重要文献选编：上、中、下［M］．北京：中央文献出版社，2011．

[39] 中共中央文献研究室．十四大以来重要文献选编：上、中、下［M］．北京：中央文献出版社，2011．

[40] 中共中央文献研究室．十五大以来重要文献选编：上、中、下［M］．北京：中央文献出版社，2011．

[41] 中共中央文献研究室．十六大以来重要文献选编：上、中、下［M］．北京：中央文献出版社，2011．

［42］中共中央文献研究室．十七大以来重要文献选编：上、中、下［M］．北京：中央文献出版社，2011．

［43］中共中央文献研究室．十八大以来重要文献选编：上、中［M］．北京：中央文献出版社，2014—2016．

［44］中共中央党史和文献研究院．十八大以来重要文献选编：下［M］．北京：中央文献出版社，2018．

［45］中共中央党史和文献研究院．十九大以来重要文献选编：上、中、下［M］．北京：中央文献出版社，2019—2023．

［46］中央宣传部办公厅．党的宣传工作会议概况和文献（1951—1992年）［M］．北京：中共中央党校出版社，1994．

［47］中共中央宣传部．习近平新时代中国特色社会主义思想学习纲要［M］．北京：学习出版社，2019．

［48］中共中央宣传部．习近平新时代中国特色社会主义思想三十讲［M］．北京：学习出版社，2018．

［49］关于新形势下党内政治生活的若干准则［M］．北京：人民出版社，2016．

［50］刘少奇选集：下卷［M］．北京：人民出版社，1985．

［51］恽代英．恽代英全集：第7卷［M］．北京：人民出版社，2014．

［52］《王稼祥选集》编辑部．王稼祥选集［M］．北京：人民出版社，1989．

［53］叶剑英．叶剑英选集［M］．北京：人民出版社，1996．

［54］《习仲勋传》编委会．习仲勋传：下卷［M］．北京：中央文献出版社，2013．

［55］胡耀邦．胡耀邦文选［M］．北京：人民出版社，2015．

［56］顾明远．教育大辞典：第一册［M］．上海：上海教育出版社，1990．

［57］张焕庭．西方资产阶级教育论著选［M］．北京：人民教育出版社，1979．

［58］本书编写组．中国共产党简史［M］．北京：人民出版社，2021．

［59］何东昌．中华人民共和国重要教育文献（1976—1990）［M］．海口：海南出版社，2003．

[60] 教育部思想政治工作司．加强和改进大学生思想政治教育重要文献选编（1978—2014）［M］．北京：知识产权出版社，2015．

[61] 中华人民共和国学校思想政治理论课重要文献选编：上、下［M］．北京：人民出版社，2022．

[62] 教育部高等学校教学指导委员会．普通高等学校本科专业类教学质量国家标准：上［M］．北京：高等教育出版社，2018．

[63] 李维武．人文科学概论［M］．北京：人民出版社，2007．

[64] 谢桂华．高等学校学科建设论［M］．北京：高等教育出版社，2011．

[65] 徐文良．难忘的历程：高等学校思想政治教育的回顾与思考［M］．长春：吉林人民出版社，2008．

[66] 孙友余，钱学森，费孝通，等．论思想政治工作科学化［M］．太原：山西人民出版社，1981．

[67] 张蔚萍，张俊南．思想政治工作概论［M］．西安：陕西人民出版社，1983．

[68] 张蔚萍．新编思想政治工作概论［M］．北京：中共中央党校出版社，1989．

[69] 陆庆壬．思想政治教育学原理［M］．上海：复旦大学出版社，1986．

[70] 邱伟光．思想政治教育学概论［M］．天津：天津人民出版社，1988．

[71] 王礼湛．思想政治教育学［M］．杭州：浙江大学出版社，1989．

[72] 孙其昂．思想政治教育学基本原理［M］．南京：河海大学出版社，2004．

[73] 陈秉公．思想政治教育学原理［M］．北京：高等教育出版社，2006．

[74] 张耀灿，郑永廷，吴潜涛，等．现代思想政治教育学［M］．2版．北京：人民出版社，2006．

[75]《思想政治教育学原理》编写组．思想政治教育学原理［M］．北京：高等教育出版社，2018．

[76] 骆郁廷．思想政治教育原理与方法［M］．北京：高等教育出

版社，2010.

[77] 骆郁廷. 思想政治教育引论［M］. 北京：中国人民大学出版社，2018.

[78] 沈壮海. 思想政治教育有效性研究［M］. 武汉：武汉大学出版社，2008.

[79] 沈壮海. 新编思想政治教育学原理［M］. 北京：中国人民大学出版社，2022.

[80] 沈壮海. 思想政治教育发展报告2014—2015［M］. 北京：高等教育出版社，2016.

[81] 艾四林，吴潜涛. 马克思主义理论学科发展报告（2019）［M］. 北京：高等教育出版社，2021.

[82] 冯刚. 思想政治教育学科40年发展研究报告［M］. 北京：中国人民大学出版社，2024.

[83] 王树荫，王炎. 新中国思想政治教育史纲（1949—2009）［M］. 北京：人民出版社，2010.

[84]《中国共产党思想政治教育史》编写组. 中国共产党思想政治教育史［M］. 2版. 北京：高等教育出版社，2018.

[85] 王树荫. 思想政治教育［M］. 北京：中国人民大学出版社，2023.

[86] 罗洪铁，周琪，王斌，等. 思想政治教育学学科理论体系演变研究［M］. 北京：中国社会科学出版社，2012.

[87] 倪愫襄. 思想政治教育元问题研究［M］. 北京：中国社会科学出版社，2014.

[88] 鲁洁，王逢贤. 德育新论［M］. 南京：江苏教育出版社，1994.

[89] 佘双好. 现代德育课程论［M］. 北京：中国社会科学出版社，2010.

[90] 佘双好. 新时代思想政治教育创新发展研究［M］. 北京：人民出版社，2023.

[91] 佘双好. 思想政治理论课教学法探析［M］. 北京：中国人民大学出版社，2018.

[92] 宋任穷. 用新党章教育党员，为整党做好思想准备［J］. 红

旗，1982（24）．

［93］董耀鹏．"思想政治工作是一门科学"论断的提出与发展［J］．思想政治工作研究，2007（11）．

［94］陈晋．中国共产党的"精神谱系"解读［J］．中国井冈山干部学院学报，2016（4）．

［95］伯内斯．宣传［M］．北京：中国传媒大学出版社，2014．

［96］李普曼．公众舆论［M］．上海：上海人民出版社，2006．

［97］李普曼．舆论学［M］．北京：华夏出版社，1989．

［98］杜鲁门．政治过程：政治利益与公共舆论［M］．天津：天津人民出版社，2005．

［99］桑特洛克．毕生发展：第3版［M］．上海：上海人民出版社，2009．

［100］维罗里．关于爱国：论爱国主义与民族主义［M］．上海：上海人民出版社，2016．

［101］米勒．宪政爱国主义［M］．北京：商务印书馆，2012．

［102］布鲁贝克．高等教育哲学［M］．杭州：浙江教育出版社，1987．

［103］波塞尔．科学：什么是科学［M］．上海：上海三联书店，2002．

［104］巴恩斯．局外人看科学［M］．北京：东方出版社，2001．

［105］伯恩斯坦．社会政治理论的重构［M］．南京：译林出版社，2008．

后　记

2024年是思想政治教育本科专业创办40周年。40年前，我从武汉大学数学系转入新成立的政治学系思想政治教育本科专业学习，开始与思想政治教育专业结下不解之缘。40年来，思想政治教育专业伴随着我走过人生中最美好的年华，我也从一个本科生成长为一名博士生指导教师，可以说是思想政治教育专业陪伴了我的职业生涯，为我开启了全新的人生旅程。

在思想政治教育专业创办30周年之际，我对思想政治教育本科专业、硕士点、博士点发展进行梳理，形成了《思想政治教育学科发展30年》书稿。本拟完善后推出，无奈诸事繁杂，加之对书稿也不太满意，这样一拖就又过了10年。幸得刘建军教授相邀，中国人民大学出版社徐小玲编辑大力支持，使原初的思想火花能以新面貌呈现。我在原来的基础上，以改革开放以来思想政治教育学科发展为背景，对思想政治教育学科发展40年的历史进行新的梳理，形成现在的书稿。

需要说明的是，本书在写作过程中，我指导的硕士生、博士生协助我做了大量资料收集工作和书稿校对工作。10年前，关于思想政治教育本科专业、硕士点、博士点发展情况主要由邢鹏飞同学整理；关于思想政治教育科学研究方法的对比分析主要由张瑜同学整理；关于思想政治教育专业就业问题，主要由汤桢子同学整理。这次修订，我又请博士生张权同学就本科专业发展情况、路娅容同学就硕士点发展和"关于思

后　记

想政治工作是一门科学"讨论的情况、张誉千同学就博士点发展情况进行资料更新和完善；硕士生邓力铭、虞静涵、赵芷妤、王海燕、刘安然等同学对党的领导人关于思想政治工作的重要论述资料进行梳理；张权同学还做了校对工作。最后由我审定成稿。

　　本书的部分成果近几年先后在《光明日报》、《思想理论教育导刊》、《马克思主义理论学科研究》、《思想教育研究》、《思想理论教育》和《学校党建与思想教育》等报刊发表，在收入本书时，我又对文章进行了充实和完善，特作说明。

　　本书在写作过程中引用了大量文献、数据和专家的观点，在此一并表示衷心感谢。尽管我非常努力地对思想政治教育学科发展进行探讨，但由于思想政治教育学科的特殊性、复杂性和多样性，我对思想政治教育学科发展的探讨也仅仅是对学科发展的一孔之见。期待广大读者的批评指正。

佘双好

2024 年 3 月 25 日

图书在版编目（CIP）数据

思想政治教育学科创新发展研究/佘双好著.--北京：中国人民大学出版社，2025.1.--（新时代思想政治教育理论研究丛书）.-- ISBN 978-7-300-33295-6
I. D64
中国国家版本馆 CIP 数据核字第 2024C7W854 号

新时代思想政治教育理论研究丛书
思想政治教育学科创新发展研究
佘双好　著
Sixiang Zhengzhi Jiaoyu Xueke Chuangxin Fazhan Yanjiu

出版发行	中国人民大学出版社				
社　　址	北京中关村大街 31 号		邮政编码	100080	
电　　话	010-62511242（总编室）		010-62511770（质管部）		
	010-82501766（邮购部）		010-62514148（门市部）		
	010-62515195（发行公司）		010-62515275（盗版举报）		
网　　址	http://www.crup.com.cn				
经　　销	新华书店				
印　　刷	涿州市星河印刷有限公司				
开　　本	720 mm×1000 mm　1/16		版　次	2025 年 1 月第 1 版	
印　　张	17.75 插页 1		印　次	2025 年 1 月第 1 次印刷	
字　　数	278 000		定　价	98.00 元	

版权所有　侵权必究　印装差错　负责调换